Nicolas Hardy

Le Feng Shui

Science taoïste de l'habitat

EYROLLES

Groupe Eyrolles
61, bld Saint-Germain
75240 Paris Cedex 05
www.editions-eyrolles.com

Maquette intérieure : Nord Compo
Mise en pages : Facompo
Avec la collaboration de Céline Hyrien

Illustrations : © Hung Ho Thanh (pages 27, 116, 117, 120, 125, 131, 135, 136, 137, 140, 167, 168, 232)

ISBN : 978-2-212-54047-5

Remerciements

À tous les maîtres par lesquels le savoir est parvenu jusqu'à moi.

À *Grandmaster* Wong, à *Grandmaster* Yap Cheng Hai, à *Master* Yap Boh Chu pour leur enseignement.

À tous ceux qui m'ont aidé à parfaire mes connaissances.

À mes clients, à mes étudiants, pour la confiance qu'ils m'ont accordée.

À mes parents, pour leur soutien indéfectible.

À Martin, à Christine, pour leur amour.

À mon grand-père.

Préface

Un peu prêtre, médecin, astrologue et architecte, le maître en Feng Shui (風水) est considéré comme le garant de la bonne fortune, du bonheur et de la longévité de la famille sur plusieurs générations. Il possède un savoir millénaire qui s'est toujours transmis de façon confidentielle et limitée, de maîtres à disciples. Aujourd'hui, bien que le Feng Shui se soit démocratisé dans le monde entier *via* une littérature prolifique, les véritables clés de la connaissance et de sa pratique ne sont détenues que par un nombre restreint d'initiés. Même si les grands principes sont désormais bien connus, il n'en va pas de même pour leur mise en œuvre.

En Chine, le Pays du Milieu (*Zhong Guo*, 中国) où il est apparu, le Feng Shui n'est pas vraiment une pratique populaire. Bien que des usages apparentés au Feng Shui se perpétuent dans les foyers, peu de personnes connaissent et pratiquent la discipline dans son intégralité. Toutefois, ses implications et ses bienfaits sont en général bien connus et très respectés.

Les limites de la science sont très floues, difficiles à percevoir, d'autant que les maîtres ne sont pas très prolixes et utilisent conjointement tous les savoirs ésotériques dans leur pratique, pour un objectif commun : le bien-être, la prospérité et l'harmonie familiale. Médecines traditionnelles chinoises, le *Qi Gong* (gymnastique respiratoire), le *Ba Zi* (astrologie chinoise) et le *Yi Jing* (méthode divinatoire) sont complémentaires du

Feng Shui dans la réalisation de cet objectif. Soignant le corps et l'âme, prédisant l'avenir et réalisant les souhaits, les maîtres, autrefois appelés « *Fang Shi* », tiennent, en quelque sorte, un rôle de médecins-magiciens.

Premiers contacts

Bercé par la culture asiatique de mon côté paternel, il y a comme une présence invisible, intégrée à l'histoire familiale, aux récits des exploits fantastiques d'un aïeul guérisseur-chaman, comme un appel ténu, indescriptible mais tenace, une part de moi qu'il me faut (re)découvrir.

Lorsque, pour la première fois, je lis un livre sur le sujet[1], c'est une petite lumière qui s'allume, tel un phare dans la brume qui m'appelle à le suivre. L'enthousiasme est immédiat. Les références aux origines orientales, à la sagesse antique, aux connaissances des forces invisibles de la nature qui agissent sur les personnes font écho au désir profond de mon être de connaître les secrets du monde qui l'entoure. J'étudie avec un intérêt grandissant les principes énoncés dans cet ouvrage, qui semblent découler logiquement du bon sens et de la nature des choses. J'essaie d'en appliquer les principes les plus simples et là, il se passe quelque chose. Des événements que je n'attendais plus se déclenchent : la vente d'un appartement, une rencontre... Est-ce le mental qui agit, plus fort car ayant retrouvé une source nouvelle de motivation, ou est-ce l'effet du *Qi*, l'énergie vitale que le Feng Shui permet de manipuler ? Je dois en savoir plus.

Ayant alors du temps pour lire et réfléchir, je me procure d'autres ouvrages sur le même sujet, que j'étudie en détail afin de mieux cerner la théorie, les fondements de la discipline et de pouvoir aller plus loin dans sa pratique. Je pense surtout aux problèmes récurrents, certains de longue date, que j'aimerais bien voir disparaître : instabilité professionnelle, difficultés financières, mal-être profond, etc.

---

1. Liliane Too, *Le guide illustré du Feng Shui*, Trédaniel, 1998.

Naissance d'une passion

La passion naissante ne se satisfait pas de livres de présentation et de vulgarisation. Il lui faut des écrits plus denses, plus complets, parmi les plus complexes[2], qui en ont rebuté plus d'un. Ceux-ci deviennent des livres de chevet, des compagnons de route, lus, relus, étudiés dans les moindres détails. Je me trouve alors plongé dans un univers fascinant, à la fois mystique et scientifique, où l'équilibre du monde et des vies est basé sur la loi cosmique du *Yin* et du *Yang*, sources des influences bénéfiques et des influences néfastes.

La difficulté n'est pas un frein. Au contraire, elle agit comme stimulant de la soif de savoir. Je me mets alors en quête de plus d'informations, de plus de connaissances, afin de pouvoir mieux cerner les différentes notions, théories, applications, de les mettre en œuvre et d'obtenir des résultats concrets.

Là surviennent les premières complications ; multiplier les sources ne s'avère pas judicieux : au lieu de répondre aux questions, cela en soulève d'autres, car de nombreuses contradictions apparaissent. Chaque auteur semble avoir sa propre vision des choses, ses propres interprétations des théories et ses propres méthodes pour les mettre en œuvre. Il y a bien sûr une trame commune, des principes fondamentaux que je retrouve dans la plupart des ouvrages. Cependant, les interprétations de ces notions fondamentales peuvent varier fortement d'un auteur à l'autre. D'autre part, il semble que les experts en Feng Shui peuvent suivre des voies très différentes les unes des autres ; tantôt ils se focalisent sur les couleurs et la symbolique des objets, tantôt sur des calculs complexes utilisant chiffres, dates et directions, tantôt sur les formes du paysage, montagnes et eau, évoquant des animaux mythiques ou des divinités.

Le doute s'installe. Est-ce que je suis les bonnes méthodes ? Comment savoir si je fais des erreurs ? Les erreurs ne sont pas anodines. Le seul principe certain qui ressort de toutes ces lectures, c'est que le positif côtoie le négatif. Si je peux apporter

2. Zu-Hui Yang et Hiria Ottino, *La vérité des apparences*, Trédaniel, 2001.

des bienfaits grâce au Feng Shui, il m'est tout à fait possible de générer des effets néfastes si je commets des erreurs. La responsabilité est grande, trop pour une personne seule, se débattant avec des informations contradictoires. Ne serait-ce que pour soi-même, qui voudrait courir ce genre de risque ?

Le maître

En Asie, la coutume veut que le disciple se mette à la recherche d'un maître, et, quand il l'a trouvé, lui demande humblement de lui enseigner son art. Lorsque le maître est un père, un grand-père ou un oncle, la démarche est beaucoup plus aisée, car la transmission du savoir d'une génération à l'autre se fait naturellement.

Avant de faire mes valises pour partir en Chine, à Taiwan ou à Hong Kong, à la recherche d'un maître qui accepterait de me prendre sous son aile, je commence par utiliser les ressources de la technologie moderne, dont la Toile virtuelle mondiale. Ô surprise ! Il existe des écoles de Feng Shui, dispensant leur enseignement dans plusieurs pays, en Orient comme en Occident. Et c'est ainsi que m'apparaît le maître. En photo, sur l'écran de mon ordinateur, je vois *Grandmaster* Yap Cheng Hai présentant son académie de Feng Shui. Dès lors, je souhaite apprendre de lui. Il incarne la connaissance, l'expérience, le maître comme je me l'étais imaginé.

Je participe assidûment à tous les stages de formation qui répondent parfaitement à mes attentes, à mon besoin d'acquérir à la fois connaissances théoriques et méthodologie, et qui confirment ma crainte du danger à défricher et déchiffrer seul les principes complexes et contradictoires du Feng Shui.

Grandmaster Yap Cheng Hai est un homme d'exception. Bouddhiste fervent et grand maître en *Kung Fu*, il a pris le parti de diffuser son précieux savoir à de nombreux adeptes et de partager avec eux sa longue expérience du Feng Shui. Conscient de l'ascendant qu'il pourrait avoir sur ses étudiants, et pour dissiper la confiance aveugle que ceux-ci lui témoignent, il termine son cours avec ces paroles de sagesse : « *Quand je vous enseigne le Feng Shui, ne me croyez pas sur parole. Expérimentez, testez par vous-mêmes si ce que je dis fonctionne. Si ce n'est pas efficace, revenez me voir et j'apprendrais de vous.* » Il a lui-même passé de longues années à étudier, à expérimenter, à valider les divers systèmes et principes du Feng Shui. Par manque de résultats tangibles, il en a écarté un bon nombre pour n'utiliser et ne transmettre que ceux qu'il juge fiables et efficaces. Ce qui représente, malgré tout, un enseignement dense et très complet.

Une vie dédiée au Feng Shui

À l'issue d'un an et demi d'apprentissage, dont plusieurs séminaires en France et en Malaisie, avec de longs mois passés à réviser mes notes, à les retranscrire et à les compiler en un ensemble cohérent, j'obtiens mon diplôme de praticien en Feng Shui traditionnel délivré par *Grandmaster* Yap Cheng Hai.

Diplôme en poche, ou plutôt encadré et en bonne place au-dessus de mon bureau, je me lance dans l'aventure Feng Shui en tant que consultant professionnel. Je me rends alors compte que c'est là que commence le véritable apprentissage, lorsque les mots et les écrits deviennent réalité, qu'ils prennent forme sous mes yeux ébahis.

Mes premières expériences concernent ma propre habitation et donnent des résultats dont je suis le premier étonné, même s'ils correspondent à ce que je souhaitais. La fascination grandit encore lorsque au cours de consultations, de visites d'appartements ou de maisons, les événements vécus par les personnes qui se confient à moi collent parfois mot pour mot aux références écrites. Même s'il existe des cas où nous ne pouvons pas apporter beaucoup d'amélioration en raison de la configuration du bâtiment ou de son environnement, et d'autres cas où il semble que les problèmes sont du ressort de la destinée de la personne, j'ai vu, expérimenté, vécu de nombreux bienfaits apportés par le Feng Shui. J'ai également pu mettre en lumière les raisons du succès ou de l'échec d'entreprises, de commerces, de restaurants, eu égard à leurs configurations particulières de Feng Shui.

Je n'ai pas eu besoin de preuve pour croire à l'extraordinaire pouvoir du Feng Shui, mais je sais à quel point ce que j'ai vécu a consolidé mes convictions, même s'il me reste beaucoup à découvrir. J'aime partager mes connaissances, ma passion, mon expérience du Feng Shui. Je ne manque pas une occasion de me faire le porte-parole du Feng Shui, d'écrire un article ou d'animer une conférence, afin de faire connaître à tous l'existence, les subtilités, la réalité de cette science, et de rétablir la vérité sur de nombreuses idées reçues.

J'ai eu la chance et l'honneur d'être nommé instructeur accrédité auprès de la *Yap Cheng Hai Academy*, le centre de formation au Feng Shui et au *Qi Gong* fondé par *Grandmaster* Yap Cheng Hai et son fils, de représenter mon maître en France et de collaborer avec lui à la diffusion du savoir et à la formation des praticiens. Tout ce que je sais du Feng Shui et que je retranscris dans ce livre, je le tiens de mon *Shi Fu* (師福), mon maître.

Introduction

Il y a très longtemps, dans un pays lointain aux paysages si fascinants qu'ils semblent façonnés par les dieux et les créatures fantastiques, des sages se sont posé une question cruciale : nos conditions de vie ont-elles un rapport avec notre environnement ?

Pourquoi certains d'entre nous sont-ils chanceux et d'autres, malheureux ? Pourquoi certaines vies sont faciles alors que d'autres ne sont qu'une suite d'épreuves plus dures les unes que les autres ? Chaque civilisation, chaque culture, chaque être humain possède ses propres réponses à ces questions existentielles. Elles sont nombreuses et variées, sujettes à polémiques ou à discordes, mais elles peuvent se classer principalement en deux grandes catégories : les voies divines, d'une part, et les conséquences des actions individuelles, d'autre part.

Il en est une qui pourrait s'accorder à toutes les cultures, à toutes les croyances, à toutes les personnalités. Cette réponse ne correspond ni à la décision arbitraire d'une puissance supérieure, ni au fardeau des actes accomplis dans cette vie ou dans une autre, par soi ou ses ancêtres. Cette réponse suggère que notre environnement proche agit sur nos conditions de vie, de chance, de bonheur, de prospérité. Cette réponse, c'est le Feng Shui.

Lorsque nous découvrons le Feng Shui, un certain nombre d'interrogations trouvent soudain leurs réponses, tout au moins des pistes de réponse. Comme une lueur au bout du tunnel, ces réponses dissipent les doutes, les frustrations, et, ce qui est peut-être le plus important, une certaine culpabilité. Les problèmes que nous vivons, les malheurs que nous subissons, les échecs auxquels nous devons faire face ne sont pas forcément de notre responsabilité, ni d'une volonté ou d'un dessein suprême qui régirait notre destin. L'autre alternative, c'est qu'une grande partie de ces tourments soit une conséquence des paramètres de notre environnement et de notre position au sein de celui-ci, dans notre maison.

Les premiers bienfaits du Feng Shui consistent à retrouver l'espoir et la confiance en soi. L'espoir rejaillit lorsque nous découvrons l'éventualité d'une vie meilleure, la possibilité de résoudre nos problèmes, d'améliorer nos conditions de vie, de trouver le bonheur. La confiance revient quand nous prenons conscience que nous avons toujours en nous la capacité de construire notre avenir, d'accomplir nos rêves et de réussir notre vie. La suite, c'est la compréhension qu'il existe des forces, des influences qui peuvent agir tant comme des freins, des obstacles au bien-être, au bonheur, que comme des accélérateurs, des catalyseurs de chance et de réussite. Puis vient cette nouvelle soif d'avancer, d'entreprendre, de bâtir et de profiter pleinement de la vie en tout ce qu'elle a de bon à offrir.

Alors nous avançons, en jouissant d'une facilité jamais vécue auparavant, car, comme par enchantement, la chance est au rendez-vous, les espoirs n'étaient pas vains ! Les résultats sont réels, tangibles. Finie la solitude, finie la galère, finis les découverts bancaires ! Santé, amour et argent : tout cela n'est plus du domaine de l'impossible.

Des résultats aussi impressionnants que ceux apportés par le Feng Shui en l'espace d'une année laissent perplexe et songeur. Ils donnent envie d'en obtenir plus, notamment dans les domaines professionnel et financier. Le plus étonnant, c'est que cela puisse arriver.

Le Feng Shui repousse les limites du possible, de ce que nous pouvons atteindre dans une vie. Après avoir accédé à un niveau de vie très confortable, il reste encore de grandes opportunités, pour autant que nous puissions mettre en application des principes de plus en plus subtiles et complexes. Nous nous mettons alors à la recherche du terrain parfait pour y construire la maison idéale, en essayant de bénéficier du meilleur environnement possible et en utilisant l'éventail complet des techniques à notre disposition, y compris la très délicate formule du Dragon de l'Eau. C'est alors que peut se réaliser le rêve de toute une vie : santé, amour, argent, famille, spiritualité, renommée, etc.

Cet ouvrage n'a pas la prétention d'enseigner le Feng Shui, mais vise à partager la vision des maîtres sur cette discipline et, si possible, à éclairer le chemin de celui qui y trouvera sa passion, sa voie (*Dao*, 道), et à contribuer à une meilleure connaissance et reconnaissance de ce savoir-faire ancestral.

Les termes suivis d'un astérisque (*) sont expliqués dans le glossaire en fin d'ouvrage.

Partie I

Découvrir le Feng Shui

Chapitre 1

Qu'est-ce que le Feng Shui ?

風 *Feng,* le Vent ; 水 *Shui,* l'Eau

Comment définir le Feng Shui ?

Voici un exercice difficile. Si vous sollicitez une définition, vous pourrez en entendre autant qu'il y a de praticiens. Le Feng Shui est un concept, chaque personne le ressent et l'exprime à sa manière. Une simple définition ne peut pas décrire clairement le Feng Shui. Un livre le peut à peine, et ne fait qu'apporter quelques clés qui ouvriront les portes de la compréhension.

Emporté par le vent, le *Qi*[3] (氣), souffle vital, parcourt les montagnes, connues aussi sous le nom de « Veines du Dragon », jusqu'à ce qu'il rencontre l'eau, « Sang du Dragon », où il s'arrête. Là, le *Qi* s'accumule et génère la vie. Vent et Eau conditionnent la vie sur Terre. La vie ne peut prospérer sur notre planète qu'en raison d'un fin dosage de ces deux éléments. Chaleur, froid, humidité, sécheresse, zones tempérées, déserts, forêts tropicales, banquise… Toutes les conditions climatiques sont issues des combinaisons subtiles du vent et de l'eau. Un déséquilibre dans un sens ou dans l'autre peut les rendre dangereuses pour les êtres

3. Prononcer « tchi ».

vivants, qui connaîtront alors ouragans, canicules, vagues de froid, etc. Vent et Eau expriment également l'action qu'exerce l'environnement sur les événements et le cours de l'Histoire.

Le « Volcan de la Révolution française »

Il existe, en Islande, un volcan appelé « Volcan de la Révolution française », ainsi nommé en raison de l'impact de son éruption sur les événements en France. En effet, en 1783, une série d'éruptions généra un immense nuage noir qui couvrit le pays puis migra vers l'Europe, poussé par le vent. Sur son passage, le nuage priva les végétaux de la lumière solaire ; l'impact sur l'agriculture fut désastreux. La famine s'installa, d'abord en Islande, puis également en Europe, et notamment en France. La faim et la crise financière engendrèrent la colère du peuple. Les états généraux furent convoqués, et en 1789, la Révolution française éclata. C'est un exemple, parmi d'autres, qui montre comment un phénomène naturel lointain peut avoir des conséquences sur l'histoire et le destin d'un pays et de ses habitants. Et si le vent, soufflant dans une autre direction, n'avait pas poussé le nuage de cendres au-dessus de la France ?

Nous pouvons donc dire que le Feng Shui est la connaissance des forces de la nature qui agissent sur les êtres humains, ou que c'est un art de vivre en harmonie avec l'environnement et d'en exploiter les bienfaits, ou encore que c'est un moyen d'agir sur le cours de son existence et de l'améliorer.

Nous pouvons aussi dire que par l'étude de l'environnement, des forces de la nature, des bâtiments, des personnes, et par l'application de principes précis de construction et d'aménagement, le Feng Shui permet d'améliorer chance, bien-être, bonheur et prospérité.

La nature, la Terre, le Ciel, génèrent des forces invisibles qui affectent les divers aspects de la vie des êtres humains. Le Feng Shui permet d'identifier ces énergies, qu'elles soient sources de vie, *Sheng Qi** (生氣), ou forces nocives, *Sha Qi** (煞氣). Ainsi, l'être humain peut s'adapter à ces énergies, les utiliser et bénéficier de leurs bienfaits. Nous ne pouvons voir, sentir ou mesurer ces énergies subtiles et invisibles qui nous affectent. Le Feng Shui est un outil qui permet de les percevoir grâce à des éléments visibles et tangibles de l'environnement, comme les formes du paysage, les montagnes, l'eau, les cycles du soleil, l'aiguille d'une boussole, etc. Et même si nous connaissons le champ magnétique terrestre et ses effets sur les êtres vivants, le Feng Shui va au-delà, en postulant que la vie naît, grandit, s'épanouit et s'éteint sous l'action du *Qi*, le souffle vital.

Connaître le *Qi* qui circule dans notre environnement est le premier pas du Feng Shui. L'étape suivante consiste à le capter puis à le canaliser dans nos habitations afin d'améliorer et d'optimiser nos conditions de vie. Enfin, la connaissance de ses actions subtiles permet de prédire les événements à venir, d'en saisir les opportunités et de nous prémunir contre les tourments de toutes sortes.

Les origines du Feng Shui

La cosmologie taoïste : *He Tu, Luo Shu, Ba Gua* et *Wu Xing*

Le Feng Shui est une discipline ancienne qui date d'au moins 2400 ans[4] ; ses fondements remontent, quant à eux, à plus de 5000 ans. Les origines se perdent dans les brumes de la mythologie qui relate les temps anciens de la Chine, l'histoire de ce pays étant un mélange de faits réels et de légendes. Forts de symboles, de vertus et d'actes héroïques, ces récits fantastiques véhiculent les valeurs essentielles de l'histoire des hommes. Il est moins important de savoir comment les anciens ont abouti à une découverte que de transmettre leurs connaissances.

C'est ainsi que le divin sage *Fu Xi* (environ 2900 av. J.-C.) transcrit le *He Tu** (河圖), représentation de l'ordre originel de l'univers, qu'il aurait découvert inscrit sur le dos d'un cheval-dragon émergeant du fleuve *He*. Il le met en relation avec le *Ba Gua* (八卦) du Ciel Antérieur*, ordre cosmique

4. Période à laquelle remontent les premiers écrits dont nous avons aujourd'hui des traces. Il est très probable que la discipline soit, en fait, plus ancienne.

idéal, qui lui est aussi attribué. De même, le héros *Yu*, fondateur de la dynastie *Xia* (2200-1800 av. J.-C.), a vu sortir du fleuve *Luo* une tortue portant sur sa carapace des motifs noirs et blancs. Ces motifs lui révélèrent le *Luo Shu** (洛書), modèle de l'agencement et de la transformation des forces *Yin** (陰) et *Yang** (陽).

Fondements de la sagesse taoïste, le *He Tu* et le *Luo Shu* ont traversé les siècles. Ils sont à la base de toutes les formules du Feng Shui, qui sont aujourd'hui enseignées et utilisées par les maîtres et leurs disciples.

Les anciens ouvrages classiques, *Yi Jing** (易經), *Livre des transformations*, et *Nei Jing* (內經), *Classique interne*, décrivent en détail la cosmologie taoïste :

- *Dao* (道), origine de toute chose ;
- *Yin* (陰) et *Yang* (陽) ;
- *Wu Xing* (五行), Cinq Éléments* ;
- *Ba Gua* (八卦), Huit Trigrammes*.

Il ne subsiste aujourd'hui que des extraits de ces ouvrages, qui figurent parmi les plus anciens que nous connaissons. Ainsi, le *Yi Jing* actuel, le *Zhou Yi** (rédigé en 1100 av. J.-C.), livre de divination de la dynastie *Zhou*, n'est en fait que le troisième du genre. Le premier, le *Lian Shan Yi*, attribué au grand *Yu*, date de la dynastie *Xia* (2200 av. J.-C.). Le second, le *Gui Zang Yi*, date de la dynastie *Shang* (1500 av. J.-C.). Une importante partie du savoir a sans doute été perdue. Les écrits restants sont donc d'une valeur inestimable pour tous les adeptes des sciences taoïstes.

La naissance de l'étude de l'environnement : le *Kan Yu*

Il faudra attendre plusieurs siècles avant que ces principes soient appliqués à l'étude de l'environnement. Le Feng Shui fait son apparition à la fin de la dynastie *Zhou*, pendant la période des Royaumes Combattants (475-221 av. J.-C.), avec les premiers maîtres connus, Maître *Gui Gu Zi* et Maître

Zhang Liang. Ces derniers, versés dans les arts divinatoires, la médecine ou la géomancie*, portent le titre de *Fang Shi* (« maître des directions »).

La discipline, développée sous les *Han* (206 av. J.-C. – 220 ap. J.-C.), est appelée « *Kan Yu* » (堪輿), l'observation des forces s'exerçant entre le Ciel et la Terre. *Kan* est la voie céleste, *Yu* est la voie terrestre. *Kan Yu* peut aussi se comprendre comme « la configuration de l'élévation du sol », ou comme « Voie (*Dao*) du Ciel et Voie (*Dao*) de la Terre ». Le terme « Feng Shui » apparaîtra plus tard, durant la dynastie *Jin*, *via* les écrits du Maître *Guo Pu* (276-324).

Fondé sur les principes du *Tai Ji** (太極), de la dualité *Yin/Yang* et des Cinq Éléments, le *Kan Yu* est né du constat que l'environnement conditionne la vie des êtres humains. Pendant des siècles, les *Fang Shi* (magiciens) observent, analysent ces influences. Ils collectent des informations, élaborent un savoir complexe qui se transmet de maître à disciple. Ils ajoutent leurs découvertes au savoir développé par leurs prédécesseurs, affinant la théorie et la pratique. Ils étudient les structures de l'environnement, la topographie, les montagnes, l'eau, tenant compte des directions, des formes, des mouvements et de toutes les configurations du paysage.

Les théories et les formules issues du *Kan Yu* et développées à cette époque sont aujourd'hui classifiées dans le système *San He* (三合).

Le second grand système, le *San Yuan* (三元), fait son apparition au cours de la dynastie *Song* (Xe siècle). Fondé sur les mêmes principes, le *San Yuan* décrit notamment les aspects non visibles de l'environnement en intégrant les influences du temps.

Les périodes importantes de l'histoire du Feng Shui

- Durant la période des Trois Royaumes (220-265), Maître *Zhu Ge Liang*, ministre du roi *Liu Bei*, introduit une théorie combinant les Huit Trigrammes* aux Neuf Palais*. Cette théorie sera décisive pour les développements futurs du Feng Shui.
- Durant la dynastie *Jin* (265-420), Maître *Guo Pu*, considéré comme le père du Feng Shui, écrit deux ouvrages de référence : le *Chuang Shu*, traitant de l'emplacement des tombes, et le *Qing Long Jing* (青龍經) ou *Traité du Dragon Vert*, qui permet d'évaluer les caractéristiques du paysage.
- C'est au cours de la dynastie *Tang* (618-906) que le *Luo Pan** (羅盤), la boussole géomantique*, est intégrée au Feng Shui. Proche de la version actuelle (jusqu'à trente-six anneaux), ce *Luo Pan* en comporte dix-sept. Selon la légende, le premier *Luo Pan* fut donné par la Déesse du Neuvième Ciel à *Huang Di*, l'Empereur Jaune, fondateur du taoïsme (XXVIIe siècle av. J.-C.).
- La dynastie *Song* (960-1279) voit l'émergence et la généralisation du Feng Shui grâce à de nombreux ouvrages. Celui-ci se démocratise sous la dynastie *Ming* (1368-1644), avec la publication d'une profusion d'écrits. Malheureusement, les plagiats et les charlatans avaient déjà terni l'image de la discipline, et la persécution des taoïstes détenteurs de grands savoirs contribua encore à son déclin. Le Feng Shui ressurgit ensuite, changé, simplifié, plus technique, les formules les plus complexes et les plus puissantes demeurant confidentielles.
- Enfin, ce n'est que sous la dynastie *Qing* (1644-1911) que les maîtres de Feng Shui introduisent la destinée de l'individu (*Ming Yun*) dans la discipline. Depuis, le Feng Shui demeure quasiment inchangé.

Le Feng Shui de nos jours

Depuis quelques années, le Feng Shui est l'objet d'un engouement grandissant en Occident. De nombreuses personnes en ont entendu parler, ont vu un reportage, lu un article à ce sujet ou un livre qu'on leur a offert. La plupart d'entre elles le perçoivent comme une façon « zen »* de décorer et d'aménager sa maison à l'aide d'objets asiatiques, de grigris, d'images symboliques, de fontaines, etc.

L'opinion générale oscille entre scepticisme et condescendance. Le Feng Shui est au mieux perçu comme un phénomène de mode pour les adeptes de la décoration d'intérieur. En effet, nous comprenons difficilement comment quelques objets bien choisis et bien placés dans un intérieur peuvent stimuler la chance, apporter amour, argent et bonne santé. Cela est, de toute évidence, peu probable, et nous avons raison de le penser, car le Feng Shui ne se réduit pas à cela.

Au début des années 1980 apparaît une idéologie dérivée du Feng Shui classique. Cette version, plus simple et plus séduisante, est facile à apprendre, à appliquer, à enseigner. Ce nouveau Feng Shui est largement diffusé et vulgarisé grâce à une littérature prolifique en cette fin de XXe siècle. Il répond à un besoin croissant en Occident : trouver, dans les anciennes philosophies orientales, des remèdes faciles aux angoisses de la société moderne. Or, les maîtres en Feng Shui ont toujours réservé leur savoir à un nombre restreint d'initiés. Ils ont sans doute observé avec détachement l'essor de ce Feng Shui moderne, à la fois si ressemblant et si éloigné de la discipline authentique, qui, pour être maîtrisée, requiert plusieurs années d'études et d'expériences.

C'est la réputation du Feng Shui en Asie, notamment à Hong Kong et à Taiwan, qui a favorisé le développement de la discipline dans le monde entier. Mais peu de traductions des ouvrages traditionnels sont disponibles. Les livres publiés dans les pays occidentaux sont donc devenus logiquement la référence en matière de Feng Shui. La demande grandissant, les ouvrages se multiplient, bien souvent simples recueils de remèdes et de recettes « clés en main », qui donnent de faux espoirs aux personnes en quête d'une vie meilleure. L'appellation « Feng Shui traditionnel » est quasiment un euphémisme, mais elle est désormais nécessaire pour le distinguer de ce récent courant de pratique, « moderne » ou « occidental », selon la dénomination commune.

Le Feng Shui traditionnel, dont il est question dans cet ouvrage, respecte scrupuleusement, dans toutes ses applications, les notions fondamentales sur lesquelles il s'appuie, à savoir la cosmologie taoïste[5]. Il est aujourd'hui toujours utilisé et enseigné tel qu'il l'a été pendant des siècles. Ses répercussions fantastiques, quasiment incroyables, sur le bonheur des personnes et le succès des entreprises, expliquent son actuelle renommée et son développement dans le monde entier. Toutefois, la difficulté de compréhension des théories et de leur application est à la hauteur des résultats que nous pouvons en obtenir.

Forme ou boussole ?

Forme ou boussole ?

« *Pratiquez-vous l'école de la forme ou l'école de la boussole ?* » À cette question que l'on me pose fréquemment, je suis souvent tenté de répondre : « *Ni l'une ni l'autre !* »

En Feng Shui, l'analyse porte sur l'influence des formes, notamment celles du paysage, ainsi que sur celles qui sont associées aux directions de l'espace, donc à la boussole. En fait, les formes ont des influences variables selon leurs positions, c'est-à-dire leurs directions par rapport au lieu étudié. Inversement, les influences liées aux directions peuvent être modifiées par les formes en présence. Par exemple, une montagne activera les aspects *Yin** de ces influences, tandis qu'une étendue d'eau activera les

5. Voir à ce sujet le chapitre 4.

aspects *Yang**. Il n'est donc pas possible de dissocier formes et boussole, qui sont intimement liées dans les formules et les applications des principes du Feng Shui. À cela, il faut ajouter la temporalité, puisque les influences issues des formes et des directions varient aussi en fonction des cycles temporels. Nous devons également considérer les paramètres individuels puisque chaque personne est affectée de façon spécifique par les énergies, selon sa date de naissance.

Feng Shui = formes + boussole

Quand nous parlons de « forme » en Feng Shui, il s'agit purement et simplement de la forme des éléments du paysage, rien de plus. Cela ne fait référence qu'à l'étude des différentes configurations du paysage, formes des montagnes, des cours d'eau et de leur aspect bénéfique ou néfaste. De même, parler de « boussole » ne peut faire référence qu'à la mesure qui est effectuée sur l'outil, le *Luo Pan**.

La distinction provient sans doute de la pratique traditionnelle. Nous cherchons tout d'abord un *Xue*, un lieu de convergence et d'accumulation du *Sheng Qi* (énergies bénéfiques), en étudiant les formes du paysage (chaînes de montagnes, découpage des côtes, lits des fleuves, etc.). Puis, une fois le *Xue* trouvé, nous utilisons le *Luo Pan* afin de déterminer précisément l'emplacement de la maison et la direction de sa porte pour capter ce bon *Qi*.

Il n'y a donc ni deux, ni trois, ni quatre écoles : tout cela forme un ensemble cohérent. Toutefois, il existe une distinction dans la pratique et surtout dans l'apprentissage du Feng Shui traditionnel : le *San He* et le *San Yuan*.

Les Trois Harmonies (*San He*) et les Trois Cycles (*San Yuan*)

Le Feng Shui est scindé en deux systèmes fondamentaux : le système *San He* (les Trois Harmonies*) et le système *San Yuan* (les Trois Cycles*).

Le système *San He* est consacré aux énergies de l'environnement, du paysage, du visible en quelque sorte. Dans ce système, nous classons également l'école *Ba Zhai**.

Le système *San Yuan* décrit plutôt les énergies de l'invisible, dépendant notamment de la temporalité. L'école *Xuan Kong* (Vide Mystique) en fait partie.

Chaque maître a un système de prédilection et peut privilégier certaines pratiques. Pour autant, il n'y a pas deux écoles séparées qui se suffiraient à elles-mêmes. Ignorer une partie du Feng Shui, c'est, à mon avis, comme ignorer une partie de l'univers et dire, par exemple, qu'il n'y a pas d'étoiles dans le ciel durant la journée parce que nous ne les voyons pas.

Le Feng Shui est une discipline globale et doit le rester en toutes circonstances. Une analyse fiable doit prendre en compte tous les paramètres, et même un maximum de paramètres, c'est-à-dire tous ceux que le consultant est en mesure d'identifier. Imaginez que vous avez goûté un sublime gâteau chez une amie et que vous souhaitez le refaire chez vous. Si vous ne mettez pas tous les ingrédients dans les bonnes proportions, votre gâteau risque de ne pas être aussi bon que celui de votre amie. Pour le Feng Shui, c'est pareil ! Ce n'est pas un gâteau, mais si vous négligez de prendre en compte une ou plusieurs influences, votre analyse sera faussée, et vous risquez de tomber dans une erreur d'appréciation et d'obtenir un résultat différent, nul ou pire, opposé à ce que vous cherchiez.

Les deux systèmes classiques du Feng Shui

三合	***San He*** **(Trois Harmonies)**	Formes de l'environnement. Trois Harmonies : porte, montagne, eau. Huit Maisons (*Ba Zhai**). Neuf Étoiles du Loup Avide (*Tan Lang Jiu Xing).* Classique du Dragon de l'Eau* (*Shui Long Jing*).
三元	***San Yuan*** **(Trois Cycles)**	Étoiles Volantes* (*Xuan Kong Fei Xing*). Soixante-Quatre Hexagrammes* (*Xuan Kong Da Gua*). Influences temporelles et directionnelles.

Les limites du Feng Shui

Ceci dit, si le Feng Shui est une discipline globale, requérant l'analyse d'un ensemble de facteurs, c'est aussi une discipline qui a un cadre bien défini. S'il y a dans le Feng Shui des principes que le grand public ignore et des formules très pointues que seuls quelques initiés ont le privilège de connaître, il y a aussi beaucoup de choses qui sortent du cadre du Feng Shui. Oui, le Feng Shui a ses limites, comme toute discipline. Nous ne pouvons pas tout demander au Feng Shui, et il ne faut pas non plus tout lui associer.

À une question concernant l'emplacement d'un objet particulier, il m'arrive fréquemment de répondre : « *Faites comme il vous plaira.* » Mon interlocuteur est alors surpris par ce qu'il peut considérer comme un manque de compétences de ma part, ou comme un détachement hautain quand je lui dis ensuite : « *Cela n'a pas d'importance.* » En même temps, j'insiste fortement pour changer la direction de la cuisinière, sortir une télévision d'une chambre ou condamner une porte.

Pour améliorer le Feng Shui d'une maison, nous devons respecter un certain nombre de règles ; certaines sont contraignantes et vont parfois à l'encontre de l'esthétisme, ou se révèlent peu pratiques au quotidien. Souvent, je conseille de déplacer le lit, de le tourner pour l'orienter dans une direction favorable à la personne qui y dort, car un lit légèrement pivoté ou franchement dans l'axe diagonal peut générer quelques désagréments. Imaginez la réaction de la maîtresse de maison quand je lui dis qu'il faut orienter son four à micro-ondes afin que la porte s'ouvre vers le mur ! En revanche, je ne vais pas jusqu'à préconiser la bonne place pour tous les objets de la maison. Beaucoup de choses ne dépendent que du goût ou des envies de mes clients. Un jour, une dame m'a demandé où placer les photos de personnes disparues pour pouvoir leur rendre hommage sans générer de mauvaises influences dans sa maison. J'ai trouvé cette question d'une grande sensibilité et lui ai répondu qu'à mon avis, elle pouvait placer ces photos à l'endroit qui lui conviendrait le mieux, et que rien de néfaste ne pourrait être généré par des photos de personnes que l'on aime.

Nous pouvons effectivement nous demander jusqu'où va le Feng Shui dans l'aménagement et la décoration d'un intérieur, que ce soit pour une maison, un appartement, un commerce ou des bureaux d'entreprise. Quand on découvre le Feng Shui et que l'on se rend compte à quel point l'emplacement des meubles et des objets d'une maison a un impact sur la vie de ses occupants, il est naturel de se demander ce qui a et ce qui n'a pas d'influences.

L'expert vous indique que pour améliorer santé, relations familiales ou finances, il vous faut placer un aquarium à tel endroit du salon, enlever une télévision de telle chambre, déplacer un beau ficus qui se plaît tant près de la fenêtre, couvrir d'un rideau le miroir de l'armoire de votre chambre, mettre des bougies sur une étagère, trouver une pierre blanche et carrée que vous placerez dans les toilettes, ou encore mettre un vase avec du gros sel, de l'eau et des pièces de monnaie à côté de la porte d'entrée... Vous êtes donc en droit de l'interroger sur la bonne place des livres sur l'étagère du bureau, du téléphone, de la lampe en fer forgé, des fleurs séchées, des posters de votre fils ou des photos de famille ! Il est normal de s'inquiéter du bon emplacement de chaque meuble, de chaque objet – appareil ménager, bibelots, etc. –, et de tout ce qui compose un intérieur quand on s'intéresse au Feng Shui et que l'on veut appliquer ses principes au mieux. Et si vous savez que les couleurs ont aussi une influence, vous allez évidemment chercher à savoir si celles des rideaux, des papiers peints et de votre literie sont en accord avec lesdits principes.

Bien sûr, nous pouvons analyser le moindre petit détail en appliquant les principes du Feng Shui ; nous pouvons déterminer l'influence qu'a chaque objet selon sa matière, sa forme et sa couleur, comme nous pouvons le faire avec chaque forme du paysage autour d'une maison, montagne, colline, rivière, lac, creux ou rehaussement du terrain, comme de tout bâtiment, route, arbre ou poteau de l'environnement urbain. Nous pouvons également définir sous quelle influence nous nous trouvons lorsque nous dormons ou travaillons, lorsque nous faisons la cuisine, regardons la télévision, prenons une douche, pénétrons dans n'importe quelle pièce de notre maison (ou une autre maison), ou même dans un magasin pour faire nos courses. Et la liste n'est pas exhaustive. Mais ce serait un travail trop fastidieux, sans fin et surtout d'une utilité restreinte.

Tous les éléments de notre environnement, immédiat ou étendu, l'endroit où nous nous trouvons, la direction vers laquelle nous faisons face à tout moment, tout cela a une influence sur nous et sur notre vie selon le Feng Shui. Pour savoir ce qui a de l'importance, ce qui en a moins et ce qui en a très peu, il y a un principe primordial qu'il faut appliquer : la relativité. Ce n'est pas celle d'Einstein, mais juste ce principe simple et efficace qui fait appel au bon sens.

Notre environnement de vie n'est pas toujours modifiable selon notre bon vouloir. Il n'est pas toujours possible de casser un mur ou de déplacer une salle de bains. Il n'est pas facile de changer la direction de la porte d'entrée ou de combler un espace manquant, surtout lorsqu'il s'agit d'un appartement en copropriété. Il est impossible de déplacer le bâtiment de l'autre côté de la rue qui génère une mauvaise influence. Les limites aux résultats que nous pouvons obtenir découlent de l'impossibilité pure et simple de modifier nos habitations et leur environnement. Chaque lieu possède un potentiel plus ou moins élevé d'amélioration du Feng Shui. Lorsque celui-ci est atteint, nous atteignons un palier dans notre propre potentiel de développement et de bonheur.

Ce qu'il faut retenir

Science développée il y a au moins 2500 ans, basée sur les principes fondamentaux de la cosmologie taoïste, le Feng Shui permet de connaître les influences de l'environnement qui agissent en profondeur sur les conditions de vie des personnes. Demeurée la plupart du temps confidentielle et réservée à la classe dirigeante, la discipline a connu, à plusieurs reprises, un fort engouement populaire, comme c'est aujourd'hui le cas. Malheureusement, les persécutions subies par les taoïstes, les charlatans et les détracteurs ont contribué à la perte de crédibilité d'un savoir inestimable et à la mise au secret de ses techniques les plus puissantes. Nous avons désormais de nouveau la chance de pouvoir étudier l'une des méthodes les plus efficaces qui soient pour améliorer notre bien-être, notre prospérité, notre chance dans la vie.

Scindé en deux grands systèmes, le *San He* et le *San Yuan*, le Feng Shui analyse conjointement l'influence des formes, des directions de l'espace et des cycles du temps. En substance, c'est notre maison, son environnement, sa configuration et son agencement qui façonnent notre vie au quotidien.

Le Feng Shui n'est pas une solution miracle qui guérit tous les maux. Les résultats peuvent être extraordinaires, mais ils sont toujours liés aux possibilités de modification de l'habitation et de son environnement. De plus, toutes les composantes de notre vie ne sont pas du seul ressort du Feng Shui.

Chapitre 2

À quoi sert le Feng Shui ?

Les objectifs principaux du Feng Shui se résument en trois mots : connaître, améliorer, prévoir.

Connaître, c'est identifier les influences des forces de la nature qui agissent sur les conditions de vie des êtres humains. C'est déceler et analyser le *Qi,* cette énergie invisible et indétectable si puissante à favoriser la vie ou à la détruire. C'est savoir que rien sur Terre n'est anodin, qu'une montagne exerce une influence sur les habitations alentour, qu'une rivière capte et transporte les énergies du Ciel.

Améliorer, c'est permettre aux personnes de favoriser leurs conditions de vie, de vivre longtemps en bonne santé, de fonder une famille heureuse et unie, de travailler dans de bonnes conditions, d'obtenir les fruits de leur labeur en abondance et d'accumuler des richesses pour assurer l'avenir de leur famille.

Prévoir, c'est prédire la survenance d'événements et pouvoir réagir en conséquence, en évitant les malheurs ou, au contraire, en saisissant les opportunités qui se présentent.

Le Feng Shui idéal : optimiser les énergies

Choisir un emplacement et y construire une demeure, tel est, traditionnellement, l'objectif majeur du Feng Shui. Les demeures des vivants sont les maisons *Yang** (*Yang Zhai*), et les demeures des morts, les tombes[6], sont les maisons *Yin** (*Yin Zhai*).

Le Feng Shui des maisons *Yang* agit directement sur les habitants des lieux ; celui des maisons *Yin* agit indirectement sur les descendants du défunt, parfois sur plusieurs générations. Les maîtres considèrent que le Feng Shui des maisons *Yin* est plus complexe, requérant une grande expérience dans l'étude du paysage. La maîtrise de cette branche du Feng Shui représente l'aboutissement de leur savoir, de leur carrière.

Bien que l'étude du Feng Shui inclue autant les aspects *Yin* que les aspects *Yang*, nous ne nous consacrerons ici qu'à la partie *Yang*, les demeures des vivants, car la découverte du Feng Shui commence le plus souvent par ce côté, dont les applications sont plus accessibles.

Une légende raconte qu'un très érudit maître en Feng Shui a cherché en vain, toute sa vie durant, le lieu idéal pour y bâtir sa maison. Il ne l'a jamais trouvé car il était toujours confronté à une influence plus ou moins néfaste qu'il ne pouvait éviter ou annuler. Cette histoire nous rappelle que le Feng Shui idéal n'existe pas : il n'y a pas de lieu où seules des influences bénéfiques sont présentes.

Le bon et le mauvais, le bien et le mal, coexistent toujours, tels le *Yin* et le *Yang*. Le but du Feng Shui est d'obtenir un maximum d'influences bénéfiques. Il faut cependant accepter qu'il y aura toujours des influences néfastes que nous nous efforcerons de réduire.

---

6. Les lieux de culte comme les églises et les temples sont également considérés comme des maisons *Yin*.

Mis à part certains *Sha Qi** qu'il faut éviter à tout prix, la présence d'une influence négative n'est pas forcément rédhibitoire et ne doit pas être source d'angoisse. Une telle influence ne se manifestera peut-être pas ou aura un impact très faible dans l'effet global. Un bon Feng Shui est un effet globalement positif. C'est la somme des effets positifs et négatifs. Si nous obtenons beaucoup plus d'influences bénéfiques que d'influences néfastes, le résultat global sera positif.

Tout l'art réside dans l'évaluation des influences bénéfiques et néfastes, afin d'être certain d'obtenir un résultat final positif.

Les bienfaits du Feng Shui

Grâce au Feng Shui, l'Homme peut trouver sa juste place dans son environnement, améliorer sa chance, connaître bonheur, gloire, fortune, faire de ses descendants des rois, prédire le cours des événements, le changer, etc. Le Feng Shui a toujours eu des objectifs matérialistes, servant à apporter aux hommes des bienfaits concrets dans leur vie sur Terre : longévité, mariage, enfants, richesse, pouvoir, etc. Sans pour autant chercher, comme les *Fang Shi*, à devenir immortels, nous pouvons tirer de grands bienfaits du Feng Shui.

Fu, Lu et *Shou*

福禄壽

Fu, Lu, Shou : bonheur, prospérité, longévité. Les trois bonnes fortunes de la coutume chinoise résument parfaitement les bienfaits du Feng Shui. Dans un langage plus approprié à la culture occidentale, nous pourrions les traduire par l'amélioration de nos conditions de vie, mais cette signification est un peu timide. Je préfère dire que le Feng Shui permet de s'épanouir, de réussir, de vivre heureux et d'accomplir sa destinée.

Dans la pratique, le Feng Shui peut être considéré comme l'art de se situer *entre montagne et eau*. En ce qui concerne leurs bienfaits, la montagne évoque la personne, la santé, les sentiments, les relations familiales, sociales, etc. L'eau, quant à elle, représente la richesse, les possessions, l'activité, la carrière...

Santé et longévité

Le *Qi* de l'environnement, ou souffle vital, généré, transformé et véhiculé par les forces de la nature, pénètre le corps de chaque individu et interagit avec son propre *Qi*. Cette interaction se manifeste en premier lieu par des effets sur la santé.

Un bon Feng Shui, c'est d'abord avoir une bonne santé et une longue vie, c'est-à-dire être en pleine forme, résister aux maladies, regorger de vitalité, bien dormir... Les petits soucis ne disparaissent pas totalement, mais les gros problèmes peuvent être évités.

Vivre longtemps, en bonne santé, ne pas tomber malade ou rarement, très vite récupérer, ces bienfaits-là ne sont pas particulièrement spectaculaires ; néanmoins, ils sont très précieux. En effet, se remettre d'une grave maladie et améliorer un mal considéré comme incurable devient possible grâce au Feng Shui. Le Feng Shui en lui-même n'est pas le remède à toutes les maladies, mais il procure l'énergie vitale qui aide le corps à se défendre, à se soigner. De même, il ne constitue pas en lui-même une solution unique, mais est complémentaire d'une hygiène de vie incluant médecine (traditionnelle ou moderne), nutrition, sport, respiration, etc.

La santé des personnes est donc intimement liée au Feng Shui de leur habitation. Les problèmes de santé sont des symptômes, des signes que des influences néfastes se manifestent. D'ailleurs, lors de mes expertises, j'ai l'habitude de relever tous les détails de l'état de santé de mes clients, car un mal, un malaise ou une blessure sont des symptômes révélateurs, surtout s'ils sont récurrents.

Mais la santé concerne aussi l'esprit : sérénité, joie de vivre et bonne humeur sont également des effets bénéfiques du Feng Shui. À l'instar du corps, l'esprit est plus fort et résiste mieux aux agressions (stress, angoisses, peines, colères, etc.) avec le Feng Shui.

Les relations familiales et sociales

Amour, harmonie du couple, cohésion familiale, amitié... les relations entre les personnes sont très sensibles aux influences du *Qi*. En général, elles sont affectées plus rapidement que la santé, la carrière ou les finances, donc plus faciles à gérer et à améliorer avec le Feng Shui.

Ainsi, si la porte d'entrée de votre maison se situe dans la direction de votre *Yan Nian**[7] (延年), signifiant littéralement « allonger les années », favorisant donc la longévité naturelle, vous bénéficierez de bonnes relations familiales et amicales ; vos amis vous apprécieront et ne refuseront jamais une invitation de votre part.

Chaque personne étant soumise au Feng Shui de son habitation, les relations ne sont bonnes, à long terme, qu'entre personnes bénéficiant respectivement d'un bon Feng Shui. Vous pouvez avoir un excellent Feng Shui chez vous et être en mauvais termes avec une personne en particulier. Cela peut signifier que le Feng Shui de l'habitation de cette personne n'est pas bon, ou alors tout autre chose ! Le Feng Shui n'est pas la cause de toutes les mésententes et ne peut pas générer des relations parfaites avec toutes les personnes que vous connaissez !

---

7. Voir à ce sujet le chapitre 9.

Quand le Feng Shui aide à trouver l'amour...

J'ai parfois l'occasion de constater les effets rapides du Feng Shui. Dans le domaine de l'amour, les preuves sont particulièrement tangibles.

Madame D., propriétaire d'un bel appartement, mais malheureusement seule suite à un pénible divorce, souhaite retrouver l'amour de son mari et me demande d'agir dans ce sens. Après analyse, il m'apparaît que la direction de la porte d'entrée prédispose plutôt à la solitude. La porte ne peut être bougée, mais nous délimitons un passage qui permet à Madame D. d'entrer depuis sa direction *Yan Nian*. Dans la chambre, le lit est également orienté dans cette direction. Dans le salon, nous activons, à l'aide d'une fontaine, la combinaison d'Étoiles Volantes*[8] propice à la romance. Pour l'harmonie générale, d'autres modifications sont également apportées. En la quittant, je lui dis que nous avons fait ce qu'il faut pour qu'elle retrouve l'amour, celui qui lui convient... Je fus heureux d'apprendre, quelque temps plus tard, que les résultats escomptés s'étaient concrétisés. Trois semaines après ma visite, elle fit une rencontre et eut une idylle romantique, qui devint par la suite une relation sérieuse et durable. Certes, le Feng Shui ne lui a pas rendu l'amour de son mari, mais il lui a apporté, semble-t-il, une nouvelle opportunité de bonheur conjugal.

Mariage, famille, enfants

Comme il ne suffit pas de trouver l'amour pour fonder une famille, le Feng Shui permet également d'être heureux dans son mariage et, si nous le désirons, d'avoir une famille nombreuse et unie. Avant de s'occuper de la santé, du bonheur ou de la réussite scolaire de ses enfants, il faut les concevoir. Les maîtres se sont également penchés sur cette question. Nous avons ainsi à notre disposition un certain nombre d'applications visant à favoriser la naissance de nombreux enfants, filles ou garçons[9].

8. Voir à ce sujet le chapitre 10.

9. Les Chinois ont toujours préféré avoir des fils, surtout dans les temps anciens. C'est pourquoi les textes classiques nous indiquent de nombreuses formules pour avoir beaucoup de fils, et, parfois, nous pouvons lire que n'avoir « que des filles » est synonyme de mauvais Feng Shui. De nos jours, il n'est plus aussi important d'avoir des garçons plutôt que des filles, et de nombreux parents sont très heureux avec « seulement » des filles. Un bon Feng Shui nous apporte ce que nous désirons.

L'activité professionnelle, la carrière

Une carrière, c'est d'abord le résultat d'un travail. Cela dit, la chance est toujours très utile quand il s'agit de se trouver au bon endroit au bon moment, en compagnie des bonnes personnes. Travail personnel et chance apparaissent donc comme le cocktail idéal pour réussir une carrière exceptionnelle.

Selon le Feng Shui, il existe des configurations particulièrement favorables pour la réussite professionnelle. De nature différente, d'autres configurations permettent également d'obtenir un rang social élevé. Les textes précisent aussi dans quel domaine chaque influence est la plus favorable : arts, lettres, armée, gouvernement, finance, corps médical, immobilier, agriculture, etc.

L'argent

L'argent contribue au bien-être et au bonheur. Manquer d'argent a toujours été une source de problèmes et de conflits. D'un point de vue occidental, les maîtres chinois de Feng Shui peuvent sembler très préoccupés, voire obsédés par l'argent. Ils en parlent beaucoup, enseignent, expliquent, appliquent de nombreuses formules qui permettent de devenir riche, voire très riche. Si la discipline évoque si souvent la possibilité de faire fortune, c'est parce qu'elle s'est développée en réponse à cette demande. D'abord réservé aux dirigeants et aux personnages de haut rang, le Feng Shui se devait d'assurer leur richesse, gage de position sociale et de puissance.

A priori, le concept de *Qi* (souffle vital) ne fait pas référence à l'argent. Cependant, un bon *Qi* vous apportera aussi de l'argent. D'après le Feng Shui, ce bon *Qi* est apporté par l'eau, et celle-ci représente l'argent. Pour bénéficier d'une situation financière élevée, il faut que l'eau soit présente dans l'environnement de votre maison et qu'elle soit bien située, notamment par rapport à la porte d'entrée, car c'est par la porte qu'entre le *Qi* qui vous apportera la richesse. Une telle porte est alors qualifiée de « Porte Prospère ».

La spiritualité

Nous parlons peu de spiritualité en Feng Shui. Les objectifs sont plus généralement matérialistes. Cependant, la spiritualité est une trame invisible qui guide le maître dans sa pratique et dans l'aide qu'il apporte à ses clients. Chaque personne qui souhaite appliquer le Feng Shui doit prendre conscience de la portée de ses actes dans le schéma de sa vie et de celle des autres.

Le taoïsme vise essentiellement à comprendre l'univers pour vivre en harmonie avec celui-ci, dans l'équilibre des forces. Idéalement, matérialisme et spiritualité s'équilibrent. Chaque humain est responsable de sa spiritualité, Le Feng Shui permet de lui assurer de bonnes conditions de vie afin qu'il puisse cheminer sans entrave vers la lumière.

La spiritualité dans le confucianisme

Le confucianisme, profondément ancré dans la culture chinoise depuis des siècles, place la famille au centre de l'univers. Celle-ci doit, le plus longtemps possible, être harmonieuse, nombreuse, prospère. Nous comprenons pourquoi les maîtres en Feng Shui s'emploient à prodiguer richesse, mariage, enfants, bonheur familial, santé et longévité à leurs clients. Devenir moine, ermite ou ascète n'est donc pas conforme au bonheur selon cette tradition. D'ailleurs, de nombreux textes mentionnent que sous de mauvais auspices, les enfants deviennent moines et nonnes. Il est important de comprendre que tout est une question de point de vue...

Un peu d'espoir

« *Grâce au Feng Shui, je me sens soulagé d'un poids, d'une partie de mes problèmes. Je me rends compte que je ne suis pas responsable de tous les blocages et des situations difficiles que je vis. Cela me redonne de l'espoir.* » Ces quelques mots montrent que le premier résultat bénéfique que procure le Feng Shui peut être simplement de redonner de l'espoir. L'espoir d'avoir de meilleures conditions de vie, de saisir de nouvelles opportunités, de résoudre des problèmes apparemment insolubles, d'atteindre ses objectifs.

Un coup de pouce à la chance

Le Feng Shui et la chance

Quand nous demandons à *Grandmaster* Yap Cheng Hai ce qu'apporte le Feng Shui, souvent, il répond simplement : « *la chance* ». Cette chance est celle qui nous permet de surmonter l'adversité, d'obtenir ce que nous désirons en fonction de ce que nous mettons en œuvre.

En résumé, le Feng Shui nous permet de savoir dans quels lieux nous connaîtrons la chance ou la malchance. Bien sûr, sans le Feng Shui, la chance est possible, mais elle sera plutôt le fruit du hasard. Lorsque nous choisissons notre demeure, nous choisissons des conditions de vie, de bonheur, de chance, le plus souvent de façon aléatoire. Connaître les influences de l'environnement qui affectent notre existence, c'est donner un coup de pouce à la chance, faire pencher la balance de son côté.

Tout le monde a vécu, à un moment donné, un revirement de chance, dans un sens ou dans l'autre, suite à un déménagement. Généralement, lorsqu'une maison nous apporte plus de bien-être et de bonheur que la précédente, nous en jouissons sans y prêter attention, sans penser aux raisons de ce changement. En revanche, si les choses tournent mal et que surviennent problèmes et malheurs, nous évoquons l'existence d'un lien entre la malchance et le lieu où nous vivons. C'est que les êtres humains recherchent assidûment les raisons de l'infortune (afin de s'en défaire), mais rarement celles de la fortune. Néanmoins, elles existent, que nous en soyons conscients ou non, que nous les connaissions ou non. La lumière est le pendant indissociable de l'obscurité. Les causes du bonheur et celles du malheur sont les deux plateaux de la balance. Le Feng Shui contribue à la faire pencher dans le bon sens.

La vie est une fluctuation d'événements agréables et désagréables. La prépondérance d'événements agréables fait une vie heureuse, chanceuse. À l'inverse, trop d'événements désagréables, *a fortiori* graves (maladies, accidents, faillite, etc.), sont synonymes de malheur, de malchance.

La courbe de chance

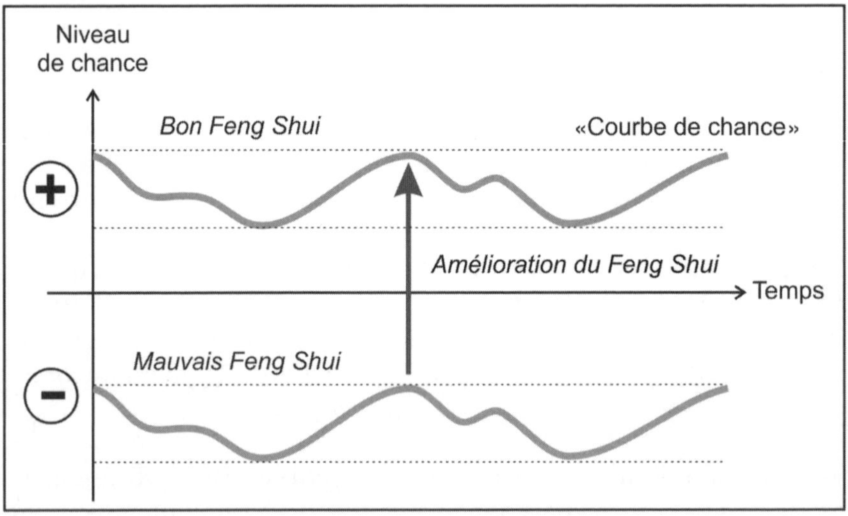

La courbe de chance permet de visualiser les bienfaits du Feng Shui. En fonction du temps, le niveau de chance fluctue en une suite d'événements plus ou moins agréables. Un bon Feng Shui s'exprime par un niveau de chance positif : même si celui-ci peut varier, il reste dans une zone positive. Le mauvais Feng Shui est ici schématisé par une courbe qui reste dans la zone négative. L'amélioration apportée par l'application du Feng Shui fait passer la courbe de chance d'un niveau globalement négatif à un niveau globalement positif.

Savoir saisir les opportunités

Bien sûr, le Feng Shui n'est pas une baguette magique qui peut réaliser tous les vœux, ni une solution miracle à tous les problèmes. Certes, les bienfaits promis sont alléchants, impressionnants, extraordinaires, à l'image des rêves les plus fous : bonheur sans limite, amour, gloire, fortune…

La connaissance des forces de l'environnement et la maîtrise que nous pouvons avoir sur celles-ci permettent de placer les personnes dans des conditions optimales de bien-être et de productivité. Il appartient cependant à chacun de mettre à profit le potentiel qui lui est donné : les énergies manipulées par le Feng Shui prodiguent une chance exceptionnelle, mais celui qui en bénéficie doit aussi saisir les opportunités qui se présentent.

Pour le taoïste, la vie est la conjonction de trois Chances : la Chance du Ciel, la Chance de l'Homme et la Chance de la Terre.

La Trinité Cosmique

Ciel/*Tian* (天)
Homme/*Ren* (人)
Terre/*Di* (地)

- *La Chance du Ciel* correspond à la destinée, le karma, c'est-à-dire à un ensemble de possibilités que l'individu reçoit à sa naissance comme un cadre dans lequel il évoluera durant toute sa vie. Il pourra réaliser ou non tous les événements potentiels de sa vie. Il est admis qu'il y a des choses dans la destinée que nous ne pouvons pas changer. Par exemple, nous ne pouvons pas choisir nos ancêtres, nos parents, ni le lieu et la date de notre naissance.
- *La Chance de l'Homme* correspond à sa volonté, à ses valeurs, à sa persévérance, à son travail. Elle dépend totalement de chaque individu et des décisions qu'il prend. Les choix que l'Homme fait vont déterminer sa destinée. La spiritualité, le développement des facultés physiques et mentales sont les moyens qu'a l'Homme pour favoriser sa chance.
- *La Chance de la Terre*, c'est le Feng Shui. En bonne santé, en pleine possession de nos moyens, nous pouvons agir au maximum de nos capacités pour mener à bien nos projets. Le *Qi* de notre environnement peut supporter ou, au contraire, contrer nos efforts. Le Feng Shui nous permet de savoir où et quand le *Qi* nous est bénéfique. Nous pouvons ainsi nous adapter à lui et recevoir ses bienfaits.

À qui s'adresse le Feng Shui ?

Dans les pays asiatiques, où la culture chinoise est prépondérante, les gens font couramment appel aux maîtres en Feng Shui pour choisir un terrain, faire bâtir une maison, aménager leur nouvelle habitation ou régler des problèmes ponctuels. Les entreprises, désireuses de mettre tous les atouts de leur côté, ne négligent pas les conseils avisés des maîtres pour assurer leur prospérité. Banques, hôtels, casinos, compagnies aériennes font construire leurs bâtiments dans les règles de l'art.

Apparu dans les années 1990 aux États-Unis, en Europe et en Australie, le phénomène Feng Shui, certes moins courant qu'en Asie, a pris de l'ampleur en ce début de XXIe siècle. Modestes appartements ou grandes propriétés, de nombreuses habitations sont conçues, agencées, décorées d'après les principes du Feng Shui. Commerces de proximité ou firmes internationales, les entreprises occidentales bénéficient, comme leurs homologues asiatiques, des services des experts.

Les noms célèbres qui ont adopté le Feng Shui

Du monde de la finance, nous pouvons citer Merrill Lynch, la Citibank, la Chase Manhattan Bank, le Crédit Lyonnais, ou encore la célèbre Banque de Chine à Hong Kong : ses concurrentes, situées à proximité, lui auraient intenté des procès à cause des angles aigus de son gratte-ciel de soixante-dix étages. Dans la même ville, The Hong Kong & Shanghai Bank occupe l'un des sites les plus favorables. Des maîtres en Feng Shui ont été consultés à tous les stades de sa construction, jusqu'à l'emplacement des escaliers mécaniques.

Tous les secteurs de l'industrie sont représentés : British Airways, Cathay Pacific, Universal Studios, le constructeur automobile Ford, Procter and Gamble, IBM, CNN, Virgin, Marks & Spencer, The Body Shop, Kellogg's, les hôtels Hyatt, le casino de Melbourne, le casino de Genting Highlands en Malaisie (pour lequel quatorze maîtres ont été consultés), Disneyland, la Pyramide du Louvre, etc.

Parmi les célébrités, ont également fait confiance au Feng Shui : Donald Trump, Tony Blair, Halle Berry (pour sa résidence à Hollywood), Johnny Depp, Liam Neeson, Bill Clinton, le prince Charles, Madonna, Paula Abdul, Ralph Lauren, etc.

Les forces de l'ordre sont également convaincues des possibilités offertes par le Feng Shui, tels le département de police de Burbank (Australie), celui de Los Angeles (LAPD), et la police montée royale canadienne.

Peut-on appliquer le Feng Shui partout ?

En intérieur

Peut-on appliquer le Feng Shui à une maison comme à un appartement ? À un loft, un château, un studio ? À un commerce, des bureaux, une usine, un hôtel, un restaurant, une galerie marchande, un immeuble ? La réponse est oui.

Fondamentalement, le Feng Shui s'applique à la maison (宅, *Zhai*, lieu de vie). Mais le terme « maison » a ici un sens large. Le Feng Shui s'applique à tout type de demeure, villa ou appartement, de la plus grande à la plus petite. Il s'applique à tout bâtiment, maison individuelle ou immeuble, à toute construction ayant un sol, des murs et un toit, où des personnes vivent ou travaillent.

À plus grande échelle, nous pouvons utiliser le Feng Shui pour un ensemble de bâtiments représentant une seule entité, tels un complexe hôtelier, un parc d'attractions ou une zone industrielle. Le macro Feng Shui a des applications encore plus larges, pouvant concerner un quartier, une ville. Le *Tai Ji**, la représentation de l'univers, reste identique, à l'infiniment grand comme à l'infiniment petit, à l'échelle de la planète comme à celle d'une habitation.

Le *Tai Ji*

En théorie, nous pouvons donc adapter les principes du Feng Shui à toutes les échelles. Concrètement, au-delà de certaines limites, cela devient trop complexe, voire absurde. La plupart des théories et des formules sont alors inadaptées.

Le cas particulier des appartements illustre parfaitement cette notion d'échelle. Il est d'autant plus parlant que dans nos sociétés modernes, la plupart des habitations sont des appartements. Nous pouvons utiliser le Feng Shui pour l'immeuble, le bâtiment dans sa globalité, puis pour chaque appartement, unité d'habitation individuelle, et enfin pour chaque pièce d'un appartement. Nous pouvons, au passage, noter qu'à ces trois échelles, nous retrouverons les mêmes configurations. Bien qu'en théorie, ces configurations puissent se retrouver à toute échelle, nous ne pourrons pas réellement faire le Feng Shui de quelque chose de plus petit qu'une pièce, qu'un espace délimité où peut se placer une personne.

■ En extérieur

À l'inverse, que se passe-t-il au-delà du bâtiment, à l'extérieur ? S'il s'agit d'un ensemble résidentiel circonscrit par une limite physique, d'un complexe hôtelier, d'un groupe de bâtiments formant une usine ou une entreprise, il est possible d'y appliquer le Feng Shui. Cependant, certaines formules seront là aussi inutilisables, en raison d'espaces ouverts où ne peut s'accumuler le *Qi*.

Quand l'espace de vie n'est pas cloisonné et que murs ou toit manquent, point de Feng Shui. Il n'est donc pas possible, par exemple, de concevoir des parcs et des jardins selon les principes du Feng Shui. Le terrain entourant une maison peut être aménagé pour optimiser le Feng Shui de celle-ci ; il peut être recommandé de planter des arbres, de mettre un bassin d'agrément, de créer un monticule de terre, etc. Mais ces recommandations seront toujours relatives au Feng Shui de la maison, afin d'en renforcer les effets positifs.

S'adapter au *Qi*

Sur la Terre circule le *Qi*. Selon les configurations du paysage, le *Qi* prend des aspects variés, plus ou moins bénéfiques pour la vie, notamment celle des êtres humains. Un terrain se caractérise par une certaine qualité de *Qi*. Le Feng Shui étudie cela et permet de choisir les meilleurs emplacements sur la planète pour construire nos demeures. L'essence du Feng Shui, le travail le plus accompli du maître, consiste à trouver un terrain, placer une maison, la concevoir, la bâtir et l'agencer pour ses habitants.

Il s'agit, pour le maître, de capter et de répartir dans la maison le meilleur *Qi* possible pour les personnes qui vont y vivre, puis de placer ces personnes, dans cette maison, dans les positions les plus favorables. Le maître donne ainsi à la maison une configuration optimale[10].

Naturellement, le Feng Shui peut intervenir à d'autres niveaux. Pour le choix d'une nouvelle habitation, il permet de partir sur des bases favorables et d'éviter des dispositions néfastes, difficilement modifiables. L'adage « il vaut mieux prévenir que guérir » prend ici tout son sens. J'ajouterai qu'il est plus facile de prévenir que de guérir : éviter les influences néfastes est toujours plus efficace qu'essayer d'y remédier.

Dans une démarche d'achat ou de location, il est important de bien choisir sa maison. Celle-ci doit notamment correspondre aux paramètres individuels de ses futurs occupants. Nous disons qu'une maison bénéfique soutient les personnes, comme l'environnement soutient la maison.

Une habitation existante, occupée depuis plusieurs mois ou années, constitue le dernier stade d'intervention, également le plus fréquent. À ce niveau, le travail consiste à placer les personnes dans les positions les plus propices, lors des périodes de sommeil ou d'activité. Une attention particulière est accordée

10. Optimale ne signifie pas parfaite, car il n'y a pas de maison parfaite en Feng Shui.

à la porte d'entrée ainsi qu'à la cuisine. Des appareils et des éléments du mobilier sont déplacés pour activer des influences favorables. Enfin, des remèdes sont mis en place pour inhiber certaines influences négatives.

Lorsqu'il y a un jardin ou un terrain, des aménagements sont également apportés pour agir sur les énergies s'exerçant sur la maison.

La porte d'entrée : un organe vital

La porte d'entrée est comparable à notre bouche, par laquelle nous respirons et nous nous nourrissons. La maison « respire » le souffle vital de l'environnement par sa porte d'entrée. Elle fait donc l'objet d'une attention toute particulière. Son orientation est un critère primordial, vital. Quelques degrés de différence ont souvent des répercussions très importantes.

Projetant d'acquérir un appartement, un couple d'amis me sollicite pour les aider à faire leur choix. Me munissant de mon *Luo Pan**, je les accompagne pour visiter les biens que leur propose le conseiller immobilier. Celui-ci, bien qu'étonné, me laisse effectuer mes mesures et mon analyse du premier appartement. Pour le second, sa tolérance est rapidement mise à rude épreuve lorsque, à partir du seul relevé de la porte d'entrée, je juge immédiatement l'habitation néfaste. La direction de cette porte correspond à une « Ligne de Mort et de Vide », indiquant une sérieuse instabilité des énergies pénétrant dans la demeure et, en conséquence, l'aggravation des effets néfastes susceptibles de se produire. Il ne fallut pas plus d'explications de ma part à la propriétaire des lieux pour nous révéler les raisons de cette mise en vente : divorce, problèmes de santé et d'argent.

Le Feng Shui s'applique de la même façon aux bâtiments industriels, locaux d'entreprises, etc. À la légère différence que nous y privilégions les objectifs commerciaux (notoriété, prospérité, développement).

Ce qu'il faut retenir

Le Feng Shui est universel, il s'applique à tous et partout de la même façon. Que nous en soyons conscients ou non, que nous y croyons ou non, nous en vivons les effets dans notre habitation et sur notre lieu de travail.

Pour les taoïstes, le Feng Shui est l'une des trois Chances qui déterminent le cours d'une vie. La chance, c'est véritablement de cela dont il est question. Bonheur, longévité et prospérité sont les expressions de la chance. Que ce soit pour la santé, l'harmonie du couple, de la famille, la carrière ou l'argent, nous nous estimons chanceux lorsque nous aboutissons à la réalisation de nos désirs.

Le Feng Shui apporte donc d'inestimables bienfaits, et les puissants de ce monde l'ont compris depuis très longtemps : grandes entreprises, personnalités politiques, du show-business ou de la finance font régulièrement appel aux connaissances des maîtres, alors pourquoi pas vous ?

Partie II

Les grands principes du Feng Shui

Chapitre 3

Le paysage avant la maison

Le principe de relativité en Feng Shui

Extérieur/Intérieur

En Feng Shui, l'extérieur est beaucoup plus important que l'intérieur : il compte pour 70 %, contre seulement 30 % pour l'intérieur.

Les influences des éléments de l'environnement externe d'une maison ou de tout autre lieu étudié ont toujours beaucoup plus d'impact que celles des éléments de l'agencement interne. Si le terrain sur lequel est bâtie votre maison bénéficie d'un bon Feng Shui, vous n'aurez pas à vous soucier du Feng Shui de l'intérieur de celle-ci. Vous aurez juste à appliquer quelques principes fondamentaux pour bénéficier au mieux de ces bonnes énergies. Si, au contraire, le terrain est soumis à des influences néfastes, il sera difficile d'obtenir un bon Feng Shui dans cette maison.

De ce point de vue, certaines maisons sont inhabitables en raison de leur situation dans l'environnement. Dans de tels cas, les faits le prouvent : successions de problèmes en tous genres, maladie, faillite, divorce, etc. Les habitants se succèdent et subissent tous la même malchance. Il est possible d'améliorer les choses, mais globalement, le résultat sera toujours négatif. L'objectif d'une intervention sera de favoriser les opportunités pour déménager dans les plus brefs délais.

À l'inverse, pour une maison bâtie dans un environnement bénéfique, 70 % du travail du Feng Shui est déjà réalisé, et c'est également 70 % d'effets bénéfiques, à condition que la maison soit correctement orientée pour capter la bonne énergie, *Sheng Qi*. L'aménagement intérieur ne sera alors que du détail, puisqu'en organisant simplement les pièces de façon à canaliser correctement le *Qi* (souffle vital), nous agissons sur plus de 90 % du Feng Shui de cette habitation.

Dans l'histoire du Feng Shui, les applications concernant l'intérieur des maisons et l'emplacement des personnes sont relativement récentes. Elles correspondent à la fin de la dynastie *Song* pour le système des Étoiles Volantes*, puis à la dynastie *Qing* pour celui des Huit Maisons (*Ba Zhai**). Le facteur le plus important a toujours été l'emplacement du bâtiment.

À notre époque, il est très rare de pouvoir choisir l'emplacement où bâtir sa maison. La plupart de nos concitoyens vivent dans un environnement urbain dense, en appartement. Il est alors impossible d'agir sur la qualité du *Qi* de l'environnement. Les applications se font plus précises et, pour obtenir des résultats positifs, nous intervenons sur un maximum de points de détail. Les objets et les couleurs prennent de l'importance, alors qu'ils ne représentent que moins de 10 % du Feng Shui global. Bien que les principes du Feng Shui s'appliquent à ce niveau de détail et que des résultats tangibles puissent être obtenus, nous devons être conscients que l'environnement naturel autour de notre habitation génère plus des deux tiers des influences (de la Terre) qui interviennent sur le cours de notre existence.

La taille

Plus un facteur de l'environnement est grand et plus il agit. C'est un principe simple, logique et efficace. En effet, en ce qui concerne tous les éléments de l'environnement qui ont de l'influence sur chaque maison, les plus actifs seront les plus grands. Une montagne a plus d'influence qu'une colline, qui agit plus qu'une petite butte ou qu'une pierre dans le jardin. La mer a plus de pouvoir qu'un lac, qui en a plus qu'un étang, lui-même étant plus influent qu'un petit bassin. Le même rapport relie un fleuve à une rivière et à une rigole. Cela est également valable pour les meubles, les objets ménagers et décoratifs : plus l'objet est grand et volumineux, plus il a d'influence sur le *Qi* de la pièce où il se trouve. Si vous voulez obtenir un résultat important, utilisez un objet grand. Si vous utilisez un petit objet, vous obtiendrez un résultat médiocre.

L'emplacement

Le Feng Shui de notre maison n'affecte pas nos voisins. Cela peut paraître évident ou ridicule de l'affirmer, mais c'est une notion très importante. Les énergies de notre habitation nous affectent parce que nous y vivons, parce que nous y sommes présents. Activer les influences d'un bâtiment ou d'une pièce signifie s'y trouver physiquement. Le Feng Shui de notre maison a un impact sur notre vie car nous y habitons ; peu importe que nous en soyons propriétaires ou locataires. Si nous possédons une maison dans laquelle nous ne demeurons pas, les influences qui y règnent ne nous affecteront pas. Si, en revanche, nous partageons notre vie entre deux ou plusieurs endroits, leurs énergies respectives nous influenceront en proportions égales au temps passé dans chaque lieu.

Difficultés pour vendre un lotissement

Le Feng Shui d'une maison n'agit pas sur son propriétaire si celui-ci n'y habite pas. Il y a cependant un effet indirect, lorsque ce dernier veut la vendre. En effet, il est plus facile de vendre une habitation ayant un bon Feng Shui que l'inverse. Bon Feng Shui signifiant, entre autres, que la maison est en adéquation avec la personne concernée.

Lors d'une discussion à ce sujet, un promoteur m'a raconté ses déboires dans la vente d'un lotissement de villas, situées de part et d'autre d'une route, constituant deux groupes de maisons, parfaitement alignées. Toutes les maisons situées d'un côté de la rue ont été rapidement vendues, tandis que les autres, en face, n'ont pas trouvé acquéreurs pendant des mois. La seule différence entre ces deux groupes de maisons identiques, c'était leur orientation, la direction de leurs portes d'entrée. D'un côté de la rue, les maisons étaient orientées vers l'Est, de l'autre, vers l'Ouest. Celles qui furent vendues rapidement étaient orientées vers l'Est, correspondant à une direction bénéfique du promoteur (appartenant au Groupe Est*[11]), qui en était alors propriétaire. À l'inverse, pour lui, l'Ouest correspondait à une direction néfaste, d'où la difficulté pour vendre ce groupe de villas.

---

11. Voir à ce sujet le chapitre 9, *Ming Gua* et *Ba Zhai*.

Le temps

Le temps passé dans les pièces

Pour savoir quels sont les lieux qui ont le plus d'importance pour chacun d'entre nous d'un point de vue Feng Shui, il suffit de calculer le temps que nous passons dans un endroit. Le but n'est pas d'être précis, mais simplement d'établir un rapport.

Prenons le cas d'une personne, une jeune femme par exemple, qui vit dans un appartement en centre-ville et travaille dans une agence de voyages. Travaillant sur le Feng Shui de son appartement, nous étudierons alors l'entrée, la cuisine, la chambre, le salon, éventuellement la salle de bains, dans cet ordre d'importance, en raison du temps passé dans chaque pièce. Nous ferons également attention au hall d'entrée, surtout parce qu'il représente la frontière entre l'extérieur et l'intérieur de l'appartement, ainsi qu'à la cuisine, qui a un impact particulier sur la santé de toute la famille. Si possible, nous nous occuperons aussi de son bureau à l'agence où elle travaille, car elle y passe au minimum trente-cinq heures dans la semaine (soit plus de 20 % des cent soixante-huit heures que compte une semaine). Si, pendant ses vacances, elle part sous les tropiques pendant un mois, elle pourra aussi appliquer le Feng Shui, par exemple, pour dormir dans une chambre et dans une direction qui lui conviennent au cours de ce séjour. Mais ces influences seront minimes, elle n'aura pas vraiment besoin de s'en préoccuper.

Le temps est un facteur très important en Feng Shui. Les influences se manifestent et prennent de l'ampleur progressivement, avec le temps. Nous ne tombons pas malades au bout d'une heure passée dans une pièce imprégnée d'énergies néfastes pour la santé. De même, nous ne faisons pas fortune au bout d'une heure passée dans une pièce très favorable à la prospérité. En revanche, cela pourrait se produire au bout de plusieurs mois.

À quelle vitesse le Feng Shui agit-il ?

Après une expertise et après avoir effectué les modifications préconisées par l'expert, combien de temps faut-il pour obtenir des résultats ?

Nombreux sont les témoignages de résultats extraordinaires, de gain de grosses sommes d'argent, de promotion sociale improbable, de bonheur conjugal retrouvé, de la venue inespérée d'un enfant… De tels résultats sont les lettres de noblesse du Feng Shui et font la gloire des praticiens qui les obtiennent. Bien que très médiatisés, ils ne sont pourtant pas exceptionnels : ce sont juste les conséquences logiques de l'accumulation de la chance, qui s'exprime par des événements précis plutôt que par une évolution graduelle, comme c'est généralement le cas.

D'une façon globale, je considère qu'il faut attendre trois mois pour constater des changements notables. En fait, ils se produisent chaque jour, petit à petit, subtilement. Les changements, lorsqu'ils se mettent en place doucement, au quotidien, ne se remarquent pas. Puis, au bout de trois, quatre, six mois, un an, ils apparaissent clairement car, en comparaison de la situation initiale, l'évolution est alors tangible, mesurable.

Mais il ne faut pas voir dans tous les événements positifs les conséquences d'un bon Feng Shui. Le Feng Shui génère des résultats stables et durables. Les événements de moindre ampleur qui, bien qu'agréables à vivre, ne portent pas de fruits à long terme, ne constituent pas des preuves indéniables d'un bon Feng Shui. Ils peuvent l'être, mais ne sont pas l'objectif principal.

Nous visons à engendrer des conséquences pérennes sur la vie des personnes. De la même façon que, dans notre travail, nous obtenons des résultats fiables par un labeur quotidien, le Feng Shui œuvre chaque jour à notre bien-être. La portée d'une action Feng Shui est de plusieurs années, voire de toute une vie[12]. En ce qui concerne le *Yin Zhai Feng Shui*, c'est-à-dire le

12. Exception faite d'un changement de domicile ou d'une modification majeure des influences temporelles (voir à ce sujet le chapitre 10).

Feng Shui des maisons *Yin**, les tombes, la portée est de plus grande ampleur car l'objectif du maître qui détermine le bon emplacement d'une sépulture est d'assurer le bonheur et la prospérité des descendants sur plusieurs générations.

Toutes les énergies agissent globalement, toutes les influences se combinent et donnent des effets variés à l'infini. Ces influences peuvent se renforcer ou au contraire s'annuler entre elles. Il est possible de prédire et d'obtenir des effets très précis, mais cela demande une grande maîtrise. Il est donc essentiel, dans une première approche, de travailler à un niveau général de bien-être, de bonheur, et pour un niveau de vie agréable, en évitant les influences néfastes et en se plaçant dans les influences bénéfiques. Ensuite, il est possible d'agir à un niveau plus précis, en insistant sur les aspects particuliers tels que la carrière, la famille, l'amour, la santé, les enfants, etc.

Les facteurs-clés

Lors d'une étude Feng Shui concernant l'aménagement, le choix ou la conception d'un lieu, il y a un grand nombre de paramètres à prendre en compte. Chaque paramètre correspond à une influence, plus ou moins puissante, se comportant tel un ingrédient dans une recette de cuisine. La somme de ces influences forme une combinaison dont le résultat final peut être comparé à un plat cuisiné, dont la saveur dépend du subtil mélange de tous les ingrédients, en qualité et en quantité.

Pour réussir une recette, la première chose à connaître est la liste des ingrédients, donc de tous les paramètres. La seconde, leur quantité respective, donc la force de chaque paramètre, son poids dans le résultat final. L'ajout d'un kilogramme de sucre et d'un gramme de sel donnera un goût beaucoup plus sucré que salé. De la même façon, une montagne à l'arrière de votre maison a beaucoup plus d'impact sur son Feng Shui que le carillon en métal dans l'entrée. Si cette montagne a un effet favorable mais que l'emplacement du carillon est mauvais, le résultat sera bénéfique. L'action de l'objet métallique sera largement absorbée par celle de la force naturelle du paysage. À l'inverse, dans l'hypothèse où la montagne représente une configuration néfaste, l'effet du carillon, même s'il active une bonne énergie, sera imperceptible. Savoir faire du Feng Shui, c'est donc un peu comme savoir cuisiner. Si nous oublions de considérer certains paramètres, notamment les plus influents, nous ne ferons pas un bon Feng Shui, nous ne ferons rien d'efficace. Nous pourrions tout aussi bien vouloir faire une tarte aux pommes et, bien qu'en ajoutant cannelle et autres saveurs subtiles, oublier la pâte à tarte : le résultat serait plutôt décevant.

Connaître les facteurs-clés et leur hiérarchie permet de déterminer avec précision l'état du Feng Shui d'une maison et d'entreprendre des actions adéquates et efficaces. Cela permet également de savoir pourquoi certaines interventions, ou remèdes, sont parfois inefficaces : pourquoi, dans de nombreux cas, malgré l'application des principes les plus connus, les problèmes persistent.

Entre deux paramètres, il n'est pas toujours aisé de déterminer lequel est prédominant. Nous avons l'habitude de considérer que tous les paramètres agissent et que les effets positifs et négatifs se contrebalancent. Nous ne pouvons pas nous référer à une échelle précise des forces en présence. Cependant, nous pouvons établir un classement de tous les facteurs et en déterminer, globalement, une hiérarchie.

Deux influences contradictoires pourront s'équilibrer, s'annuler, si elles sont de force équivalente, selon cette hiérarchie. À l'inverse, une influence mineure ne pourra jamais contrebalancer une influence majeure.

Nous pouvons classer ces facteurs-clés par ordre décroissant d'importance :

- la géographie et l'environnement naturel : les formations à grande échelle des montagnes et de l'eau ;

- le paysage immédiat : dragons (chaînes de montagnes), montagnes, collines, cours d'eau, plans d'eau, etc. ;
- l'emplacement, la forme et les caractéristiques du terrain ;
- l'emplacement du bâtiment dans le paysage et sur le terrain ;
- l'environnement artificiel (urbain) ;
- la forme du bâtiment, l'architecture ;
- la direction de la porte d'entrée principale ;
- l'orientation du bâtiment (la façade) ;
- les paramètres individuels des habitants (dates de naissance, par exemple) ;
- la date d'emménagement et les dates de travaux importants (rénovation, extension, etc.) ;
- la position des fontaines, des aquariums, des bassins, etc. ;
- l'emplacement des pièces et aménagements :
  - l'entrée principale,
  - la cuisine, la cuisinière, le four,
  - les chambres et les lits,
  - les salles d'eau,
  - la salle à manger, le salon,
  - le bureau, la salle d'études,
  - les portes secondaires ;
- le mobilier ;
- les objets, la décoration :
  - les matières,
  - les formes,
  - les couleurs.

Ce classement, qui n'est pas exhaustif, est donné à titre indicatif. Il n'indique pas une hiérarchie précise. Les subtilités de chaque influence ne peuvent pas être mesurées et retranscrites. Il existe une prédominance de certains facteurs sur d'autres, il faut en être conscient.

Ce qu'il faut retenir

De l'extérieur vers l'intérieur, du naturel vers l'artificiel, du plus grand vers le plus petit, chaque paramètre a une influence relative, qui dépend de sa taille et de sa nature. Une armoire est négligeable par rapport à une montagne ; un lac a beaucoup plus d'influences qu'une fontaine posée sur une commode.

Si l'environnement externe génère de bonnes influences, le Feng Shui sera bon, sans qu'il soit vraiment nécessaire de s'occuper de l'intérieur. Si, au contraire, les influences de l'environnement externe sont mauvaises, il sera très difficile de les compenser par l'agencement interne.

Un grand nombre de paramètres interviennent dans le Feng Shui. Avant d'entreprendre une analyse, il faut savoir quels sont ces paramètres et quelle est l'importance de chacun d'entre eux.

Chapitre 4

La cosmologie taoïste, fondement du Feng Shui

Le Feng Shui est né en Chine, berceau du taoïsme et de toutes les disciplines qui en découlent. Le taoïsme peut être considéré à la fois comme une religion, une philosophie, une doctrine et une sagesse. *Dao*[13] (道) est la Voie, celle de la compréhension de l'univers, de ses règles, celle qui conduit à l'harmonie parfaite avec l'univers et ses « dix mille choses », c'est-à-dire la multitude des êtres, des choses, des événements. L'application des principes du taoïsme à la connaissance de l'environnement, de l'impact du temps et de l'espace sur les êtres humains, est le Feng Shui. La médecine traditionnelle chinoise, quant à elle, applique ces principes à la connaissance du corps humain, à la santé.

*Tai Ji**, dualité *Yang*/Yin**, *Wu Xing* (les Cinq Éléments*), *Ba Gua* (les Huit Trigrammes*), les principes fondamentaux du Feng Shui sont issus du taoïsme. Les plus anciennes traces écrites conservées qui les mentionnent remontent à plus de 5000 ans. Le taoïsme est sans conteste beaucoup plus ancien que cela, car les exploits des divinités et des héros des légendes chinoises y ont toujours fait référence, ainsi qu'à la pratique des diverses disciplines taoïstes.

13. Prononcer « tao ».

L'origine exacte des fondements du Feng Shui ne constitue en réalité qu'un détail historique. En revanche, il existe une clé qui ouvre les portes de la discipline, décrypte les théories et permet l'utilisation juste de ses formules. Cette clé, c'est la présence, la cohérence en toutes circonstances de ses principes de base, certes peu nombreux, mais ô combien capitaux. Chaque système, chaque méthode transmis par les maîtres, est fondé sur ces principes. Aucune formule, technique ou application pratique ne répondant à l'un ou l'autre de ces principes ne peut prétendre appartenir au Feng Shui ni en découler. Le contenu de ce chapitre est donc d'une importance capitale pour toute personne qui souhaite s'initier au Feng Shui et le pratiquer de façon personnelle ou professionnelle.

Il existe plusieurs interprétations erronées des théories en raison du caractère ésotérique, symbolique, imagé, voire poétique des textes classiques. Par conséquent, des erreurs de manipulation et des résultats indésirables sont possibles. Les fondements qui sont expliqués ici sont les piliers du Feng Shui, sur lesquels s'appuient les maîtres et leurs disciples. L'apprentissage puis la maîtrise de la discipline passent nécessairement, indéniablement, par la connaissance parfaite de ces principes de base.

Le *Qi*, Souffle Vital

Le *Qi*[14] (氣), l'énergie universelle, force intangible et imperceptible que nous ne pouvons détecter ou mesurer avec aucun instrument, pénètre et relie entre elles toutes les formes de vie. Les forces de la nature, les variations climatiques – vent, pluie, tonnerre, soleil, brumes –, sont à l'origine de la notion de *Qi*, « souffle vital » ou « énergie vitale ». Il est dit que la force du *Qi* n'a pas de limites de temps ni d'espace. Ses effets se font ressentir du sommet de la plus haute montagne jusqu'au fond de l'océan le plus profond.

14. Prononcer « tchi ».

Le *Qi* est toujours en mouvement. Sa circulation détermine les fluctuations de la vie. Dans le corps humain, une circulation harmonieuse du *Qi* permet de maintenir le corps en bonne santé. Une mauvaise circulation, un excès ou un déficit, provoque la maladie. Les arts martiaux comme le *Tai Ji Quan* et le *Qi Gong*[15] permettent de faire circuler et de contrôler le flux de *Qi* dans son propre corps. De même, l'acupuncture permet au médecin de rétablir le flux correct dans le corps de son patient. Le Feng Shui permet de capter le flux de *Qi* provenant de l'environnement, celui qui est en harmonie avec le *Qi* des êtres humains.

Le *Qi* peut être dirigé, canalisé par certaines conformations du paysage, en étant transporté par le vent, par exemple, et se rassembler à certains lieux spécifiques, notamment en présence d'eau. L'eau semble être la matérialisation la plus concrète du *Qi*, son véhicule. L'eau a toujours été synonyme de vie, elle lui est indispensable. Le vent, quant à lui, pousse les nuages ; ceux-ci, simple accumulation de vapeur d'eau, génèrent l'une des énergies les plus puissantes au monde : l'électricité, la foudre.

Les lieux où s'accumule l'eau regorgent de *Qi*, de même que ceux où s'accumulent les nuages, la brume. Le *Qi* doit être dynamique, fluide, paisible. Une circulation lente permet une accumulation sans stagnation. Au même titre que le manque, l'excès est nuisible. Sans eau, la vie ne peut se développer. L'excès d'eau ou la violence des éléments, comme les inondations et les raz de marée, détruisent la vie. Le *Qi* peut être fort ou faible, immobile ou en mouvement. C'est selon ses qualités que nous déterminons ses aspects bénéfiques (*Sheng Qi*) ou néfastes (*Sha Qi*), *Yang* ou *Yin*.

Les *Sha Qi* (煞氣), énergies nocives, sont générées, dans l'environnement, par un flux brutal et agressif du *Qi* : celui-ci étant soumis aux formes et aux structures, nous attribuons aux *Sha Qi* un caractère bénéfique ou néfaste. Nous nommons « formes

15. Gymnastique basée sur la respiration.

destructrices » celles qui engendrent un *Sha Qi*. La métaphore de la Flèche Empoisonnée* représente bien l'effet produit par ces structures que nous redoutons tant.

Le *Tai Ji*, la dualité *Yin/Yang*

La définition la plus courte du Feng Shui, donnée par certains maîtres, est tout simplement « *Yin** et *Yang** ». Tout, dans l'univers, peut se réduire à cette simple dualité. Simple, mais complexe à souhait, un vrai paradoxe taoïste. En effet, décrire toutes les subtilités et toutes les implications du *Tai Ji** pourrait constituer un ouvrage à part entière !

Le terme *Tai Ji* (太極) est assez délicat à traduire. Il pourrait signifier littéralement « Extrêmement Extrême », ou « Grand Extrême »*, tel qu'il est couramment traduit. Redondance de deux superlatifs, *Tai Ji* renvoie à la notion mathématique de l'infiniment grand et de l'infiniment petit : rien n'est plus grand que le *Tai Ji*, et rien n'est plus petit que le *Tai Ji*. Il est dit que si le *Tai Ji* était un filet, il couvrirait l'univers entier, et qu'aucune chose, si petite soit-elle, ne pourrait passer à travers ses mailles.

Le *Tai Ji*

Le *Tai Ji* est représenté par ce symbole bien connu de la dualité *Yin/Yang*. Le *Yang*, partie blanche, augmente en montant par la gauche, tandis que le *Yin*, partie noire, augmente en descendant par la droite. Cela correspond à leurs propriétés intrinsèques respectives. *Yin* et *Yang*, opposés, complémentaires, s'interpénètrent. L'un engendre l'autre et inversement. Le *Yang* contient le *Yin* et le *Yin* contient le *Yang*. L'excès de *Yin* amène au *Yang* comme l'excès de *Yang* produit le *Yin*. Le *Yang* se transformera en *Yin* qui, à son tour, redeviendra *Yang*. Il s'agit là, véritablement, de transformation, comme le dit le *Yi Jing** (易經), *Livre des transformations,* qui explique les principes universels *Yin* et *Yang*, leurs mutations, ainsi que la genèse de toutes les choses de l'univers à partir de leurs innombrables combinaisons. Le *Yi Jing* peut se résumer en un codage binaire de l'univers, selon les deux aspects primordiaux : le *Yang* est schématisé par une ligne, *Yao* (爻), pleine, tandis que le *Yin* est représenté par une ligne brisée. Ce code binaire fut inventé il y a presque 6000 ans.

Le *Yang* et le *Yin*

Yang	***Yin***
陽	陰
━━━━	━━ ━━
Lumière, grand, mouvement, masculin, dur, haut, chaud, blanc, créativité, gauche, jour, vie, impair…	Obscurité, petit, immobilité, féminin, doux, bas, froid, noir, réceptivité, droite, nuit, mort, pair…

À l'instar du code binaire informatique, suite de 0 et de 1, qui recrée chiffres, nombres, calculs, lettres, mots, images, etc., le code binaire *Yin/Yang* du *Yi Jing* décrit toutes les choses, les êtres, les événements. L'analogie va encore plus loin : le langage informatique est basé sur un système de base 8, l'octet ; le *Yi Jing* possède également son langage de base 8, le *Ba Gua* (八卦). L'informatique découlerait-elle aussi des fondements taoïstes ?

Les Cinq Éléments

Nous avons vu que le *Qi* est en premier lieu, soit *Yin*, soit *Yang*. Chacun de ces deux aspects du *Qi* a également cinq propriétés différentes : ce sont les Cinq Éléments*, *Wu Xing* (五行), les Cinq Transformations* du *Qi*, qui modélisent le comportement du *Qi* et son évolution d'un état à un autre.

Les Cinq Éléments

Éléments	Caractères	Formes	Couleurs
火 Feu	Ascendant	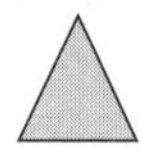	Rouge
土 Terre	Stabilité		Jaune
金 Métal	Contraction		Blanc
水 Eau	Descendant		Noir
木 Bois	Expansion		Vert

Le principe des Cinq Éléments, des Cinq Transformations du *Qi*, ne se limite pas à la notion classique d'éléments. Au-delà du rapport aux matières, formes et couleurs, il est question d'états, de propriétés, de comportements du *Qi*. Les Cinq Éléments interagissent et se modifient selon deux types de relations, la production et le contrôle ; la relation de contrôle* est parfois appelée « relation de destruction ». Nous obtenons ainsi deux cycles principaux, base de toutes les relations entre les Éléments.

De ces deux cycles découlent cinq types de relations entre les Éléments :

- l'identité, qui stabilise ;
- la production, qui augmente ;

- l'affaiblissement, qui draine ;
- le contrôle, qui maîtrise ou détruit ;
- la subordination, qui travaille pour.

Cycle de production

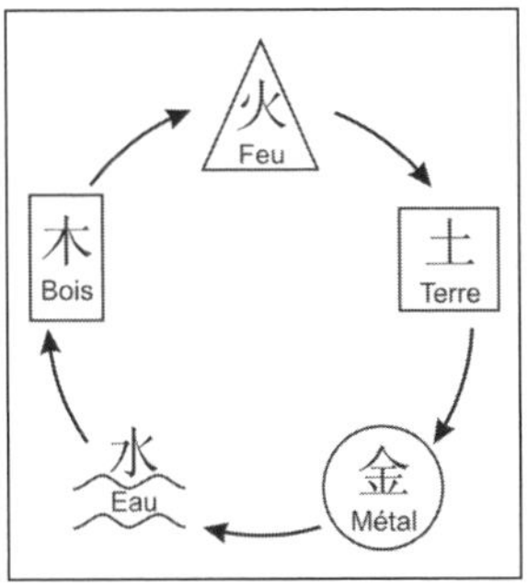

Cycle de contrôle

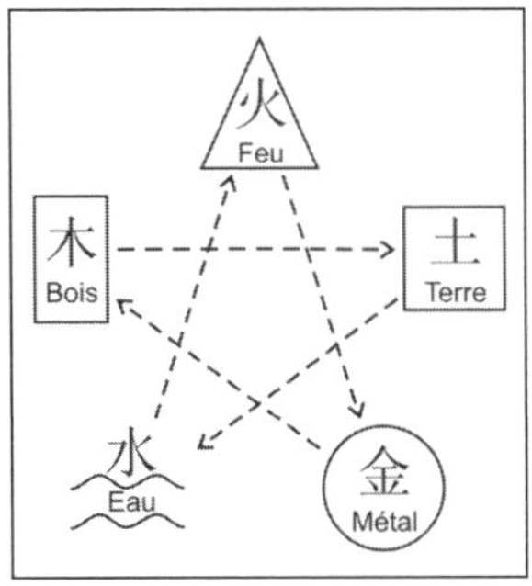

Les relations d'identité et de production sont généralement considérées comme positives, contrairement aux relations d'affaiblissement et de contrôle, souvent considérées comme des relations négatives ; la relation de subordination peut avoir des aspects positifs ou négatifs, selon l'équilibre des forces en présence.

Le principe des Cinq Éléments sert à définir la qualité du *Qi* dans un environnement et dans un système précis. Il permet de déterminer les interactions qu'entretiennent les paramètres de ce système et les résultats que produisent leurs combinaisons. Un Élément doit être compris comme une propriété de l'énergie vitale, au-delà de la conception commune de la matière qui lui est associée, ainsi que dans un système d'interactions.

Le cadre de référence* est essentiel : un paramètre peut être défini par un Élément dans un système particulier d'analyse, et par un autre Élément dans un autre système. Le trigramme* *Gen* (艮), par exemple, est associé à l'Élément Terre dans l'arrangement du Ciel Postérieur*, mais il l'est à l'Élément Eau dans l'arrangement du Ciel Antérieur*. Il peut également être assimilé à l'Élément Bois selon le *He Tu** (voir ci-après). C'est uniquement à l'intérieur de chaque cadre de référence que nous pouvons utiliser l'Élément associé au trigramme *Gen*, et le comparer avec ceux des autres trigrammes pour comprendre leurs rapports et leurs conséquences dans les diverses applications.

Les relations entre les Éléments

Éléments apportés ↓ / Éléments présents →	Feu	Terre	Métal
Feu	Identité	Production	Contrôle
Terre	Affaiblissement	Identité	Production
Métal	Subordination	Affaiblissement	Identité
Eau	Contrôle	Subordination	Affaiblissement
Bois	Production	Contrôle	Subordination

Éléments apportés ↓ / Éléments présents →	Eau	Bois
Feu	Subordination	Affaiblissement
Terre	Contrôle	Subordination
Métal	Production	Contrôle
Eau	Identité	Production
Bois	Affaiblissement	Identité

Ce tableau montre comment agit un Élément apporté sur un Élément présent. *En présence de l'Élément Terre,* si l'Élément Feu est apporté, il y a production : le Feu produit la Terre, augmentant ses effets. *En présence de Bois,* si le Métal est ajouté, il y a contrôle : le Métal maîtrise le Bois ou le détruit. *En présence de Métal,* si l'Eau est ajoutée, il y a affaiblissement : l'Eau draine le Métal, diminuant son influence. *En présence d'Eau,* si le Feu est apporté, il y a subordination : le Feu se met au service de l'Eau, si cet Élément est assez fort ; si le Feu est en force par rapport à l'Eau, nous obtenons un phénomène de recul, de blocage de l'Élément Eau.

Le *Ba Gua*

« Huit Trigrammes »* est la signification du terme *Ba Gua* (八卦). Un trigramme, *Gua* (卦), est une figure composée de trois lignes (*Yao*), *Yin** ou *Yang**. Il existe huit possibilités de superposer trois lignes *Yin* ou *Yang*, ce qui génère les Huit Trigrammes, représentant les huit forces primordiales du monde. Par leurs analogies et leurs combinaisons, ces huit forces définissent tout ce qui existe, le visible et l'invisible, le tangible et l'intangible.

La genèse des Huit Trigrammes à partir du *Tai Ji*

1	2	3	4	5	6	7	8
乾	兌	離	震	巽	坎	艮	坤
Qian	*Dui*	*Li*	*Zhen*	*Xun*	*Kan*	*Gen*	*Kun*

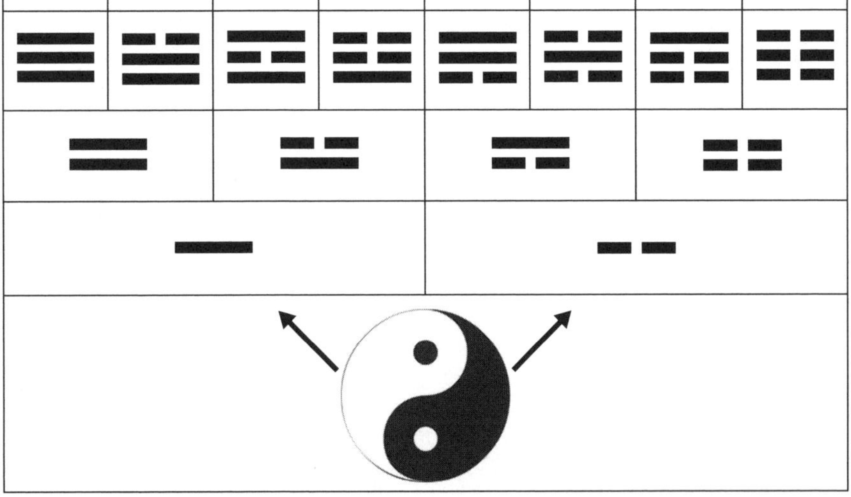

Le *Tai Ji* donne le *Yin* (à droite) et le *Yang* (à gauche). En montant d'un niveau, on peut avoir encore soit un trait *Yin*, soit un trait *Yang*, et on obtient Quatre Combinaisons*. En ajoutant un troisième trait, *Yin* ou *Yang*, on obtient donc les Huit Trigrammes.

Caractéristiques des Huit Trigrammes

Trigrammes	乾 ***Qian***	兌 ***Dui***	離 ***Li***	震 ***Zhen***	巽 ***Xun***	坎 ***Kan***	艮 ***Gen***	坤 ***Kun***
Images	Ciel	Marais	Feu	Tonnerre	Vent	Eau	Montagne	Terre
Attributs	Créateur	Joyeux	Qui s'attache	Éveilleur	Doux	Mystérieux	Immobile	Réceptif
Parentés	Père	Fille cadette	Fille du milieu	Fils aîné	Fille aînée	Fils du milieu	Fils cadet	Mère
Corps	Tête Poumons	Bouche Langue Gorge Poumons	Yeux Cœur	Pieds Cheveux Foie	Bras Cuisses Système respiratoire Vésicule biliaire	Sang Reins Oreilles	Os Doigts Colonne vertébrale Jambes	Abdomen Rate Estomac
Analogies	Cheval, circulaire, froid, glace, personne de pouvoir, édifice religieux, grand bâtiment …	Chèvre, épouse, chanteur, devin, discussion, dispute, glamour, étoiles, instrument de musique …	Soleil, faisan, phénix, beauté, mollusque bivalve, nourriture cuite, arc-en-ciel, livre …	Voix forte, chant, éclair, dragon, grand chemin, homme grand, forêt, grand arbre, animal rapide …	Plantes flexibles, herbe, bambou, volaille, voyage, corde, personne chauve, religieuse, insecte …	Piège, fossé, lune, animaux aquatiques, porc, fruit à noyau, alcool, pluie, neige, marin, bandit, fils unique …	Chien, petit garçon, pierre, viande de gibier, légumes, temple, habitation en montagne, jeune homme, phare, vigie …	Chaudron, multitude, sol, agriculture, vache, entrepôt, petite maison, paysan, jument, grande plaine …
Couleurs	Rouge vif	Blanc	Violet, rouge	Vert, jade	Vert, bleu	Noir	Jaune	Jaune, noir

Chaque trigramme* est associé à un Élément ainsi qu'à une direction. Ces associations dépendent de l'arrangement auquel nous nous référons, leur disposition dans l'espace et la représentation de celles-ci. Il existe deux arrangements des Huit Trigrammes : le Ciel Antérieur* et le Ciel Postérieur*.

Ciel Antérieur et Ciel Postérieur

Les Huit Trigrammes sont disposés selon deux arrangements possibles, l'arrangement du Ciel Antérieur, *Xian Tian Ba Gua* (先天八卦), et l'arrangement du Ciel Postérieur, *Hou Tian Ba Gua* (後天八卦).

- Le *Ba Gua* du Ciel Antérieur : basé sur la polarité des énergies originelles, il décrit la nature originelle de l'univers, l'état des forces primitives créées par le *Yin* et le *Yang*.
- Le *Ba Gua* du Ciel Postérieur : basé sur la transformation du *Qi* et l'interaction des forces de la nature, il représente les différentes étapes du cycle d'engendrement et d'extinction de la vie.

***Ba Gua* du Ciel Antérieur**

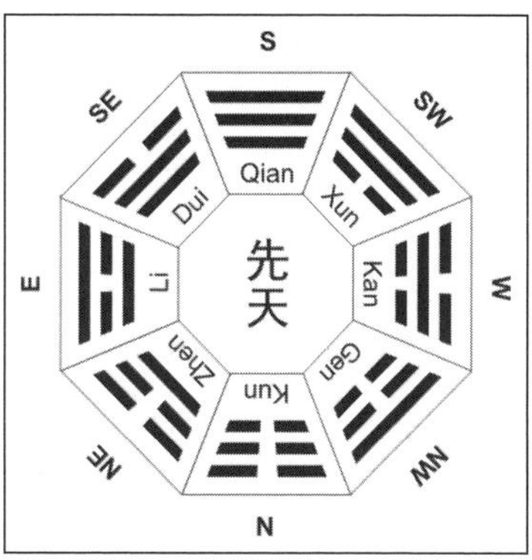

***Ba Gua* du Ciel Postérieur**

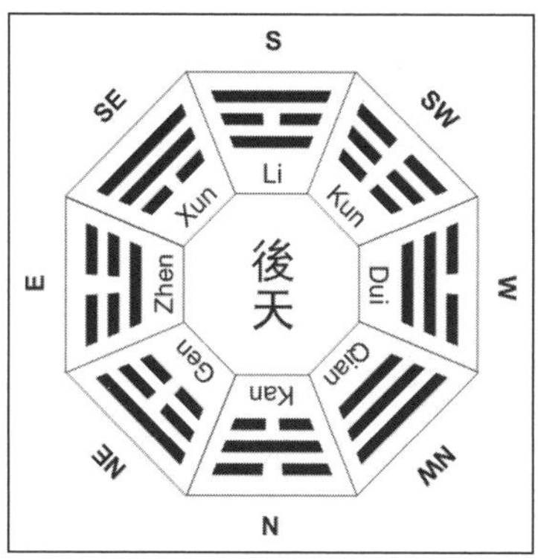

Toutes les théories et les formules du Feng Shui découlent des deux *Ba Gua* et des différentes relations qu'entretiennent, entre eux, les Huit Trigrammes, dans l'un ou l'autre arrangement, ou lors du passage d'un arrangement à l'autre, de la mutation du Ciel Antérieur en Ciel Postérieur.

Dans la pratique, le *Ba Gua* du Ciel Antérieur intervient plus largement en *Yin Feng Shui* (sépultures), tandis que le *Ba Gua* du Ciel Postérieur est plus fréquemment utilisé en *Yang Feng Shui* (habitations). Il s'agit là de principes fondamentaux, servant de bases à l'élaboration des théories et des techniques. Il n'y a pas d'application directe de l'un ou l'autre *Ba Gua*, symbolisant la disposition, dans l'espace, des forces universelles, à la création puis dans leur évolution.

Les relations entre les trigrammes, qui découlent du *Ba Gua* du Ciel Antérieur, sont très puissantes. Ainsi, les opposés sont parfaitement complémentaires. Dans *Le classique de la sacoche verte, Qing Nang Jing* (青囊經), l'un des tout premiers livres de Feng Shui, un poème décrit l'ordre parfait du Ciel Antérieur.

« Ciel et Terre fixent leur position ;
Montagne et Marais se font face ;
Tonnerre et Vent combattent ensemble ;
Eau et Feu ne se rencontrent jamais. »

Positions et Éléments des Trigrammes dans les arrangements du Ciel Antérieur et du Ciel Postérieur

Trigrammes	乾 ***Qian***	兌 ***Dui***	離 ***Li***	震 ***Zhen***	巽 ***Xun***	坎 ***Kan***	艮 ***Gen***	坤 ***Kun***
Positions du Ciel Antérieur	Sud	Sud-Est	Est	Nord-Est	Sud-Ouest	Ouest	Nord-Ouest	Nord
Éléments du Ciel Antérieur	Métal	Métal	Bois	Bois	Feu	Feu	Eau	Eau
Positions du Ciel Postérieur	Nord-Ouest	Ouest	Sud	Est	Sud-Est	Nord	Nord-Est	Sud-Ouest
Éléments du Ciel Postérieur	Métal	Métal	Feu	Bois	Bois	Eau	Terre	Terre

He Tu et *Luo Shu* : les représentations numériques

Le *Qi* et toutes les choses de l'univers peuvent être *Yin* ou *Yang*, symbolisés par l'un des Huit Trigrammes, adopter un comportement relatif aux Cinq Éléments, ou encore être représentés par un système numérique, structuré par deux fondements, le *He Tu** (河圖) et le *Luo Shu** (洛書).

Il est dit que le *He Tu* (Carte du Fleuve) fut découvert par le divin empereur *Fu Xi,* grâce à l'apparition d'un animal fantastique, mi-cheval, mi-dragon, sortant du fleuve *He* et portant sur son flanc une figure constituée de marques noires et blanches.

Le *He Tu* (河圖)

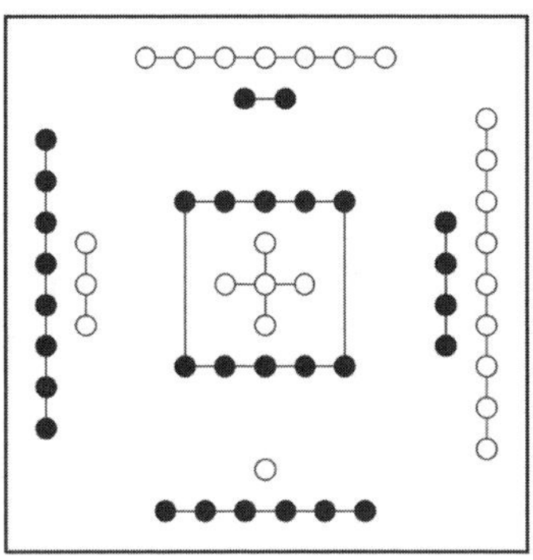

Forme graphique

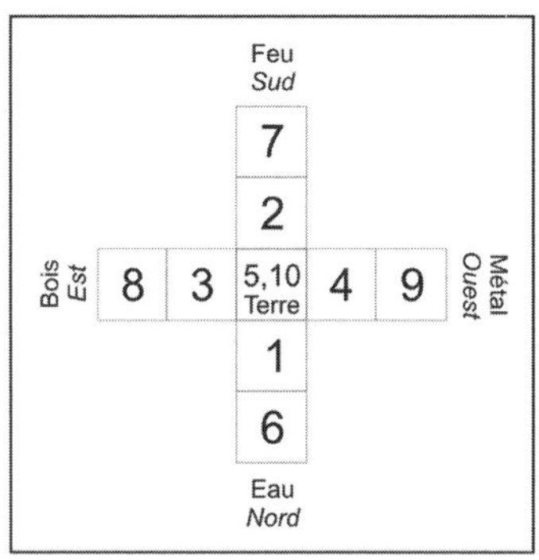

Forme numérique

Codage des nombres de 1 à 10, de leur polarité *Yin* (noir et pair) ou *Yang* (blanc et impair), de leurs appariements et de leurs rapports aux Éléments et aux directions cardinales, le *He Tu* décrit l'agencement primitif idéal. Il est ainsi intimement lié au *Ba Gua* du Ciel Antérieur.

Des siècles plus tard, *Da Yu*, le fondateur de la dynastie *Xia*, découvre le *Luo Shu*, *Livre de la rivière**, d'une façon similaire, sur le dos d'une tortue émergeant des eaux de la rivière *Luo*.

Le *Luo Shu* (洛書)

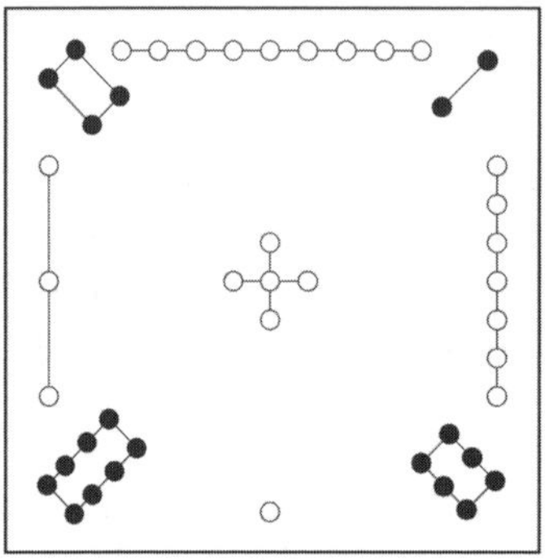

Forme graphique

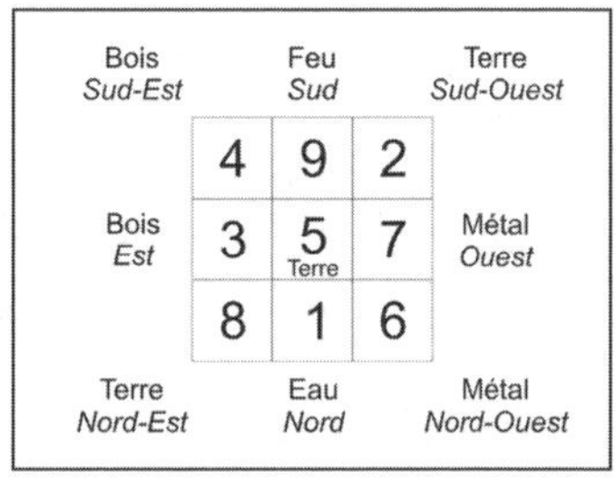

Forme numérique

Disposition dans l'espace des énergies en mutation, le *Luo Shu* décrit l'équilibre parfait de ces énergies, ainsi que leur cycle de transformation et leurs mouvements, qui rythment le temps. Il est lié au *Ba Gua* du Ciel Postérieur.

Luo Shu et *He Tu* sont intimement liés. Le *He Tu,* caractérisé par ses appariements (合, *He*, harmonie), se retrouve dans le *Luo Shu* sous la forme d'une figure emblématique, le svastika (卍, *Wan*), symbole très ancien de la cohérence des forces primitives de l'univers.

Combinaisons du *He Tu* au sein du *Luo Shu*

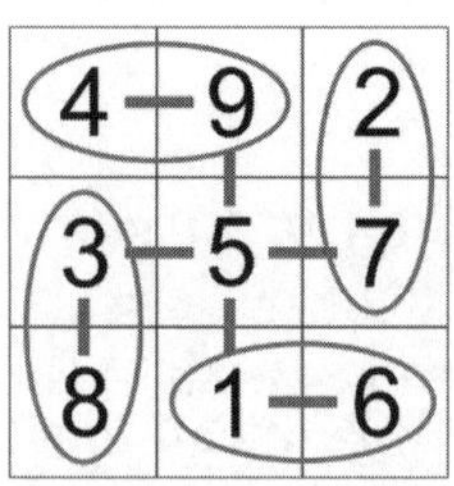

Il existe plusieurs façons d'associer les Huit Trigrammes, les directions, les Cinq Éléments et les nombres. Selon la théorie, le système utilisé (*San He* ou *San Yuan*), le domaine d'application (*Yin Feng Shui* ou *Yang Feng Shui*) ou leurs formules reposent sur l'une ou l'autre association. Ainsi, le trigramme *Kun* (坤), la Terre, peut être positionné au Nord (arrangement du Ciel Antérieur), associé à l'Élément Eau (Éléments du *He Tu*) et au chiffre 1 (numérotation du Ciel Antérieur), ou être placé au Sud-Ouest (arrangement du Ciel Postérieur), associé à l'Élément Terre (Éléments du *Luo Shu*) et au chiffre 2 (numérotation du *Luo Shu*).

Le cadre de référence* constitue la clé. Pour chaque application, il faut connaître la théorie qui en est à l'origine, c'est-à-dire l'association des principes de base. Il n'existe rien d'absolu en Feng Shui. *Sheng Qi** et *Sha Qi** résultent d'interactions positives ou négatives, de compatibilité ou d'incompatibilité entre les différents paramètres. Lorsqu'il y a, entre deux paramètres, une relation forte issue de l'un des fondements, nous sommes en présence d'un *Qi* particulièrement bénéfique et puissant. Ainsi, une maison orientée vers *Kun* (坤) bénéficiera d'un excellent *Qi* généré par une montagne située en *Qian*[16] (乾), car *Kun* et *Qian*, Terre et Ciel, mère et père, représentent les polarités à l'origine de toute vie.

« Combinaisons » des principes de base

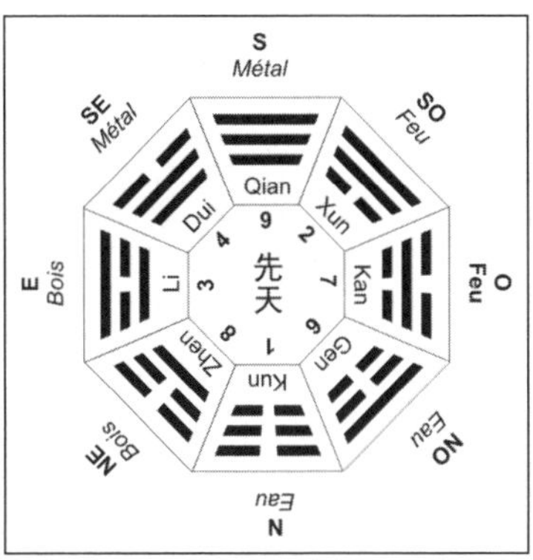

Ba Gua du Ciel Antérieur
Éléments du *He Tu*

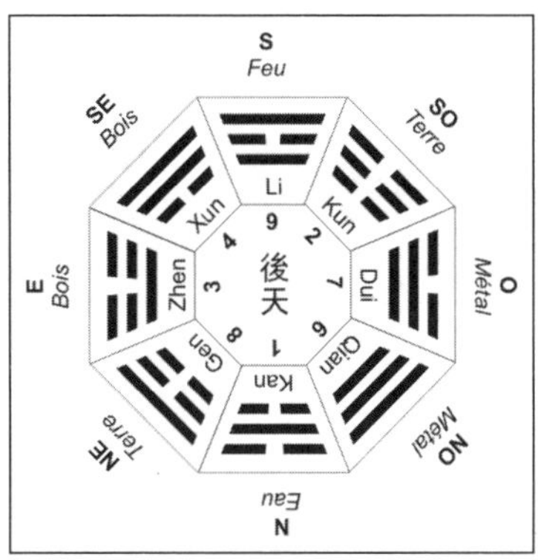

Ba Gua du Ciel Postérieur
Éléments du *Luo Shu*

16. Une maison orientée vers *Kun* signifie que la direction de sa porte correspond à une subdivision de la boussole (*Luo Pan*) dans laquelle s'exprime le trigramme *Kun*. Ce n'est pas forcément le sud-ouest, car *Kun*, comme tous les trigrammes, est lié à plusieurs directions. De même, une montagne en *Qian* signifie que celle-ci se trouve dans une direction relative, par rapport à la maison, associée au trigramme *Qian*.

Dix Troncs du Ciel, Douze Branches de la Terre

Les Dix Troncs du Ciel, *Tian Gan* (天干), et les Douze Branches de la Terre, *Di Zhi* (地支), constituent la base du système temporel, de la datation du temps et de ses cycles. À l'instar de nos dates, les Troncs du Ciel et les Branches de la Terre identifient années, mois, jours, heures. À l'inverse d'un système numérique linéaire, le système taoïste est cyclique : le temps suit des cycles, imbriqués les uns dans les autres ; les cycles recommencent éternellement. Chaque « date » reviendra tôt ou tard. Pour se situer dans le temps, la seule chose à connaître est donc sa position dans ce cycle.

Le cycle des douze années est bien connu : c'est celui des douze animaux de l'astrologie[17] chinoise. Les animaux sont des représentations symboliques, aisément identifiables et mémorisables, des Branches de la Terre. Les Branches permettent d'identifier les douze années de ce cycle, ainsi que les douze mois de l'année et les douze heures du jour, l'heure chinoise correspondant à deux de nos heures standard.

Les Douze Branches de la Terre

Branches	Noms	Éléments	Animal	Mois	Heures
子	*Zi*	Eau *Yang*	Rat	Décembre (7)	23 – 01
丑	*Chou*	Terre *Yin*	Bœuf	Janvier (6)	01 – 03
寅	*Yin*	Bois *Yang*	Tigre	Février (4)	03 – 05
卯	*Mao*	Bois *Yin*	Lapin	Mars (6)	05 – 07
辰	*Chen*	Terre *Yang*	Dragon	Avril (5)	07 – 09
巳	*Si*	Feu *Yin*	Serpent	Mai (6)	09 – 11
午	*Wu*	Feu *Yang*	Cheval	Juin (6)	11 – 13
未	*Wei*	Terre *Yin*	Chèvre	Juillet (7)	13 – 15
申	*Shen*	Métal *Yang*	Singe	Août (8)	15 – 17
酉	*You*	Métal *Yin*	Coq	Septembre (8)	17 – 19

.../...

17. Le terme « astrologie » ne correspond pas exactement à ce système, qui ne repose pas sur la position et le mouvement des astres, mais uniquement sur le cycle des heures, jours, mois, années, qui n'est autre que le cycle du soleil.

Branches	Noms	Éléments	Animal	Mois	Heures
戌	*Xu*	Terre *Yang*	Chien	Octobre (8)	19 – 21
亥	*Hai*	Eau *Yin*	Cochon	Novembre (7)	21 – 23

Ce tableau indique les correspondances entre chaque branche, son nom, l'animal symbolique associé, son Élément, le mois[18] du calendrier grégorien et l'heure solaire[19]. Ainsi, l'heure du Cheval dure de 11 à 13 h. Le chiffre après le mois indique le jour du début du mois solaire. Par exemple, le mois du Singe commence le 8 août.

Les Branches Terrestres* sont liées aux positions de la Terre dans sa révolution. Les Troncs Célestes*, quant à eux, indiquent le mouvement du Ciel. Il semblerait qu'ils découlent, à l'origine, des phases de la Lune. Les Troncs ont une incidence supplémentaire sur les cycles duodécimaux, par la force et l'Élément qu'ils représentent. En astrologie chinoise, nous mentionnons cette influence, de façon commune, par l'Élément de l'animal de l'année. Ainsi, nous parlons de l'année du Singe de Bois (2004) ou du Chien de Feu (2006).

Les Dix Troncs du Ciel

Troncs	Noms	Éléments
甲	*Jia*	Bois *Yang*
乙	*Yi*	Bois *Yin*
丙	*Bing*	Feu *Yang*
丁	*Ding*	Feu *Yin*
戊	*Wu*	Terre *Yang*
己	*Ji*	Terre *Yin*
庚	*Geng*	Métal *Yang*
辛	*Xin*	Métal *Yin*
壬	*Ren*	Eau *Yang*
癸	*Gui*	Eau *Yin*

En combinant troncs et branches, il apparaît que les heures, jours, mois et années ne suivent pas qu'un cycle de période* douze, mais plutôt un cycle de période soixante. Les troncs et les branches s'apparient (troncs *Yang* avec branches *Yang* et troncs *Yin* avec branches *Yin*), formant soixante paires que nous

18. Correspondance du calendrier chinois solaire.
19. Position du soleil, qui peut être différente de l'heure conventionnelle, surtout en cas de décalage (heure d'été).

nommons simplement les « soixante *Jia Zi* » (六十甲子), du nom de la première paire ainsi formée.

Les soixante couples Troncs-Branches

甲子 *Jia Zi* Rat Bois	丙子 *Bing Zi* Rat Feu	戊子 *Wu Zi* Rat Terre	庚子 *Geng Zi* Rat Métal	壬子 *Ren Zi* Rat Eau
乙丑 *Yi Chou* Bœuf Bois	丁丑 *Ding Chou* Bœuf Feu	己丑 *Ji Chou* Bœuf Terre	辛丑 *Xin Chou* Bœuf Métal	癸丑 *Gui Chou* Bœuf Eau
丙寅 *Bing Yin* Tigre Feu	戊寅 *Wu Yin* Tigre Terre	庚寅 *Geng Yin* Tigre Métal	壬寅 *Ren Yin* Tigre Eau	甲寅 *Jia Yin* Tigre Bois
丁卯 *Ding Mao* Lapin Feu	己卯 *Ji Mao* Lapin Terre	辛卯 *Xin Mao* Lapin Métal	癸卯 *Gui Mao* Lapin Eau	乙卯 *Yi Mao* Lapin Bois
戊辰 *Wu Chen* Dragon Terre	庚辰 *Geng Chen* Dragon Métal	壬辰 *Ren Chen* Dragon Eau	甲辰 *Jia Chen* Dragon Bois	丙辰 *Bing Chen* Dragon Feu
己巳 *Ji Si* Serpent Terre	辛巳 *Xin Si* Serpent Métal	癸巳 *Gui Si* Serpent Eau	乙巳 *Yi Si* Serpent Bois	丁巳 *Ding Si* Serpent Feu
庚午 *Geng Wu* Cheval Métal	壬午 *Ren Wu* Cheval Eau	甲午 *Jia Wu* Cheval Bois	丙午 *Bing Wu* Cheval Feu	戊午 *Wu Wu* Cheval Terre
辛未 *Xin Wei* Chèvre Métal	癸未 *Gui Wei* Chèvre Eau	乙未 *Yi Wei* Chèvre Bois	丁未 *Ding Wei* Chèvre Feu	己未 *Ji Wei* Chèvre Terre
壬申 *Ren Shen* Singe Eau	甲申 *Jia Shen* Singe Bois	丙申 *Bing Shen* Singe Feu	戊申 *Wu Shen* Singe Terre	庚申 *Geng Shen* Singe Métal
癸酉 *Gui You* Coq Eau	乙酉 *Yi You* Coq Bois	丁酉 *Ding You* Coq Feu	己酉 *Ji You* Coq Terre	辛酉 *Xin You* Coq Métal
甲戌 *Jia Xu* Chien Bois	丙戌 *Bing Xu* Chien Feu	戊戌 *Wu Xu* Chien Terre	庚戌 *Geng Xu* Chien Métal	壬戌 *Ren Xu* Chien Eau
乙亥 *Yi Hai* Cochon Bois	丁亥 *Ding Hai* Cochon Feu	己亥 *Ji Hai* Cochon Terre	辛亥 *Xin Hai* Cochon Métal	癸亥 *Gui Hai* Cochon Eau

Les soixante couples troncs-branches permettent d'identifier et de qualifier toutes les phases des cycles des heures, jours, mois et années. Ils sont à la base du système de lecture de la destinée de l'individu à partir de sa date de naissance, *Ba Zi** (八字), aussi connu sous l'appellation « Quatre Piliers »*[20]. Les piliers désignent l'année, le mois, le jour et l'heure. Dans ce tableau sont également indiqués l'animal et l'Élément correspondant à chaque couple tronc-branche, ainsi qu'ils sont communément utilisés dans l'astrologie chinoise populaire.

---

20. *Ba Zi* signifie « huit mots », par référence aux huit idéogrammes de la date de naissance, deux pour chaque pilier.

Trois Harmonies et Quatre Combinaisons

Troncs Célestes* et Branches Terrestres* entretiennent certaines relations, que nous qualifions d'« harmonie » ou de « conflit ». Ces relations sont très importantes dans l'étude du *Yi Jing** et du *Ba Zi*. Concernant le Feng Shui, nous retiendrons principalement une relation très forte entre les branches, appelée « Trois Harmonies »* (*San He*).

Les Trois Harmonies

火 **Feu**	寅 *Yin*	午 *Wu*	戌 *Xu*
木 **Bois**	亥 *Hai*	卯 *Mao*	未 *Wei*
水 **Eau**	申 *Shen*	子 *Zi*	辰 *Chen*
金 **Métal**	巳 *Si*	酉 *You*	丑 *Chou*

Les douze branches sont regroupées trois par trois (les Trois Harmonies), en Quatre Combinaisons*. Chaque combinaison appartient à l'un des quatre Éléments : Feu, Bois, Eau ou Métal.

La relation Trois Harmonies est très puissante ; elle surpasse de loin les autres types de relations. Ainsi, nous devons toujours y être attentifs, notamment lorsque nous considérons les Éléments des branches. Par exemple, la branche *Yin* (寅) est d'Élément Bois. Mais elle appartient à la combinaison du Feu. Elle sera donc considérée d'Élément Feu ou d'Élément Bois (ou les deux à la fois), selon l'application mise en œuvre ou la théorie utilisée.

Le principe d'harmonie

Connaître les fondements et les comprendre constitue la base de la connaissance du Feng Shui et de sa pratique. En eux réside le principe de l'harmonie, le principe de base, l'essence même de la discipline, de tous les systèmes, de toutes les formules, de toutes les applications.

À l'instar de la dualité *Yin*/Yang**, le Feng Shui repose sur la dualité harmonie/conflit. De l'harmonie naît le *Sheng Qi**, du conflit surgit le *Sha Qi**.

Sheng Qi ou *Sha Qi* ?

Pour qu'il y ait harmonie ou conflit, il faut une relation, donc deux entités, deux facteurs-clés.

La qualité du *Qi* repose sur le type de relations entre deux facteurs tels que :

- Personne – Direction ;
- Porte – Montagne ;
- Porte – Eau ;
- Temps – Direction ;
- Montagne – Eau ;
- Assise* – Montagne.

Les trigrammes

Chaque entité est représentée par un trigramme*. La relation entre les deux trigrammes détermine la qualité de la relation entre les deux entités. Cette relation particulière entre deux trigrammes découle directement des fondements, *Yin/Yang*, *Ba Gua* du Ciel Antérieur*, *Ba Gua* du Ciel Postérieur*, Cinq Éléments*, *Luo Shu** et *He Tu**. La qualité de la relation peut reposer sur la position des trigrammes, l'interaction et la transformation du *Yin* et du *Yang*, leur Élément ou leur chiffre associé, dans l'arrangement du Ciel Antérieur ou du Ciel Postérieur. Ainsi, du *Ba Gua* du Ciel Antérieur ressort une relation très forte entre les trigrammes qui se font face, formant les couples parfaits *Yin/Yang*.

Le *Ba Gua* du Ciel Antérieur

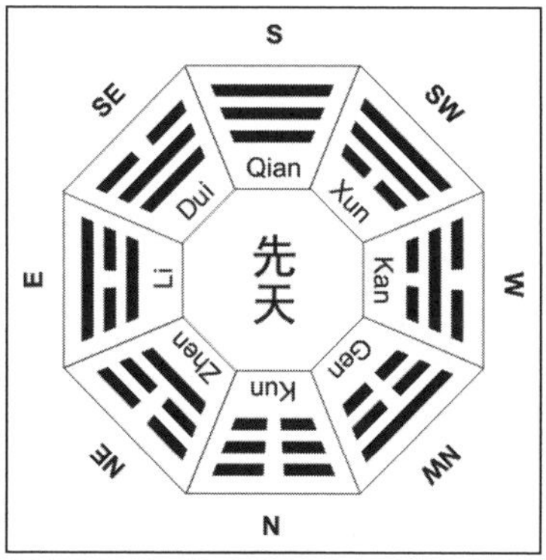

Ciel et Terre fixent leur position	***Qian***	☰	et	***Kun***	☷
Montagne et Marais se font face	***Gen***	☶	et	***Dui***	☱
Tonnerre et Vent combattent ensemble	***Zhen***	☳	et	***Xun***	☴
Eau et Feu ne se rencontrent jamais	***Kan***	☵	et	***Li***	☲

Le *Ba Gua* du Ciel Antérieur représente l'équilibre parfait *Yin/Yang* des forces primitives. Le poème issu du *Yi Jing** décrit cette perfection. La complémentarité *Yin/Yang* de ces couples de trigrammes donne une relation très bénéfique et donc un *Qi* très favorable. De là découle, par exemple, le type de *Qi* appelé « *Yan Nian* »* du système *Ba Zhai**. Dans ce cas, la relation s'établit entre une personne et une direction de l'espace. Si la personne est représentée par le trigramme *Qian* (乾), le Ciel, alors la direction de l'espace représentée par le trigramme *Kun* (坤), la Terre, lui sera très bénéfique. Les effets de ce *Qi* seront favorables à la longévité, aux relations sociales et à l'amour.

Qi du Ciel Antérieur

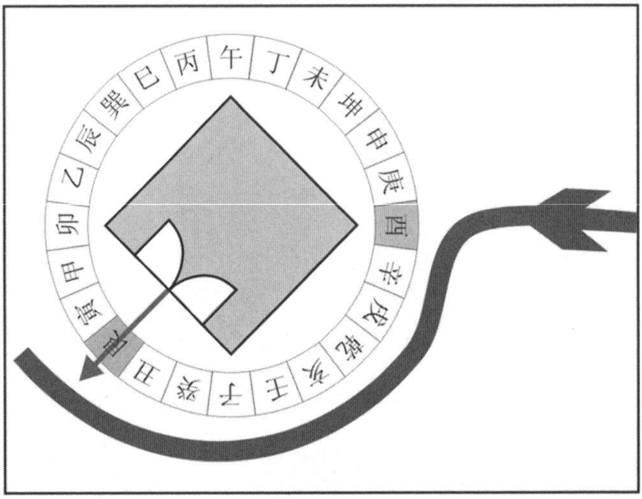

Une autre application de cette relation privilégiée entre les couples de trigrammes est simplement appelée « *Qi* du Ciel Antérieur ». Ici, la relation s'établit entre la direction de la porte d'entrée et l'arrivée d'un cours d'eau, par exemple, représentées par les trigrammes *Gen* (艮), la montagne, et *Dui* (兌), le marais, comme le montre ce schéma. Dans un tel cas, où l'eau vient de la direction *You* (酉, Ouest, représentant le trigramme *Dui* sur le *Luo Pan**[21]), et la porte est dans la direction *Gen* (艮, Nord-Est), le *Qi* qui entre dans la maison est très bénéfique.

■ Les chiffres

D'autres relations harmonieuses sont issues des combinaisons de chiffres, d'après les principes du *He Tu* et du *Luo Shu*. Les combinaisons dites « de dix » (1-9, 2-8, 3-7 et 4-6) génèrent aussi des influences bénéfiques, ainsi que les combinaisons dites « du *He Tu* » ou des Éléments du Ciel Antérieur (1-6 pour l'Eau, 3-8 pour le Bois, 4-9 pour le Métal et 2-7 pour le Feu).

---

21. Voir à ce sujet le chapitre 6.

Les Cinq Éléments

Les cycles et les interactions des Cinq Éléments* déterminent également des relations harmonieuses ou conflictuelles. Lorsque les Éléments s'engendrent (cycle de production), la relation est favorable ; lorsqu'ils se détruisent (cycle de contrôle), la relation est néfaste.

En somme, le principe de relation harmonieuse ou conflictuelle est assez simple, car toujours soumis aux mêmes règles de bases : trigrammes, chiffres, Éléments. La difficulté réside dans l'identification du trigramme, du chiffre ou de l'Élément caractéristique du facteur que nous devons analyser. Prenons le cas d'une montagne : en fonction de sa forme[22], nous pouvons déterminer qu'elle se caractérise par un Élément dominant, Feu, Terre, Métal, Eau ou Bois ; d'après la couleur de son sol découle un second Élément ; enfin, sa position relative par rapport à la maison déterminera son influence principale, caractérisée par un troisième Élément. Si ces trois Éléments sont identiques, l'harmonie est parfaite ; sinon, il peut y avoir conflit, et le *Qi* généré par cette montagne et reçu par la maison sera de faible qualité.

Le Feng Shui est la science qui permet de déterminer si les *Qi* de deux entités de l'environnement sont compatibles ou incompatibles. C'est ce que nous appelons communément « être en harmonie ». Si le *Qi* du paysage est en harmonie avec le *Qi* de la maison, alors les effets seront bénéfiques sur ses habitants. En outre, si le *Qi* de la personne est en harmonie avec le *Qi* de la maison, alors elle bénéficiera au maximum de ses bienfaits.

Ce qu'il faut retenir

Tout repose sur le principe du *Qi*, le souffle vital, présent partout, en toute chose et en tout être vivant, responsable de la vie sous toutes ses formes et de son cycle éternel de naissance, croissance, déclin et mort.
Le *Qi* peut être *Yang* ou *Yin*, tour à tour bénéfique (*Sheng Qi*) ou néfaste (*Sha Qi*). Il prend différents aspects, traduits par les principes des Huit Trigrammes

22. Voir à ce sujet le chapitre 7.

(*Ba Gua*), des Cinq Éléments (*Wu Xing*) et des représentations numériques, *He Tu* et *Luo Shu*. C'est de la combinaison des principes fondamentaux que découlent toutes les théories et toutes les applications du Feng Shui.

La connaissance parfaite des fondements permet non seulement de comprendre la théorie et de maîtriser les applications, mais surtout d'évaluer le bien-fondé de toutes celles que nous sommes amenés à rencontrer dans notre étude du Feng Shui. Car un principe ou une méthode qui ne répondrait pas parfaitement aux fondements de la cosmologie taoïste ne serait pas un principe ou une méthode authentique du Feng Shui.

Chapitre 5

De la théorie à la pratique

Chaque cas est unique

Chaque intervention de Feng Shui est unique, comme peut l'être une œuvre d'art. C'est sans doute pour cette raison que le Feng Shui est souvent qualifié « d'art de vivre en harmonie avec son environnement ». Cet environnement en question est propre à chaque lieu, à chaque habitation, à chaque bâtiment. Être en harmonie avec son environnement signifie qu'il faut s'adapter aux éléments spécifiques de celui-ci. Une villa à la campagne n'a pas le même environnement qu'un appartement en centre-ville. Nous ne pouvons y appliquer les mêmes solutions ni y entreprendre les mêmes actions.

Entre deux habitations, la différence est également incontournable. Si nous ne considérons que l'environnement interne, celui-ci dépendra, entre autres, de l'architecture intérieure, de l'agencement des pièces, des ouvertures, de la surface occupée. Les personnes gèrent leur lieu de vie en fonction de l'espace et des voies de circulation dont ils disposent. Le *Qi* fait de même. Il n'est donc pas possible d'appliquer une grille de lecture standard à toutes les habitations. Ce serait simpliste et vraiment éloigné de toute réalité. La réalité, c'est la complexité et l'unicité.

Chaque personne est unique, résultat de la combinaison complexe de son ADN, de son psychisme, de son éducation, de son histoire, de son environnement de vie. Chaque maison est unique, fruit des réflexions d'un architecte, d'un assemblage précis de matériaux et de structures composites, définissant un espace de vie adapté aux contraintes de l'environnement urbain et naturel. C'est pourquoi chaque *Qi* est également unique, complexe, issu de la combinaison de son identité et des facteurs externes, forces de la nature, champ magnétique terrestre, formes du paysage, etc.

Les quatre dimensions du Feng Shui

Prenons le cas d'une étude menée dans une habitation, une villa ou un appartement, occupée depuis plusieurs mois ou années par les mêmes personnes. Le résultat concret et visible consiste à positionner au mieux ces personnes, certains éléments du mobilier et de la décoration, ainsi que certains objets. Ce qui ne se voit pas, c'est, bien sûr, toute la démarche préalable d'analyse que mène l'expert et sur laquelle reposent ses précieux conseils.

L'analyse Feng Shui comporte quatre niveaux d'étude, que nous pourrions définir comme les « quatre dimensions » du Feng Shui : le paysage, la maison, la personne et le temps. Ramené à la cosmologie taoïste, cela donne :

La Trinité Cosmique	Les quatre dimensions du Feng Shui
Le Ciel, *Tian* (天)	Le temps
L'Homme, *Ren* (人)	La personne
La Terre, *Di* (地)	La maison - Le paysage

Ciel, Homme et Terre sont intimement liés. Les quatre dimensions sont également indissociables et ne peuvent être considérées séparément. Ciel et Terre agissent sur l'Homme qui est situé entre eux, issu de la Terre, s'y tenant debout et se dirigeant vers le Ciel.

Le véritable sujet d'étude du Feng Shui, c'est la personne, plutôt que la maison, comme on pourrait le croire au regard de ses applications. L'objectif réel du Feng Shui consiste à améliorer les conditions de vie des personnes.

Le paysage

Le *Qi*, souffle vital issu du *Dao* (道), parcourt la Terre. Dispersé par le vent, il est modelé par les formes du relief, les montagnes, jusqu'à rencontrer l'eau où il s'arrête et se concentre. Le relief ou le paysage affecte le *Qi* et ses qualités, lui conférant des aspects bénéfiques ou néfastes. Pour appréhender la façon dont le paysage modèle le souffle vital, il faut comparer le *Qi* à un fluide qui se comporterait comme un gaz. C'est pourquoi, semble-t-il, *Feng* et *Shui*, Vent et Eau, eux-mêmes des fluides, désignent cette science qui analyse le *Qi* et en décrit ses différents aspects.

Par nature, les fluides sont toujours en mouvement. Les qualités du *Qi* sont donc dynamiques. La circulation du *Qi* détermine ses caractéristiques bénéfiques ou néfastes en un lieu donné. C'est à ce niveau qu'interviennent les formes du paysage. Si la circulation du *Qi* est agréable, alors nous pouvons dire, *a priori*, que le Feng Shui est bon. Nous pouvons imaginer être à la place du vent et essayer de ressentir les différentes formes du paysage sur et autour desquelles il circule pour cerner les qualités bénéfiques du *Qi*. Lorsque, porté par le vent, circulant de façon douce, harmonieuse et sans heurt, le *Qi* peut s'accumuler sans stagner, en étant régulièrement renouvelé et régénéré, le Feng Shui est alors considéré comme très bénéfique.

La véritable démarche Feng Shui (celle du maître) consiste à trouver avant toute chose le bon site pour construire une maison. C'était à l'origine la préoccupation majeure des maîtres qui ont forgé cette science. Ils étaient à la recherche des meilleurs sites pour construire palais, maisons et tombes, car ils savaient que le bien-être, le bonheur et la prospérité des humains dépendent tout d'abord de l'endroit où ils vivent. Cela reste bien évidemment valable à l'heure actuelle. La démarche Feng Shui la plus aboutie consiste à déterminer où et comment construire une maison afin que ses occupants bénéficient d'excellentes conditions de vie. L'environnement, le paysage dans lequel est construite la maison, est primordial. À cet égard, nous parlons des énergies de la Terre et des forces de la nature qui dépassent de loin notre domaine d'action, que nous cherchons souvent à manipuler mais que nous ne pouvons que subir. Face aux forces de la nature, nous devons faire preuve d'humilité et de respect. Nous devons accepter d'aller là où l'énergie de la Terre est bénéfique pour nous si nous souhaitons vivre en harmonie avec elle. En revanche, si nous voulons, malgré tout, vivre à l'endroit que nous avons choisi, il nous faudra faire face à certaines conséquences.

Dans une maison située sur un terrain bénéficiant d'un bon Feng Shui, le bonheur est assuré. Si, au contraire, le Feng Shui du paysage est mauvais, c'est le malheur qui s'installe. Dans le premier cas, il faudra également savoir comment orienter et agencer au mieux cette maison pour bénéficier pleinement des bonnes énergies. Dans le second cas, même en activant au maximum la chance des personnes et la chance du Ciel, il sera difficile de compenser la malchance qui vient de la Terre.

Montagnes, collines, rochers, plaines, fleuves, rivières, mer, lacs et étangs modèlent le paysage naturel et concentrent en certains lieux le souffle générateur de vie, appelé « *Sheng Qi* »* (生氣). Là où les forces de la nature sont néfastes à la vie, ce souffle destructeur est qualifié de « *Sha Qi* »* (煞氣).

Tailles et formes des éléments du paysage agissent sur la circulation du *Qi*. Les montagnes peuvent être hautes ou basses, d'aspect triangulaire, carré ou arrondi, aux pentes douces ou raides, lisses ou parsemées de rochers saillants. L'eau peut stagner ou circuler de façon lente ou rapide et former des cascades. Elle peut circuler en ligne droite ou en courbes et s'accumuler en certains endroits. Tous ces facteurs sont analysés en Feng Shui et déterminent la qualité du site étudié.

Le paysage urbain est similaire au paysage naturel et induit les mêmes effets, bien que moins puissants. Les bâtiments sont les montagnes et les routes jouent le rôle des rivières. Leurs formes affectent la circulation de l'énergie de la même façon.

La maison

La seconde dimension du Feng Shui, également en rapport direct avec la Terre, la maison, est à considérer au sens large. Ici, le terme « maison » signifie habitation, villa ou appartement, ainsi que, par extension, tout bâtiment où vivent et travaillent des personnes. Le Feng Shui s'applique de façon classique à une habitation mais peut également être utilisé efficacement pour les entreprises, bureaux, commerces, usines, etc. Dans le cas d'un immeuble comportant un ensemble d'appartements, nous appliquons le Feng Shui à l'immeuble ainsi qu'à chaque unité d'habitation.

La maison représente le contenant de l'énergie vitale. C'est au sein de la maison que le *Qi*, généré et modelé par l'environnement, entre, circule, se concentre, agit sur l'énergie vitale des occupants et conditionne leur vie. C'est dans la maison que se réunissent les trois principes de la Trinité Cosmique :

- la Terre : les fondations, le sol et les murs ;
- l'Homme : les personnes qui y vivent ;
- le Ciel, représenté par le toit qui couvre et protège.

Ciel-Homme-Terre

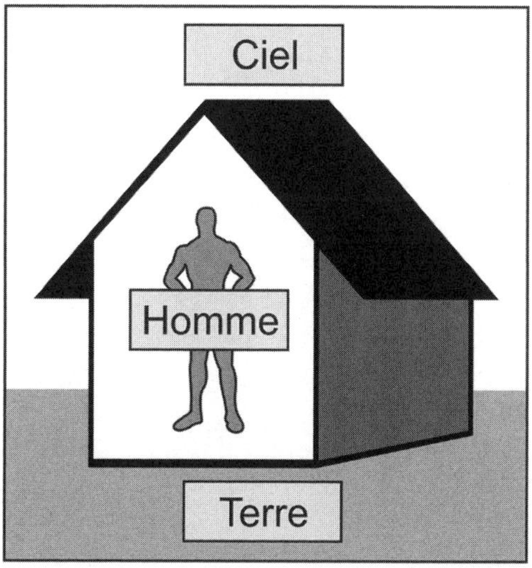

Sans la réunion de ces trois principes cosmiques, nous considérons qu'il n'y a pas d'énergie vitale ou que celle-ci ne peut s'exercer. S'il manque un élément, l'équation est incomplète, et nous ne pouvons pas faire de Feng Shui. Cela coule de source, mais mérite que nous nous y attardions un peu plus.

Nous comprenons bien que sans les murs et le sol (Terre), une maison est inhabitable ; il en va de même s'il n'y a pas de toit (Ciel). Une maison inachevée et inhabitable peut recevoir le *Qi* de l'environnement mais ne peut pas le garder, c'est pourquoi nous ne pouvons y pratiquer le Feng Shui. S'il n'y a pas d'habitant (Homme) dans une maison, nous ne pouvons pas pratiquer le Feng Shui non plus car il n'y a pas de vie, cela ne sert à rien. Par conséquent, tant que la maison n'est pas achevée, que le toit n'est pas posé et que les personnes n'ont pas emménagé, il n'y a pas lieu d'en étudier le Feng Shui. C'est aussi pourquoi, lorsque nous analysons les influences temporelles[23], nous devons considérer la date d'emménagement comme base de calcul.

Étant donné que le Feng Shui vise à améliorer la qualité de vie des personnes en déterminant les configurations les plus propices de leur habitat, tous les aspects de la maison sont pris en compte dans l'analyse et le travail qui en découlent, notamment :

- l'emplacement de la maison dans son environnement ;
- la forme de la maison ;
- la direction de la maison ;
- la position et la direction de la porte d'entrée ;
- la répartition des pièces.

En Feng Shui, la maison peut également signifier la sépulture. En effet, une part non négligeable du Feng Shui est consacrée à l'étude des tombes, que nous appelons « maisons *Yin** » (*Yin Zhai*), les maisons des morts, à l'inverse des « maisons *Yang** » (*Yang Zhai*), les maisons des vivants. Cependant, ce ne sont pas les mêmes formules qui sont appliquées, et la démarche relève

23. Voir à ce sujet le chapitre 10.

d'un autre postulat que l'influence du *Qi* sur les humains au sein de leur environnement : la chance et les bienfaits générés par le Feng Shui d'une sépulture se transmettent aux descendants du défunt.

Le principe n'est ni vraiment expliqué ni explicable, mais c'est une réalité qui a été vérifiée à d'innombrables reprises par les maîtres depuis plus de 2400 ans. Certains maîtres sont spécialisés dans le Feng Shui des maisons *Yin*, en raison de la complexité, de la spécificité de cette branche et de l'importance qu'elle a au sein des populations asiatiques, notamment chinoises. C'est le cas à Taiwan où les cimetières répondent à des critères précis ; les familles fortunées y paient des sommes très élevées pour se réserver les meilleurs emplacements. Il s'agit là d'une notion qu'il est encore plus difficile à admettre pour les Occidentaux que celle qui traite des influences d'une force intangible, modelée par l'environnement et agissant sur tous les aspects de notre vie.

Encore une fois, il n'est pas nécessaire de comprendre comment cela fonctionne : savoir que cette pratique est efficace est suffisant. Ce sont des principes qui se sont vérifiés à maintes reprises et qui peuvent se vérifier encore et encore. Confronter la théorie à la réalité des faits est non seulement fascinant, voire bouleversant, mais c'est aussi indispensable pour être sûr d'utiliser une méthode fiable et efficace.

La personne

Tout le travail du Feng Shui consiste à placer, orienter, agencer, aménager, décorer la maison en fonction des influences de l'environnement. On peut alors croire, à juste titre, que le cœur du sujet du Feng Shui est la maison. Il n'en est rien. En fait, la maison est un outil au service du Feng Shui. Le véritable sujet du Feng Shui est *Ren* (人), la personne. L'objectif du maître est d'assurer le bien-être, le bonheur, la santé, la longévité, la prospérité et l'harmonie familiale des personnes qui le consultent.

La personne est véritablement le cœur du sujet, la préoccupation majeure de la discipline. J'insiste sur ce point car c'est la clé d'une pratique juste et efficace. Le Feng Shui a été développé pendant des siècles pour comprendre pourquoi et comment les conditions de vie des êtres humains sont influencées par les forces de la nature, l'environnement et les caractéristiques des habitations. Il demeure évident que chaque personne est unique, que ce soit physiquement ou psychologiquement. Chaque personne réagit donc de façon particulière à son environnement. Cette notion est essentielle à la compréhension et à la pratique du Feng Shui. Car s'il est vrai que le Feng Shui du terrain et celui de la maison affectent toutes les personnes, globalement dans le même sens, que le choix du site géographique et la disposition de la maison sont importants, le facteur humain reste décisif. En effet, le choix final de l'agencement de l'habitation dépend des critères inhérents à chaque individu.

Au sein d'une demeure, chaque personne vit des événements particuliers. La disposition de la maison, la répartition des pièces, l'agencement d'une chambre, d'une cuisine, la position et la direction de la porte d'entrée constituent autant de facteurs à prendre en compte pour chaque habitant. Tous ces éléments sont traités de façon individuelle, y compris pour les membres d'une même famille. Par exemple, un problème que les experts connaissent bien pour y faire face très souvent est celui de la porte d'entrée : sa position, et surtout sa direction, sont des questions délicates à traiter. Il est souvent conseillé d'avoir deux portes d'entrée pour concilier les oppositions entre vie d'Est et Vie d'Ouest[24]. La position de la cuisinière et du four dans la cuisine est un autre point très délicat : trouver le bon emplacement s'avère parfois un véritable casse-tête ! Cela est d'autant plus important qu'un mauvais emplacement du four ou de la cuisinière a des répercussions néfastes sur la santé.

Parmi les facteurs liés aux individus, les plus importants sont la date de naissance, déterminant le *Ming Gua* (Trigramme de Vie*), et la position de la personne au sein de la famille – père, mère, fils ou fille, et rang dans la fratrie.

---

24. Sur ce point, voir le chapitre 9.

Le temps

Rien ne peut être figé dans le temps ; tout est en mouvement et tout change, de façon cyclique. En suivant précisément les cycles temporels – années, saisons, mois, jours et heures – guidés par les positions du soleil et de la lune, les influences du *Qi* évoluent et se transforment, changeant de caractéristiques au fil du temps.

En Feng Shui, le temps est pris en compte à plusieurs niveaux : d'une part, l'étude d'une habitation ne se fait pas sans connaître les dates de naissance des occupants actuels ainsi que la date d'emménagement de ceux-ci ; d'autre part, il est important de connaître la date de construction du bâtiment et des travaux importants de rénovation ou d'extension, le cas échéant.

Dans une demeure, la date d'emménagement des occupants actuels détermine la nature et la répartition des influences du Ciel, les Étoiles Volantes*[25] que des rénovations, des extensions ou des travaux majeurs peuvent ensuite modifier. C'est pourquoi toutes ces dates sont importantes. Nous y reviendrons en détail plus loin. Les cycles temporels qui rythment nos vies, jours, mois et années, apportent également leurs influences, qui se combinent aux influences permanentes. Celles-ci apportent des modifications plus ou moins importantes, année après année, mois après mois et jour après jour, et sont la raison de la diversité et de la variabilité des effets produits. Ces cycles temporels agissent sur les influences du Ciel ainsi que sur celles de la Terre. Les influences des formes du paysage et de l'environnement sur le *Qi* ne sont pas uniformes au cours du temps. Certaines dates, jours, mois et années les activent, les rendant plus fortes et plus efficientes, ou au contraire les affaiblissent. Complexe dans son fonctionnement et ses effets, ce principe de l'action cyclique du temps sur les énergies de l'environnement est d'une évidente simplicité quand nous revenons au principe fondamental, le *Tai Ji**.

25. Voir le chapitre 10.

L'harmonie *Yin*/Yang** est représentée par la dualité, la complémentarité et l'équilibre entre l'obscurité et la lumière qui se succèdent l'une à l'autre dans un cycle perpétuel. Il faut donc voir et comprendre le *Tai Ji* comme étant un mouvement.

Le *Tai Ji*

Direction et emplacement

Le *Qi* doit se comprendre et s'analyser selon deux aspects. Le premier est statique, comparable à une atmosphère, un biotope, et le second est dynamique, tel un flux, un souffle. C'est la conjonction de ces deux aspects qui détermine précisément la qualité du *Qi* agissant sur la maison et les personnes. Le paramètre dynamique est la direction, le paramètre statique, l'emplacement.

La direction est simplement et exclusivement indiquée par la boussole, tout d'abord divisée en Huit Directions* principales – Nord, Nord-Est, Est, Sud-Est, Sud, Sud-Ouest, Ouest et Nord-Ouest –, correspondant aux positions des Huit Trigrammes*. Les subdivisions nécessaires aux diverses applications peuvent aller bien au-delà des Huit Directions principales et se compter au nombre de vingt-quatre, soixante, soixante-douze ou cent vingt[26].

26. Exigeant parfois une précision de la lecture de la boussole au degré près.

L'emplacement se définit par la position relative dans un lieu, un espace délimité. Là encore, il est nécessaire d'établir un cadre de référence*. L'espace délimité peut être une maison, un bâtiment, un terrain, une pièce. Cet espace est subdivisé en neuf zones que nous appelons « les Neuf Palais »*, les Huit Directions principales et le centre.

Les Huit Directions

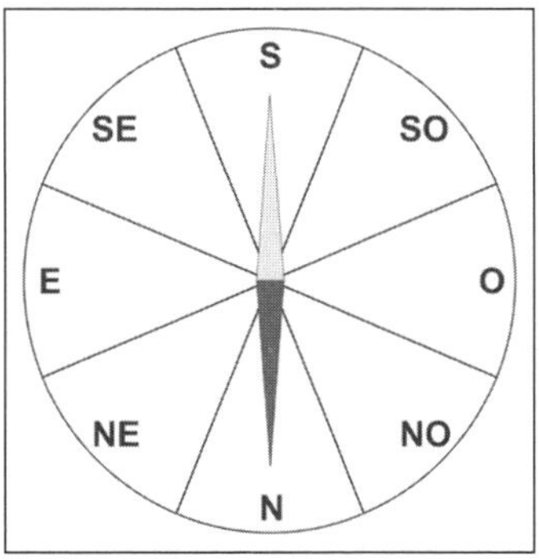

Les Neuf Palais

SE	S	SO
E	Centre	O
NE	N	NO

Il est crucial de bien comprendre la distinction entre direction et emplacement. La direction ne dépend pas du lieu où nous nous trouvons. En nous dirigeant vers le Nord, nous pouvons parcourir des kilomètres sans jamais changer de direction. La position a changé, mais la direction reste la même. À l'inverse, en nous plaçant dans le secteur Sud de notre maison, nous pouvons nous tourner dans toutes les directions en restant à la même place. C'est la direction qui change, dans ce cas, pas l'emplacement.

La personne reçoit le bon *Qi* lorsqu'elle est située dans un bon emplacement et orientée vers une bonne direction. Si les deux critères sont favorables, les effets seront très bénéfiques. *A contrario*, si emplacement et direction sont défavorables, les résultats seront néfastes. Si l'un des paramètres est favorable et l'autre défavorable, les effets tendront à se neutraliser, à moins que l'une des deux influences soit très puissante.

Un raisonnement identique s'applique à la maison. Son énergie vitale dépend de son emplacement dans le paysage (ou l'environnement) et de sa direction, celle de sa porte d'entrée, de sa Façade[27].

Direction ou emplacement ?

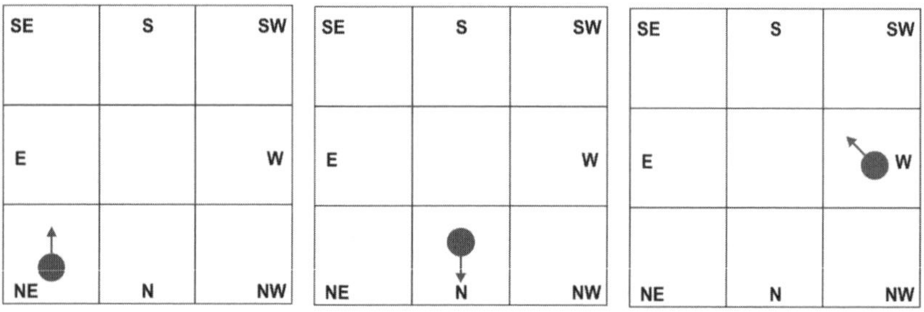

Direction : Sud Direction : Nord Direction : Sud-Est

Ce schéma permet de saisir la différence entre emplacement et direction. Le point noir représente une personne à l'intérieur de son habitation, divisée en neuf secteurs par la grille des Neuf Palais. La flèche indique sa direction, c'est-à-dire celle à laquelle elle fait face.

Application des concepts de direction et d'emplacement

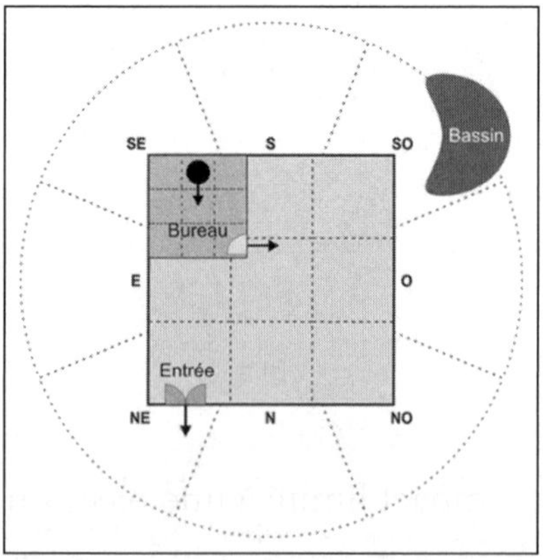

La porte d'entrée de la maison est orientée vers le Nord ; elle est située dans le Palais* Nord-Est de la maison. *Le bureau* est situé dans le Palais Sud-Est de la maison ; sa porte est orientée vers l'Ouest. *La personne* (point noir) est située dans le Palais Sud du bureau ; elle est orientée vers le Nord ; elle est également située dans le Palais Sud-Est de la maison. *Le bassin* est situé au Sud-Ouest de la maison (direction par rapport au centre de la maison).

27. Sur ce point, se reporter au chapitre 8.

La direction d'une porte correspond à la mesure prise de l'intérieur vers l'extérieur, en se tenant contre la porte fermée. La direction de la porte d'entrée d'une habitation est celle qui est relevée en regardant vers l'extérieur de la maison. De même, la direction de la porte d'une pièce est relevée en regardant vers l'extérieur de la pièce.

Une vision globale

Si, dans la démarche d'analyse, chaque paramètre est identifié et évalué individuellement, il demeure indispensable de l'intégrer dans un processus global. Une influence donnée, bénéfique ou néfaste, fait partie d'un ensemble complexe d'influences. Certaines peuvent se manifester, et d'autres non, car elles sont contrecarrées ou supplantées par des influences plus puissantes.

Le Feng Shui (toujours unique) d'une habitation ou d'un bâtiment est le résultat de la somme de toutes les influences, externes et internes, qui s'y exercent. Plus il y a d'influences bénéfiques, plus le Feng Shui est considéré comme globalement bon. Un grand nombre d'effets bénéfiques peut masquer les quelques aspects néfastes qui subsistent, dans la mesure où ceux-ci ne sont pas générés par les facteurs les plus puissants. Toutefois, il ne s'agit pas d'une simple somme des effets positifs et négatifs, mais plutôt d'une moyenne pondérée de tous les facteurs, dont certains ont un coefficient très élevé en raison de leur importance et de leur force : les facteurs les plus puissants ont un effet global sur la Maison et tous ses occupants, tandis que les facteurs les plus faibles n'ont qu'un impact limité à une pièce ou même à un espace plus restreint.

Les formes externes qui protègent la maison[28] jouent un rôle global important, ainsi qu'une piscine, par exemple. La porte d'entrée est également un paramètre de premier ordre. Son emplacement et surtout sa direction représentent des critères majeurs qui peuvent

28. Voir sur ce point les Quatre Animaux Célestes au chapitre 7.

changer le Feng Shui de la maison de façon considérable s'ils sont modifiés. La position de la cuisine a une influence sur tous les membres de la famille, alors que la direction d'un lit n'affecte, bien sûr, que la personne qui y dort. Le mobilier et la décoration d'une pièce n'ont d'effet que dans l'espace de cette pièce et sur les personnes qui y séjournent.

Nous devons prendre conscience des facteurs qui génèrent les influences les plus fortes, y faire face, les analyser en priorité et accepter que, dans la plupart des cas, ils ne soient pas modifiables ou qu'il n'y ait pas de remède pour les rendre inopérants. D'un autre côté, nous devons aussi savoir relativiser les paramètres internes qui n'ont qu'un champ d'action restreint. Par exemple, une combinaison malsaine d'Étoiles Volantes[29] (influences temporelles) occupant une pièce peut être isolée et inactive si aucune activité n'est exercée dans cette pièce, si aucune personne n'y séjourne, car même si cette combinaison signifie maladies, décès et catastrophes, le fait qu'elle règne dans une pièce inoccupée la rend inopérante. Il suffit simplement de la « laisser tranquille » pour ne pas en subir les effets néfastes.

Ce qu'il faut retenir

L'environnement, la maison, la personne et le temps sont les quatre dimensions du Feng Shui. Il existe d'infinies combinaisons des paramètres de ces quatre dimensions. C'est pourquoi chaque cas de Feng Shui est unique. Chaque solution doit correspondre à une analyse précise et détaillée du site, en fonction des habitants, de l'architecture de l'habitation et de la date à laquelle elle est mise en œuvre. Il ne peut y avoir de solution générale applicable à toutes les habitations et à toutes les personnes. Cela irait à l'encontre des principes de base du Feng Shui.

C'est précisément en raison de l'unicité de chaque cas que la pratique du Feng Shui est si délicate. Dans la réalité, nous tombons rarement sur des configurations identiques à celles que nous avons étudiées en formation. Le passage de la théorie à la pratique est la phase la plus délicate de l'apprentissage du Feng Shui. Il est indispensable d'acquérir une bonne méthodologie, notamment pour effectuer une analyse juste et complète.

Chaque paramètre doit être perçu comme partie d'un tout. Il y a un seul Feng Shui pour une habitation donnée. Globalement bon ou mauvais, il résulte de la somme de toutes les influences bénéfiques et néfastes en présence. Les effets particuliers notables découlent des influences qui sont en mesure de se manifester.

---

29. Voir sur ce point le chapitre 10.

Partie III

La pratique du Feng Shui

Chapitre 6

Les outils du Feng Shui : l'œil et la boussole

Visible et invisible

L'invisible se manifeste par le visible

L'objectif du praticien consiste tout d'abord à identifier le *Qi*, cette force omniprésente, si puissante, responsable du bonheur des êtres humains, et pourtant invisible, intangible. Pour cela, il ne dispose d'aucun outil capable de lui en donner la moindre mesure. Aucun appareil ne peut détecter et qualifier le *Qi* de l'environnement ou d'une habitation. Il doit donc utiliser des moyens indirects, des paramètres visibles, mesurables, pour discerner les influences invisibles.

Les formes des éléments du paysage constituent le premier paramètre identifiable en corrélation avec la qualité du *Qi*, puisqu'elles agissent directement sur ce dernier. Ces formes sont principalement celles des montagnes et de l'eau, et, secondairement, celles des structures artificielles, bâtiments, routes, etc.

L'œil est donc le premier outil, si l'on peut dire, du feng shui, l'œil muni de la connaissance et de l'expérience. il permet de déceler ces paramètres, de les identifier, de les qualifier et de les classifier. toutes les formes n'ont pas le même impact, et certaines structures, en apparence anodines, ont parfois un rôle majeur. en fait, le facteur visuel est très important, car seul ce qui est visible depuis la maison agit sur celle-ci. c'est pourquoi l'analyse visuelle *in situ* est une phase indispensable de l'audit d'un lieu.

Tout ce qui est invisible, intangible et indécelable peut être mesuré, quantifié, qualifié de façon indirecte, par des paramètres tangibles, mesurables. Éléments du paysage, montagnes, eau, bâtiments, constructions, routes, meubles, objets constituent ces facteurs physiques que sont les formes. Ils peuvent être identifiés et analysés grâce à un organe essentiel : l'œil. Bien qu'invisible et généralement imperceptible, le champ magnétique terrestre fait également partie de ces paramètres physiques. C'est là qu'intervient la boussole.

Ce que nous ne voyons pas ne nous affecte pas

Ce postulat, d'une évidente contradiction avec le propos même du Feng Shui, est pourtant d'une importance capitale. Il ne s'applique, en fait, qu'aux formes, et exclut les paramètres relatifs aux directions (champ magnétique) et au temps.

Le principe est le suivant : les éléments de l'environnement externe d'une habitation, que nous ne pouvons pas voir depuis la limite externe de celle-ci, n'agissent pas sur son Feng Shui. Rivières, points d'eau, montagnes, constructions, routes, de configuration bénéfique ou néfaste, qui sont cachés à la vue par un obstacle opaque, ne laissant pas passer le vent (mur, haie, maison), n'ont aucune influence. Cela inclut, bien évidemment, les éléments souterrains ou enterrés. Ainsi, toutes les formes d'eau souterraines, sources ou canalisations, n'ont pas d'effet en Feng Shui. Aucun système ne s'applique à leur analyse.

L'avantage de ce principe réside dans l'application d'un remède simple à une éventuelle configuration néfaste du paysage. Il suffit d'en cacher la vue, de placer un objet, suffisamment grand et solide, entre l'élément néfaste et l'habitation. Dans le cas d'un *Sha Qi** provoqué par la courbe externe d'une route, par exemple, il suffit de construire un mur ou de planter une haie dense pour se prémunir de cette influence néfaste.

Protection contre un *Sha Qi*

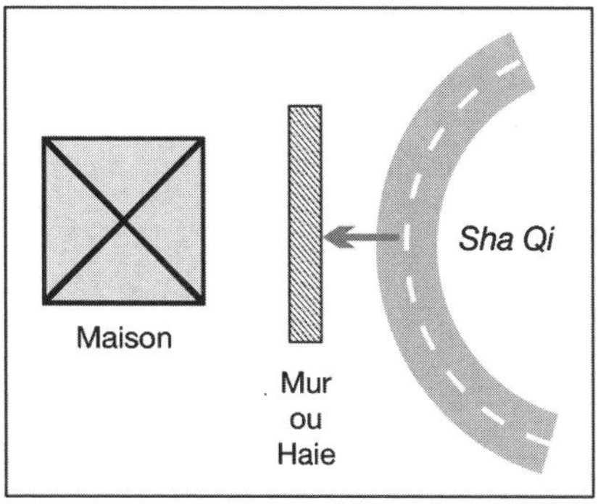

Le *Luo Pan*

Le *Luo Pan** (羅盤), la boussole[30], est l'instrument indispensable pour la pratique du Feng Shui. C'est aussi le seul dont le praticien a besoin. Il permet de relever tous les paramètres de l'environnement, d'en déterminer les propriétés et de mener une analyse complète. Fondements, théories et formules sont synthétisés et indiqués sur le *Luo Pan*. En principe, il est possible d'identifier toutes les configurations énergétiques à la seule lecture d'un *Luo Pan*.

Le *Luo Pan* est constitué d'un plateau rond tournant librement sur un socle carré, en bois, traditionnellement de couleur rouge. Le centre du disque est une simple boussole indiquant l'axe Nord-Sud, généralement protégée des perturbations magnétiques susceptibles de la dévier ou de la fausser. Le disque est divisé en anneaux, cercles concentriques subdivisés en huit, vingt-quatre, soixante, soixante-douze ou cent vingt partitions, voire plus. Il est maintenu sur son socle par deux fils rouges perpendiculaires, reliant les milieux des côtés opposés du carré et se croisant précisément au centre de la boussole. Il existe plusieurs modèles de *Luo Pan*, utilisés par les praticiens, comportant un nombre plus ou moins important d'anneaux.

30. Traduction littérale : « plateau de collecte ».

Le *Luo Pan*

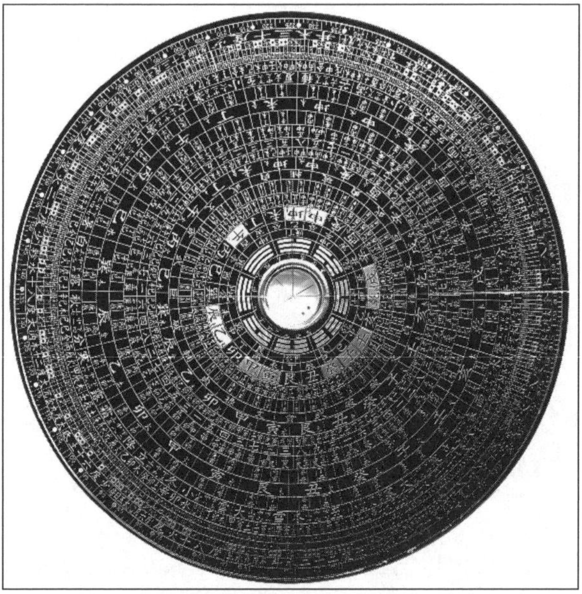

On compte trois modèles principaux :

- le *San He Luo Pan*, synthèse des formules du système *San He* ;
- le *San Yuan Luo Pan*, synthèse des formules du système *San Yuan* ;
- le *Zhong He Luo Pan*, combinaison des deux systèmes.

Certains maîtres conçoivent leur propre modèle de *Luo Pan* pour répondre au mieux à leurs propres besoins, à leur méthodologie particulière et à leurs applications de prédilection.

Exemple d'un *Luo Pan* modèle *San He*

1er anneau : *Ba Gua* du Ciel Antérieur*
2e anneau : 8 Routes de la Source Jaune
3e anneau : Montagne du Larcin*
4e anneau : 24 Montagnes du Plateau de la Terre
5e anneau : 72 Dragons Pénétrant la Montagne
6e anneau : Lignes du Joyau Précieux
7e anneau : 9 Étoiles *Tan Lang*
8e anneau : 24 Montagnes du Plateau de l'Homme
9e anneau : 60 Dragons de l'Assise*
…
13e anneau : 24 Montagnes du Plateau du Ciel
…
21e anneau : Les graduations en degrés

Huit Trigrammes, Vingt-Quatre Montagnes

Chaque trigramme* est divisé en trois secteurs ou « Montagnes », *Shan* (山). Chaque Montagne couvre quinze degrés sur la boussole. C'est la plus faible précision requise dans toute analyse de Feng Shui. Ainsi, indiquer la direction Sud ou *Li* (離) n'est pas suffisant : il faut préciser si c'est la Montagne *Bing* (丙), *Wu* (午) ou *Ding* (丁).

Une Montagne apporte une variation substantielle au flux d'énergie correspondant à la direction du trigramme qui la contient. La Montagne centrale est toujours en parfaite corrélation avec le trigramme. C'est l'énergie pure, la plus forte. Cependant, lorsqu'elle est trop forte, l'énergie devient dangereuse. C'est pourquoi il faut éviter la direction qui correspond précisément au centre du trigramme, que nous appelons « Ligne de Vide et de Mort ».

Le centre du *Luo Pan*

Le centre du *Luo Pan* est constitué de l'anneau des Huit Trigrammes* (dans le cas présent, dans l'arrangement du Ciel Postérieur*), ainsi que de l'anneau des Vingt-Quatre Montagnes*, représentant les divisions fondamentales de l'espace.

Bien que situées dans le même trigramme, les deux autres Montagnes, à gauche et à droite de la Montagne centrale, n'ont pas les mêmes propriétés que celui-ci. Il existe, par exemple, une différence importante entre la direction *Geng* (庚) et la direction *You* (酉), bien que situées toutes deux à l'Ouest dans le trigramme *Dui* (兌).

Les trois Montagnes du trigramme *Dui*

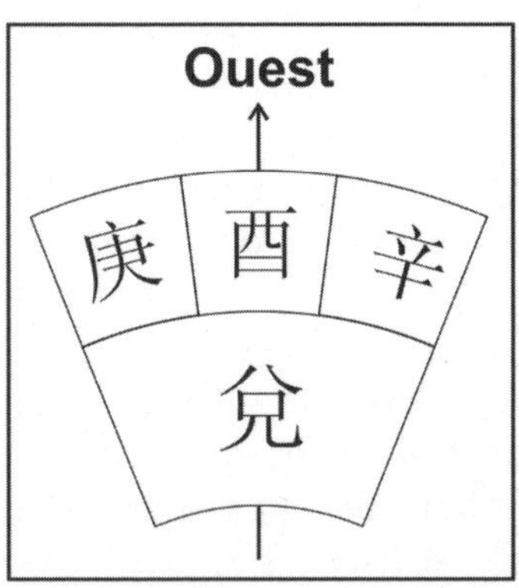

Les Vingt-Quatre Montagnes du *Luo Pan*

Montagnes		Directions	Animaux	Types	Secteurs
壬	*Ren*	Nord (1)		Tronc Céleste*	337,5° - 352,5°
子	*Zi*	Nord (2)	Rat	Branche Terrestre*	352,5° - 7,5°
癸	*Gui*	Nord (3)		Tronc Céleste	7,5° - 22,5°
丑	*Chou*	Nord-Est (1)	Bœuf	Branche Terrestre	22,5° - 37,5°
艮	*Gen*	Nord-Est (2)		Trigramme	37,5° - 52,5°
寅	*Yin*	Nord-Est (3)	Tigre	Branche Terrestre	52,5° - 67,5°
甲	*Jia*	Est (1)		Tronc Céleste	67,5° - 82,5°
卯	*Mao*	Est (2)	Lapin	Branche Terrestre	82,5° - 97,5°
乙	*Yi*	Est (3)		Tronc Céleste	97,5° - 112,5°
辰	*Chen*	Sud-Est (1)	Dragon	Branche Terrestre	112,5° - 127,5°
巽	*Xun*	Sud-Est (2)		Trigramme	127,5° - 142,5°
巳	*Si*	Sud-Est (3)	Serpent	Branche Terrestre	142,5° - 157,5°
丙	*Bing*	Sud (1)		Tronc Céleste	157,5° – 172,5°
午	*Wu*	Sud (2)	Cheval	Branche Terrestre	172,5° – 187,5°
丁	*Ding*	Sud (3)		Tronc Céleste	187,5° – 202,5°
未	*Wei*	Sud-Ouest (1)	Chèvre	Branche Terrestre	202,5° – 217,5°
坤	*Kun*	Sud-Ouest (2)		Trigramme	217,5° – 232,5°
申	*Shen*	Sud-Ouest (3)	Singe	Branche Terrestre	232,5° – 247,5°
庚	*Geng*	Ouest (1)		Tronc Céleste	247,5° – 262,5°
酉	*You*	Ouest (2)	Coq	Branche Terrestre	262,5° – 277,5°
辛	*Xin*	Ouest (3)		Tronc Céleste	277,5° – 292,5°
戌	*Xu*	Nord-Ouest (1)	Chien	Branche Terrestre	292,5° – 307,5°
乾	*Qian*	Nord-Ouest (2)		Trigramme	307,5° – 322,5°
亥	*Hai*	Nord-Ouest (3)	Cochon	Branche Terrestre	322,5° – 337,5°

Noms, caractéristiques et directions des Vingt-Quatre Montagnes du *Luo Pan*. Les douze animaux sont ceux du zodiaque de l'astrologie chinoise.

Afin de déterminer la direction d'une porte d'entrée, de la façade d'une maison, celle d'un lit, d'un bureau, d'une route, d'un cours d'eau, d'une montagne ou d'un immeuble, nous utiliserons toujours les Vingt-Quatre Montagnes. La démarcation entre chaque Montagne est mince mais très importante. La mesure doit donc être très précise. Nous comprenons ici à quel point l'utilisation d'un *Luo Pan* est indispensable pour procéder sans erreur à une analyse Feng Shui. Certes, il n'est pas nécessaire de posséder et d'utiliser un *Luo Pan* pour comprendre les mécanismes d'application du Feng Shui, mais cela s'avère obligatoire lorsqu'on désire exercer ses talents en la matière.

Les mesures faites grâce au *Luo Pan* ne sont pas seulement fiables, elle sont aussi très simples ; mais les champs magnétiques et électriques puissants sont susceptibles de perturber la prise de mesure. Il est donc nécessaire de s'assurer de l'absence d'éléments perturbateurs à proximité de la boussole (objets métalliques volumineux, appareils électriques de forte puissance, aimants, etc.). Toutefois, les *Luo Pan* de bonne qualité sont, en général, peu sensibles à ces perturbations.

Prise de mesure de la direction d'une porte d'entrée

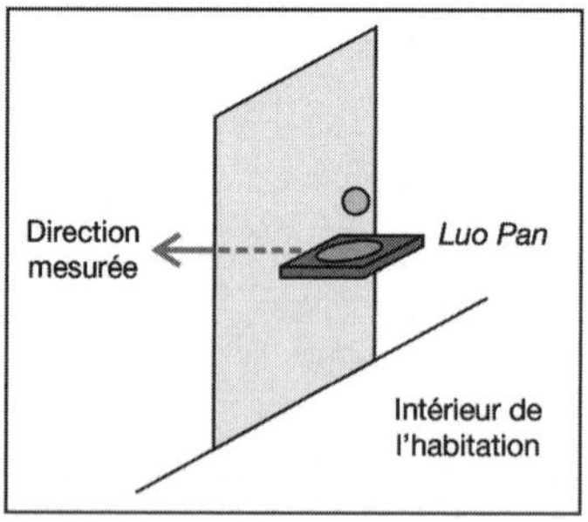

Recommandations pour prendre des mesures avec un *Luo Pan* :

- le *Luo Pan* se tient à hauteur d'estomac, le bord plaqué contre la porte fermée ;
- la direction mesurée se lit de l'intérieur vers l'extérieur ;
- elle est indiquée par le fil rouge, une fois que l'aiguille de la boussole est alignée sur l'axe Nord-Sud ;
- il suffit ensuite de repérer sur quelle montagne se situe le fil rouge.

Exemples de prise de mesure avec un *Luo Pan*

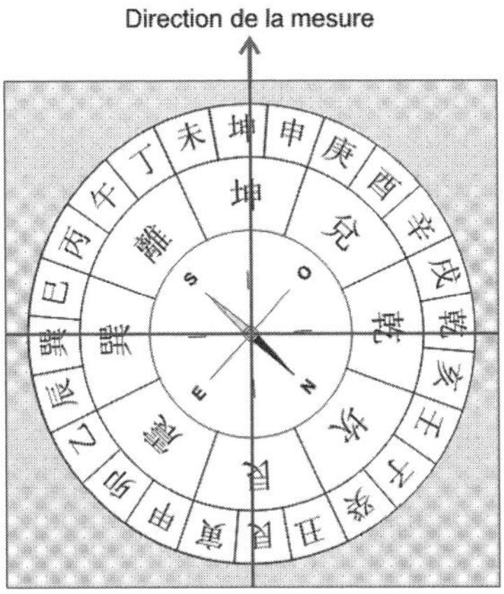

Direction *Kun* (坤), Sud-Ouest (2)

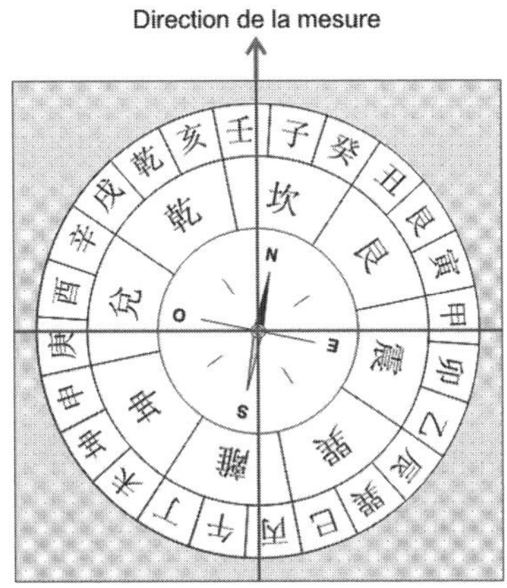

Direction *Ren* (壬), Nord (1)

Corrélation temps-espace

En Feng Shui, le temps et l'espace sont intimement unis. Les symboles utilisés pour représenter les périodes du temps et les directions de l'espace sont identiques. En réalité, le temps agit sur l'espace, puisque le Ciel agit sur la Terre. Les forces du Ciel soutiennent ou affaiblissent les formes et aspects de la Terre. À chaque influence du Ciel correspond une position sur la Terre. À chaque date correspond une direction.

Chacune des Douze Branches Terrestres* correspond à une direction précise, découlant notamment de l'Élément qui lui est associé. Les branches d'Élément Feu sont au Sud, celles d'Élément Bois, à l'Est, celles d'Élément Eau, au Nord, celles d'Élément Métal, à l'Ouest.

Positions et temporalité des Douze Branches de la Terre

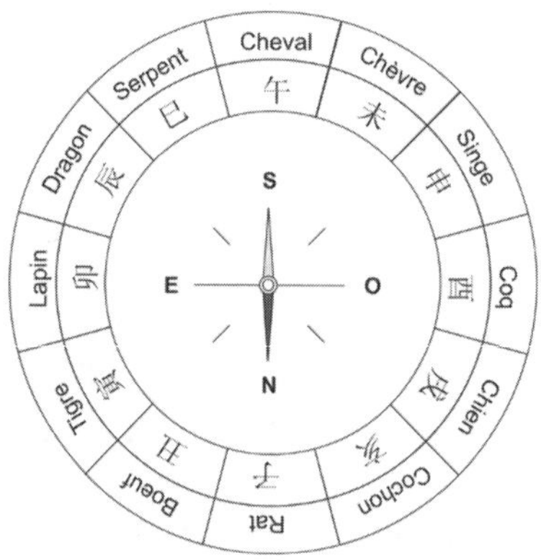

Années	Animaux	Branches	
2005	Coq	*You*	酉
2006	Chien	*Xu*	戌
2007	Cochon	*Hai*	亥
2008	Rat	*Zi*	子
2009	Bœuf	*Chou*	丑
2010	Tigre	*Yin*	寅
2011	Lapin	*Mao*	卯
2012	Dragon	*Chen*	辰
2013	Serpent	*Si*	巳
2014	Cheval	*Wu*	午
2015	Chèvre	*Wei*	未
2016	Singe	*Shen*	申

La position ou la direction de la branche se trouve affectée (en général renforcée) lorsque le temps correspond, que ce soit au niveau de l'année, du mois, du jour, voire de l'heure. Les influences de l'année sont les plus fortes, suivies, par ordre décroissant, de celles du mois, du jour et de l'heure.

Ainsi, durant l'année du Rat (2008), de branche *Zi* (子), la direction Nord (2) subit une influence particulièrement forte. Les effets du *Qi* provenant de cette direction seront accrus et plus rapides. Les directions *Chen* (辰), Dragon, direction Sud-Est (1), et *Shen* (申), Singe, direction Sud-Ouest (3), seront également affectées, puisque ces trois branches forment la « Combinaison de l'Eau ».

Nous disons que le temps active la position. Le respect du facteur temps est donc indispensable lors de la mise en place d'une configuration, d'un remède, d'un activateur. Si la date ou la Période* n'est pas en corrélation positive avec la position utilisée, les effets seront diminués, retardés, voire nuls.

Durant cette même année 2008, selon les rapports entre les Éléments, certaines influences seront renforcées, tandis que d'autres seront affaiblies. La branche de l'année apporte l'Élément Eau, donc, certaines influences associées aux Éléments Eau et Bois seront plus actives, tandis que d'autres, associées aux Éléments Feu et Métal, le seront beaucoup moins.

Des effets du temps sur les directions découlent les applications que nous nommons « afflictions temporelles », telles que *Tai Sui** (Divinité de l'Année), *Sui Po** (Briseur de l'Année), *San Sha** (Trois Tueurs) et *Wu Huang* (Cinq Jaune), et qui sont des influences néfastes qui se répartissent dans l'espace et dans les habitations en fonction des cycles inférieurs du temps, années et mois[31].

Ce qu'il faut retenir

Le *Qi* que nous nous efforçons d'analyser n'est détectable par aucun instrument. Nous devons donc l'identifier et l'évaluer par des moyens indirects. Les éléments visibles de notre environnement sont autant de moyens d'étudier le *Qi*, car ils ont un impact sur celui-ci.

L'autre facteur mesurable qui agit sur le *Qi* est le champ magnétique terrestre, que la boussole permet de déceler et de mesurer précisément. Le *Luo Pan*, la boussole Feng Shui, est l'instrument indispensable du praticien. Les influences des directions sont très subtiles et nécessitent un outil fiable et précis. Le niveau minimal de précision requis divise l'espace en vingt-quatre secteurs de quinze degrés, les Vingt-Quatre Montagnes. Chacune de ces vingt-quatre directions représente une qualité de *Qi* spécifique.

Il est bien souvent nécessaire d'être encore plus précis, et nous devons parfois travailler avec une précision de l'ordre du degré.

31. Voir à ce sujet le chapitre 10.

Chapitre 7

L'environnement, générateur du souffle vital

Entre montagne et eau

Pendant des siècles, toute la science du Feng Shui visait uniquement à déterminer le *Xue* (穴), l'emplacement idéal, au sein de l'environnement naturel, pour y implanter maisons, palais, sépultures.

Long Xue (龍穴) est le Nid du Dragon, le berceau du *Qi*, l'énergie qui engendre la vie. L'énergie bienfaitrice, *Sheng Qi* (生氣), y est puissante et procure un destin exceptionnel à qui y construit sa demeure : dans le cas des demeures des vivants, la chance sourira à ceux qui y vivent ; dans le cas des demeures des défunts, elle sourira à leurs descendants, parfois sur plusieurs générations.

Héritage des recherches et de l'expérience des grands maîtres, les textes classiques répertorient et décrivent les différentes configurations du paysage connues pour être d'une qualité exceptionnelle. Elles portent les appellations imagées de « Dragon Gardant le Trésor », de « Naissance du Phénix », de « Demeure des Immortels », ou, plus évocatrice, de « Faiseur de Rois ». Un tel *Xue* assure le trône aux descendants directs de celui qui repose dans son ultime demeure. Nous comprenons pourquoi ces emplacements étaient tenus secrets et férocement protégés de toute détérioration.

Le nid du Dragon

Une ville située au bord de la mer et entourée par des montagnes jouit d'une configuration exceptionnelle, à l'instar de Hong Kong, par exemple.

Le *Xue* est un emplacement précis au sein d'une configuration particulière des formations naturelles des montagnes et de l'eau. Par son flux et ses accumulations, l'eau canalise et concentre le *Qi*. Les chaînes de montagnes qui entourent le site protègent le *Qi* de sa dispersion par les vents.

La conjonction entre chaînes de montagnes et larges étendues d'eau – fleuves, lacs ou océan – caractérise les sites d'exception. La preuve nous est apportée par la géographie des villes les plus illustres du monde, pour la plupart, situées entre montagnes et eau – Hong Kong, Los Angeles, Monte Carlo, Shanghai – ou dans les méandres de fleuves ou de bras de mer, telles que Paris, Amsterdam ou New York.

■ Les montagnes, veines du dragon

En Feng Shui, la montagne, *Shan* (山), est un concept doté de plusieurs significations. En premier lieu, le terme désigne les formations naturelles du paysage qui modèlent l'environnement à la surface de la Terre. La montagne est haute ou basse (colline) et peut revêtir différents aspects. Nous identifions donc chaque montagne par sa taille et sa forme.

Intéressons-nous d'abord à son aspect général. Est-il harmonieux ou, au contraire, déséquilibré ? Les contours sont-ils doux ou accidentés ? La montagne est-elle rocailleuse, parsemée d'éboulis, ou plutôt couverte de végétation qui en adoucit les arêtes ? Une montagne dont l'aspect global est beau, agréable à la vue et harmonieux, est une structure bénéfique qui soutient et apporte globalement un bon *Qi* (*Sheng Qi**).

Montagne harmonieuse

Une montagne dont la forme est agressive, rude, est une structure néfaste, qui détruit, apportant un mauvais *Qi* (*Sha Qi**). Une telle montagne est qualifiée de « montagne brisée »*.

Montagne brisée

Bien que la beauté soit une notion largement subjective, et que nous puissions trouver belles des formes dysharmonieuses car fascinantes, représentatives de la puissance de la nature, il convient de rester dans une vision élémentaire des choses. Le maître en Feng Shui recherchera, dans le paysage, des formes qui peuvent générer une circulation fluide et sans heurt du vent, donc du *Qi*. Il suffit pour cela qu'il s'imagine caresser ces formations et les trouver douces au toucher.

Formes des montagnes correspondant aux Cinq Éléments*

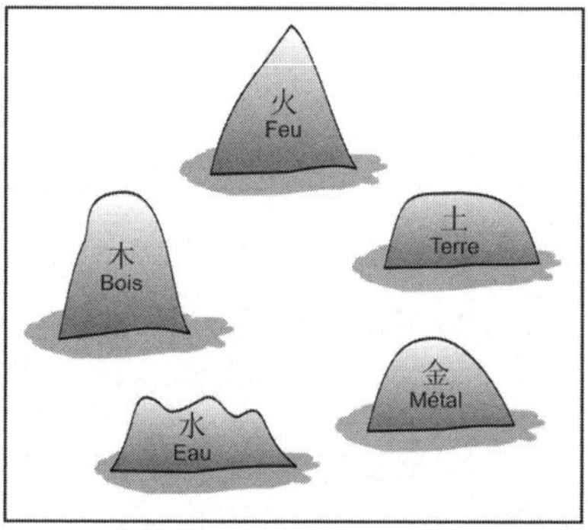

La forme de la montagne est ensuite examinée sous l'angle du principe des Cinq Éléments, ce qui revient à dire que chaque montagne, d'après sa forme, génère l'un des cinq types de *Qi* que sont les Cinq Éléments (ou Cinq Transformations*[32]). Une forme triangulaire génère l'Élément Feu, une forme rectangulaire, l'Élément Bois, une forme basse et carrée caractérise l'Élément Terre, une forme ronde, l'Élément Métal, une forme ondulée, telle une vague, apporte l'Élément Eau.

Ainsi, les formes de l'environnement entretiennent entre elles des relations harmonieuses ou conflictuelles, selon les rapports entre leurs Éléments. Une relation de contrôle* (ou destruction) induit un conflit et un *Qi* de mauvaise qualité, tandis qu'une relation de production* (ou d'identité) génère un *Qi* puissant et bénéfique. La qualité du *Qi* d'un terrain, d'un *Xue*, dépend donc des formes qui l'entourent, le délimitent, le créent.

32. Sur ce sujet, voir le chapitre 4.

Cette approche détermine la qualité globale du *Qi* d'un environnement, mais elle est incomplète sans la présence d'une maison dans cet environnement. C'est donc en présence de celle-ci et par rapport à sa position et à son orientation que l'influence de la montagne revêt toute son importance. Ainsi, si la forme de la montagne concorde avec sa position (ou direction), son influence s'en trouvera accrue. Comme pour chaque forme, chaque direction est associée à un Élément[33]. Par exemple, si la direction de la montagne, par rapport à la maison, est de type Bois, alors la forme rectangulaire sera en parfaite adéquation et ses effets seront optimisés.

Par extension, le concept de montagne se rapporte à toute structure surélevée par rapport au niveau du sol et issue de la terre. Une colline, une butte ou un rocher ont les mêmes propriétés qu'une montagne. En Feng Shui, il est possible de créer des montagnes pour utiliser leurs propriétés bénéfiques en activant les influences *Yin** du *Qi*. Car on dit de la montagne, parce qu'elle est immobile, qu'elle est de nature *Yin*. Elle gouverne les aspects intrinsèques de la personne : la santé, le caractère, la famille, les relations avec les autres. La montagne protège et soutient la personne.

L'eau, sang du dragon

Dans le *Zang Shu* (葬書), *Livre de l'inhumation* de Maître *Guo Pu*, nous pouvons lire :

> « *Le Qi voyage avec le Vent et se disperse, mais il est retenu quand il rencontre l'Eau.*
> *Le site qui attire l'Eau est optimum, ensuite vient celui qui retient le Vent. […]*
> *La Terre est le réceptacle du Qi. Où il y a la Terre, il y a le Qi.*
> *Le Qi est la mère de l'Eau. Où il y a le Qi, il y a l'Eau.* »

33. L'association direction-Élément dépend de la théorie particulière qui est utilisée, encore une fois, dans le cadre de référence. Il peut y avoir différentes associations entre les directions et les Éléments.

L'eau, source du *Qi*

L'eau est la manifestation du *Qi*, source de vie. S'il y a de l'eau en quantité, cela signifie que le *Qi* est présent en quantité. En Feng Shui, l'eau est le facteur auquel se reporte le plus grand nombre de formules, règles et applications. Elle est synonyme de richesse. C'est grâce à leur connaissance de la circulation de l'eau et de ses mystères que les maîtres en Feng Shui sont capables de rendre leurs clients richissimes, et qu'ils sont, donc, très appréciés.

L'eau est considérée de nature *Yang**, car toujours en mouvement, par opposition à l'immobilité de la montagne. Elle agit sur tous les aspects dynamiques de la personne : carrière, argent, renommée. Mais l'eau n'a pas que des effets bénéfiques. C'est le cas lorsqu'elle est propre, claire, qu'elle circule lentement, en faisant des méandres ; elle est alors dite « sentimentale ». En revanche, lorsqu'elle est sale, stagnante, croupie ou qu'elle circule de façon rapide, voire violente, en ligne droite, ses influences sont destructrices, elle renforce les effets néfastes et réduit tout effet bénéfique.

L'eau est traitée selon deux aspects essentiels, statique ou dynamique. L'aspect statique concerne les points d'eau – lacs, étangs, piscines, etc. – qui agissent selon leur position relative par rapport à la maison. L'aspect dynamique s'exprime par l'eau qui circule : fleuves, rivières, ruisseaux, etc., agissent en fonction de leur sens de circulation, de gauche à droite ou inversement, ainsi que des directions d'arrivée et de sortie de l'eau. L'aspect dynamique de l'eau est le plus puissant : c'est sur lui que reposent les formules les plus réputées du Feng Shui, dont le célèbre *Classique du Dragon de l'Eau**, *Shui Long Jing* (水龍經)[34].

Les Quatre Animaux Célestes

Tortue Noire*, Dragon Vert*, Tigre Blanc* et Phénix Rouge*, les Quatre Animaux Célestes* constituent un principe de base bien connu, très simple mais néanmoins très important.

Ces animaux mythiques et colorés correspondent aux formations du paysage qui entourent la maison, aux montagnes qui doivent protéger la demeure des quatre vents, arrière, avant, gauche et droite. Également nommés « Quatre Gardiens », Tortue, Dragon, Tigre et Phénix symbolisent les montagnes, collines ou bâtiments qui empêchent les vents de balayer le bon *Qi* ou d'en apporter du mauvais.

Les Quatre Animaux Célestes

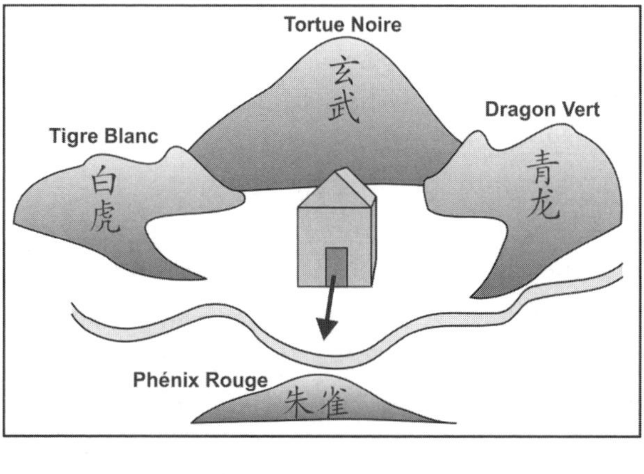

34. Sur ce point, se reporter au chapitre 11.

En Feng Shui, pour des raisons mnémotechniques ou pour évoquer les effets des structures particulières de l'environnement, les maîtres ont utilisé de nombreux symboles empruntés à la culture, au folklore ou à la science de leur époque. En l'occurrence, ces quatre animaux nommaient les quatre grandes constellations du ciel de la Chine antique :

- la constellation du Nord était *Xuan Wu (*玄武,) la Tortue Noire ou le « Guerrier Sombre », selon certaines traductions ;
- la constellation du Sud était *Zhu Que* (朱雀), le Phénix (ou Oiseau) Rouge ;
- la constellation de l'Est était *Qing Long* (青龍), le Dragon Vert ;
- la constellation de l'Ouest était *Bai Hu* (白虎), le Tigre Blanc.

Ces appellations avaient également un sens puisque les deux animaux du Nord et de l'Ouest représentent typiquement les forces *Yin**, tandis que ceux du Sud et de l'Est représentent les forces *Yang**, en correspondance avec les qualités des directions cardinales : le *Yang** naît à l'Est (le levant) pour atteindre son apogée au Sud (le zénith) ; le *Yin* naît à l'Ouest (le couchant) et culmine au Nord (le nadir).

Voici la symbolique des Animaux Célestes :

- *La Tortue Noire*, par la forme ronde de sa carapace et par le carré de ses quatre pattes, représente l'alliance du Ciel et de la Terre. Elle symbolise la maison, la base de la structure familiale, la santé, la longévité, la protection.
- *Le Dragon Vert* est la force *Yang*, l'autorité paternelle, le pouvoir masculin, le dynamisme, la prospérité, la carrière.
- *Le Tigre Blanc* est la force *Yin*, la communication, la patience, la protection maternelle, le pouvoir féminin.
- *Le Phénix Rouge* fait l'union du *Yin* et du *Yang*, du masculin et du féminin, assurant bonheur conjugal et équilibre des forces. Il porte en lui les cinq vertus de l'Homme et conduit les immortels dans les cieux.

Pour le praticien de Feng Shui, ces quatre animaux évoquent les structures du paysage, les formes des montagnes qui entourent une maison, que nous appelons simplement « formes embrassantes ». En réalité, le symbolisme associé à ces figures mythiques est souvent source de confusions. Bien qu'issus des noms des quatre grandes constellations cardinales, les Animaux Célestes n'ont pas de raison particulière de se retrouver dans les directions correspondantes. Leur position est uniquement relative à la maison et à sa porte d'entrée. Ainsi, la Tortue Noire est une montagne qui doit dominer à l'arrière de la maison, protéger, soutenir son Assise*, c'est-à-dire à l'opposé de la porte d'entrée. Le Phénix Rouge idéal est une petite colline située devant la maison, laissant une vue et un espace dégagés permettant de recevoir et de collecter le *Qi*. Le Dragon Vert à gauche et le Tigre Blanc à droite sont aussi des montagnes, devant se trouver de part et d'autre de la maison avec, de préférence, le Dragon plus imposant que le Tigre, afin de maintenir le côté *Yang* plus fort que le côté *Yin*.

« Un rôle de protection »

Le rôle de ces formations externes est de protéger la maison et de soutenir la vie des personnes dans les différents aspects qu'ils représentent. Un défaut ou l'absence des Animaux Célestes provoque des effets néfastes qui se traduisent par des faiblesses ou des manques. Et il n'est pas possible de remédier à la défaillance d'une formation du paysage : nous ne pouvons que pallier le manque de soutien par l'activation d'autres types d'influences, qui auront les effets voulus. S'il n'y a pas de collines ni de montagnes embrassantes, les formes artificielles peuvent toutefois jouer ce rôle. En ville, les bâtiments avoisinants sont autant de tortues, dragons, tigres et phénix. Il y a donc parfois, dans l'environnement urbain, de très bonnes configurations, en accord avec ce principe.

Sans montagne et sans bâtiment, rien d'autre ne peut remplacer une formation manquante. Les arbres ne sont pas des montagnes, et les murs n'apportent qu'une faible protection, de ce point de vue. Objets, statues, bibelots ou images sont parfaitement illusoires et inutiles. Si vous n'avez pas de tortue ou de phénix à votre maison, ne vous appliquez pas à les remplacer par leurs représentations, cela ne sert à rien. Ce n'est pas une statuette ou une image qui vous protègera du vent. Ne vous précipitez pas pour autant pour déménager, à moins que vous ne viviez des événements réellement négatifs qui puissent être expliqués par ces aspects-là.

Ce principe s'applique aux formations externes ; il n'est donc pas nécessaire de s'en préoccuper à l'intérieur de votre habitation. Comme nous le verrons ci-après, ce qui compte, à l'intérieur, c'est essentiellement la position et la direction des personnes, et non les meubles qui les entourent.

Montagne ou dragon ?

École San He

= le Qi du dragon

Le Dragon, une montagne « en mouvement »

De façon moins évidente *a priori*, mais tout aussi primordiale en Feng Shui, la montagne peut être, comme l'eau, statique ou en mouvement. La montagne en elle-même ne peut pas bouger, mais les formations montagneuses peuvent générer un flux de *Qi* circulant dans une direction précise. En fait, il serait plus convenable de dire « arrivant » d'une direction précise. Nous parlons alors de dragon qui arrive.

Un dragon peut être formé par une chaîne de montagnes, une succession de sommets ou une ligne de crêtes, définissant un sens. La queue du dragon est la partie la plus haute, et sa tête, qui entre dans la terre, est la partie la plus basse ; c'est à la tête du dragon que le *Qi* arrive.

Qui sait capter le *Qi* qui arrive d'un dragon peut générer dans une maison des bienfaits incomparables. Tout l'art consiste à positionner la maison à l'arrivée de la tête du dragon, et à diriger la porte dans une direction précise, en harmonie avec la direction du dragon.

Le sens du dragon

La flèche indique le mouvement du dragon.

L'influence des montagnes et des dragons sur les maisons

L'analyse des formes de l'environnement est principalement conduite selon les théories de l'école *San He*. Tout y est basé sur la direction de la porte d'entrée. Le *Qi* généré par une montagne ou véhiculé par un dragon s'analyse toujours en rapport avec celui qui entre par la porte d'entrée. Le but de cette école est donc de définir très précisément la bonne direction de cette porte d'entrée, en fonction des formations du paysage.

L'énergie des dragons est très forte et très recherchée par les maîtres en Feng Shui, d'autant plus que de telles formations ne sont pas facilement accessibles. Il est très rare de pouvoir choisir librement l'emplacement de sa maison. Sur les terrains à bâtir disponibles, il y a rarement de belles et puissantes configurations naturelles.

Si l'influence d'un dragon est si intense, c'est que celui-ci canalise dans une direction très précise l'énergie issue de la terre. Une montagne seule émet également cette énergie, générée par le principe terrestre, mais cette fois dans toutes les directions ; ce qui importe, c'est donc sa position par rapport à la maison. Cela dit, l'influence d'une montagne peut être également très forte et générer des effets considérables, en proportion de sa taille et de sa proximité.

Relation entre porte et dragon

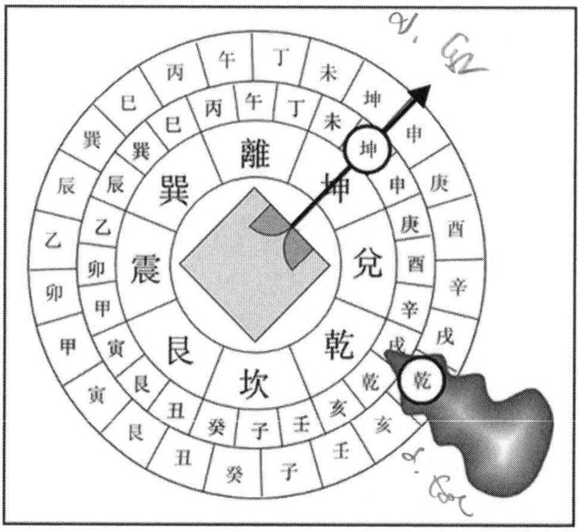

Dans cet exemple, si le dragon arrivant sur la propriété vient de la direction *Qian* (乾), Nord-Ouest (2), l'une des meilleures directions pour la porte de la maison est *Kun* (坤), Sud-Ouest (2). Les trigrammes* *Qian* et *Kun* représentant le Ciel et la Terre se font face dans le *Ba Gua* du Ciel Antérieur* ; la conjonction de ces deux flux de *Qi* est très harmonieuse, donc très bénéfique pour cette maison et toutes les personnes qui y vivent, principalement pour l'harmonie de la famille, la santé, la position sociale et les relations en général.

Montagne *Tan Lang*

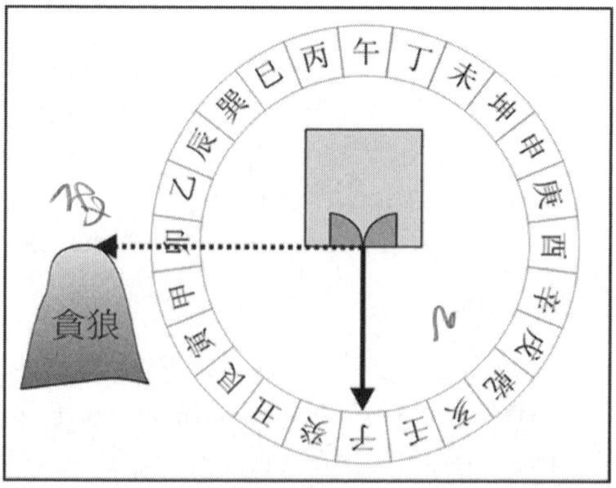

Une montagne dans la position *Mao* (卯), Est (2), par rapport à une maison orientée *Zi* (子), Nord (2), apporte une énergie très bénéfique, appelée *Tan Lang* (貪狼), idéale pour favoriser le succès des personnes dans les affaires en raison de leur intelligence, de leur chance et de leurs capacités à saisir les opportunités.

Les Neuf Étoiles *Tan Lang*

Le système des Neuf Étoiles *Tan Lang*[35] définit huit qualités de *Qi*, bénéfiques ou néfastes, pour chaque position de montagne, en fonction de la direction de la maison. Ce système est crucial dans l'analyse des formes de l'environnement que sont les montagnes.

Les Neuf Étoiles *Tan Lang*

Étoiles		Caractères	Effets
貪狼	*Tan Lang* Loup avide	Bénéfique	Chance, réussite, intelligence, prospérité, richesse.
巨門	*Ju Men* Grande porte	Bénéfique	Longévité, famille nombreuse, position sociale, soutien.
祿存	*Lu Cun* Récompenses	Néfaste	Attitude désorganisée, stupidité, impétuosité.
文曲	*Wen Qu* Arts littéraires	Néfaste	Problèmes relationnels, addictions, infidélité, malhonnêteté.
廉貞	*Lian Zhen* Chasteté	Néfaste	Violence, accidents, blessures.
武曲	*Wu Qu* Arts militaires	Bénéfique	Renommée, succès, famille très unie, beaucoup d'amis.
破軍	*Po Jun* Soldat brisé	Néfaste	Criminalité, cambriolage, pauvreté.
輔弼	*Fu Bi* Assistants	Bénéfique	Position sociale ou gouvernementale, générosité, spiritualité.

Les Neuf Étoiles *Tan Lang* ne donnent que huit types d'influences, car en fait, les deux dernières, *Zuo Fu* (左輔) et *You Bi* (右弼), sont regroupées en *Fu Bi* (輔弼).

Comme nous pouvons le voir avec ce système, les montagnes ont une influence directe sur les conditions de vie des personnes, des familles, sur leur relationnel, leur santé, mais aussi sur leur comportement. C'est une notion intéressante qui nous enseigne que l'attitude des personnes peut aussi être

35. À ne pas confondre avec les Neuf Étoiles Volantes, système d'apparence similaire par les termes employés mais s'appliquant à des influences très différentes. Voir à ce sujet le chapitre 10.

modelée par les forces de leur environnement, et qu'il faut savoir prendre du recul par rapport à des agissements négatifs, agressifs ou mauvais en général, car ceux-ci ont aussi des causes externes.

Le système *Tan Lang* répond au principe de base qui veut qu'une montagne protège, soutienne l'Assise*, l'arrière de la maison, car dans ce système, la position à l'exact opposé de la porte d'entrée correspond toujours à l'Étoile *Fu Bi* (輔弼), Assistants.

Ce système se fonde sur la transformation graduelle des trigrammes*, appelée « Transformation de l'Étoile Errante Mineure ». Le trigramme de base correspondant à l'Assise et aussi à l'Étoile *Fu Bi*, nous en déduisons ensuite les positions des autres Étoiles en fonction de celle-ci. Dans le tableau ci-après, la première ligne représente l'Assise de la maison, les huit lignes suivantes, les positions des huit influences des Neuf Étoiles *Tan Lang*. Par exemple, pour une Assise en trigramme *Kan* (坎), une montagne en trigramme *Dui* (兌) est en position *Lian Zhen* (廉 貞), Chasteté.

Transformation des trigrammes selon le système *Tan Lang* des montagnes

Trigrammes								
Kun	*Qian*	*Kan*	*Gen*	*Zhen*	*Xun*	*Li*	*Dui*	**Étoiles**
Gen	*Dui*	*Xun*	*Kun*	*Li*	*Kan*	*Zhen*	*Qian*	*Tan Lang*
Xun	*Zhen*	*Gen*	*Kan*	*Qian*	*Kun*	*Dui*	*Li*	*Ju Men*
Qian	*Kun*	*Li*	*Dui*	*Xun*	*Zhen*	*Kan*	*Gen*	*Lu Cun*
Li	*Kan*	*Qian*	*Zhen*	*Gen*	*Dui*	*Kun*	*Xun*	*Wen Qu*
Zhen	*Xun*	*Dui*	*Li*	*Kun*	*Qian*	*Gen*	*Kan*	*Lian Zhen*
Dui	*Gen*	*Zhen*	*Qian*	*Kan*	*Li*	*Xun*	*Kun*	*Wu Qu*
Kan	*Li*	*Kun*	*Xun*	*Dui*	*Gen*	*Qian*	*Zhen*	*Po Jun*
Kun	*Qian*	*Kan*	*Gen*	*Zhen*	*Xun*	*Li*	*Dui*	*Fu Bi*

Ce tableau permet de connaître le trigramme correspondant à chaque Étoile *Tan Lang* en fonction de l'Assise de la maison. Ainsi, pour une maison ayant son Assise en *Kun*, le trigramme *Xun* représente l'Étoile *Ju Men* (巨門), Grande Porte.

Bien que les huit influences découlent de la transformation des trigrammes*, pour l'application de ce système, nous n'utiliserons pas les Huit Directions* de ceux-ci, mais les Vingt-Quatre Montagnes* *Luo Pan**[36].

Comme dans la plupart des formules et des méthodes Feng Shui, il y a un cheminement indirect entre la théorie et la mise en pratique, ce qui nécessite de connaître les caractéristiques intrinsèques des principes fondamentaux sur lesquels ces formules reposent. Cela est un peu trop complexe à expliquer en détail ici, mais sachez que dans le tableau de référence, *Kun* (坤) ne signifie pas seulement le Sud-Ouest, ni *Kan* (坎) uniquement le Nord. Ici, le trigramme *Kun* s'exprime dans deux directions de la boussole, les directions *Kun* (坤), Sud-Ouest (2), et *Yi* (乙), Est (3). De même, le trigramme *Kan* correspond à quatre directions de la boussole : *Shen* (申), Sud-Ouest (3), *Zi* (子), Nord (2), *Chen* (辰), Sud-Est (1) et *Gui* (癸), Nord (3). Chacune de ces directions représente le trigramme et exprime la même qualité de *Qi*.

Si vous souhaitez appliquer cette méthode, soyez certain de bien en connaître les subtilités. À défaut, trouvez un maître capable de vous les expliquer. Sans cela, vous risquez de faire des erreurs et d'aboutir à des résultats contradictoires. Ce raisonnement est valable pour toutes les techniques du Feng Shui. Il ne suffit pas d'en connaître les théories, il faut savoir les utiliser correctement. Obtenir les clés du décodage des textes et des théories ainsi que la méthodologie pour les mettre en œuvre, tels sont les objectifs de l'apprentissage.

Correspondances entre le système des Neuf Étoiles *Tan Lang* et celui des Huit Maisons (*Ba Zhai)**

Système *Tan Lang*		Système *Ba Zhai*	
貪狼	*Tan Lang*	生氣	*Sheng Qi*
巨門	*Ju Men*	天醫	*Tian Yi*
祿存	*Lu Cun*	禍害	*Huo Hai*
文曲	*Wen Qu*	六煞	*Liu Sha*

.../...

36. Voir le chapitre 6.

Système *Tan Lang*		Système *Ba Zhai*	
廉貞	*Lian Zhen*	五鬼	*Wu Gui*
武曲	*Wu Qu*	延年	*Yan Nian*
破軍	*Po Jun*	絕命	*Jue Ming*
輔弼	*Fu Bi*	伏位	*Fu Wei*

Bien que les Neuf Étoiles *Tan Lang* ressemblent aux Neuf Étoiles Volantes* (*Xuan Kong Fei Xing*), leurs effets sont, en réalité, similaires à ceux des Huit Maisons (*Ba Zhai*[37]), puisqu'il n'y a que huit types d'influences.

L'environnement urbain

Les correspondances avec les éléments naturels

Les constructions et les structures artificielles de l'environnement urbain ont des impacts similaires à ceux des formations de l'environnement naturel. Par leur aptitude à dévier ou à collecter le *Qi*, ces structures sont considérées comme ayant les influences soit des montagnes, soit des rivières. Aux yeux du maître en Feng Shui, dans la ville, les bâtiments sont autant de montagnes ou de collines, et les routes, autant de rivières, de fleuves ou de ruisseaux.

Bien sûr, en raison de leur taille plus modeste et de leur « jeunesse » par rapport aux formes naturelles, les formes artificielles ont des effets moins puissants. Cependant, l'environnement urbain doit être sérieusement pris en compte, car il peut modifier grandement la qualité du *Qi* d'une maison, notamment en raison de sa variabilité. Si un an après que vous ayez acheté votre maison en accord avec les bonnes configurations de Feng Shui, un immeuble de cinq étages est construit sur le terrain face à celle-ci, cela change non seulement votre environnement visuel, mais aussi le Feng Shui de votre demeure. Vous vous retrouvez dès lors avec une montagne imposante en façade, ce qui n'est pas, dans la majorité des cas, très recommandé.

37. Sur ce sujet, se reporter au chapitre 9.

- Immeubles = Élément Bois
- Maison basse = Élément Terre
- Routes = —— Eau

Toutes les méthodes portant sur les montagnes concernent également les bâtiments. Ainsi, le système des Quatre Animaux Célestes* et celui des Neuf Étoiles *Tan Lang** s'appliquent très bien aux formations du milieu urbain.

Le paysage urbain

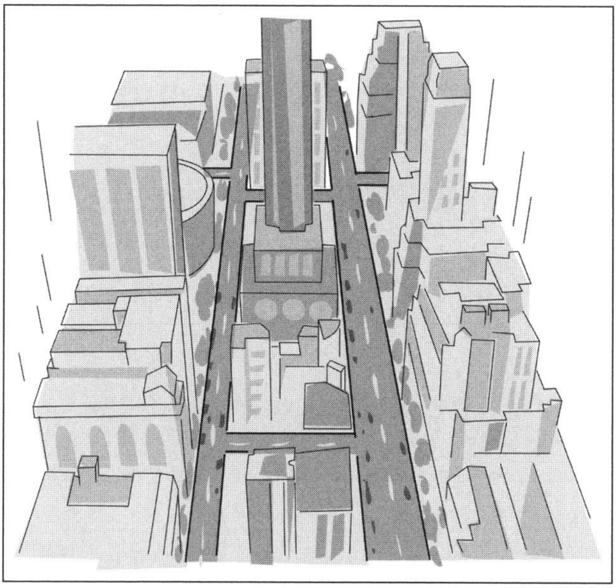

Les immeubles et les rues sont les montagnes et les rivières de l'environnement urbain moderne.

Les formes des bâtiments étant très nettes par rapport à celles des montagnes, il est aussi plus aisé de définir les Éléments que les bâtiments génèrent dans leur environnement. La plupart des immeubles étant de nature Bois en raison de leur forme rectangulaire, c'est principalement cet Élément qui prime dans un contexte urbain, malgré le sens commun qui a tendance à assimiler la ville à un mélange de béton et de métal. Et comme le comportement caractéristique de l'Élément Bois est l'expansion, la croissance, il n'est donc pas étonnant que les villes où prolifèrent les gratte-ciel soient les plus dynamiques d'un point de vue économique (à l'inverse de celles qui privilégient la douceur de vivre, qui sont plutôt conçues avec une architecture basse et carrée, typique de l'Élément Terre, idéal de stabilité et de protection).

Les voies de circulation, routes, artères, chemins, sont les équivalents urbains des fleuves, rivières et ruisseaux, de l'eau qui circule. N'ayant pas le pouvoir de l'eau, elles n'en prennent pas toutes les caractéristiques et sont considérées comme de l'eau « virtuelle ». Cependant, leurs tracés entraînent, à l'échelle de la ville et de ses quartiers, des différences notables de qualité de vie et de prospérité. Le *Qi* bénéfique est généré par une circulation lente et ondulante de l'eau, donc des routes. Les meilleurs quartiers sont desservis par des voies courbes et sinueuses. À l'inverse, la circulation rapide et en lignes droites crée des influences néfastes, empêchant le bon *Qi* de s'accumuler. Les zones aux tracés très droits sont donc beaucoup moins propices à la sérénité et même à la réussite, car rien ne peut ralentir le flux de la circulation.

Les Quatre Animaux Célestes en milieu urbain

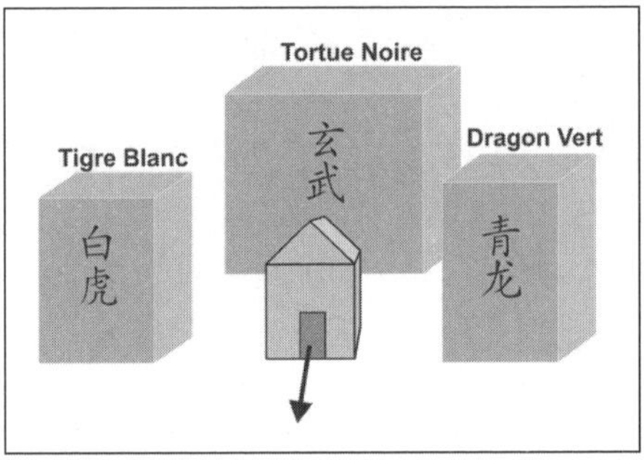

■ Ville ou campagne ?

Puisque la qualité du *Qi* fait la qualité de la vie d'un lieu, d'un quartier ou d'une ville, à l'inverse, la qualité de la vie est un bon indicateur de la qualité du *Qi*. En Feng Shui, le bon sens et l'observation sont toujours à la base de l'analyse, avant même d'appliquer principes et formules complexes. Souvenons-nous que la discipline est née de l'observation : le bien-être, la santé, la prospérité des membres d'une communauté dépendent intrinsèquement de leur environnement de vie. Un bon maître est aussi un fin limier qui sait observer, trouver l'information qui prouve la valeur énergétique du lieu qu'il étudie. Le Feng Shui, c'est du vécu. Les effets d'un bon ou d'un mauvais Feng Shui se révèlent au quotidien et dans l'histoire d'un lieu.

Les villes et les quartiers et les rues réputés comme étant les plus dynamiques, prospères et propices pour les affaires, jouissent indéniablement d'un *Qi Yang** puissant et dynamique. S'y implanter procure à la base un avantage qu'il faut, bien sûr, savoir exploiter. Quoi que nous puissions en penser, nous sommes à la merci des forces de la nature. Chaque fois que nous tentons de nous installer dans un lieu et d'en exploiter les ressources, nous ne réussissons que si le *Qi* de ce lieu nous est favorable, globalement et individuellement. Vouloir réussir et se développer ne suffit pas pour y parvenir. Si c'est le cas, cela signifie que l'endroit est propice. Sachons le reconnaître et nous y adapter afin d'en obtenir tous les bienfaits.

À l'image du *Tai Ji**, l'excès d'une chose signifie le manque de son pendant. C'est pourquoi les villes et les quartiers les plus dynamiques sont rarement des endroits où il fait bon vivre. Qui recherche la sérénité, le calme et la douceur de vivre s'éloignera plutôt des centres urbains et se dirigera vers les campagnes : la vie de famille aura plus de chance de s'épanouir ou la quête spirituelle d'aboutir. Si la ville est le *Yang*, assurément, la campagne est le *Yin**. Il y a du bon en chaque chose, et, l'excès étant par nature déséquilibre, nous avons tout intérêt à rechercher le juste équilibre des forces. En Feng Shui aussi, la « voie du milieu » représente un idéal de conduite et de vie. L'harmonie se trouve dans l'équilibre des divers aspects de la vie, dans la complémentarité personne/richesse.

Les configurations néfastes : les *Sha Qi*

Les Flèches Empoisonnées

La métaphore de la Flèche Empoisonnée* illustre parfaitement l'impact des formes de l'environnement dites « destructrices ». Il s'agit de structures externes générant une énergie néfaste dirigée vers l'habitation et vers ses points vitaux. Cette énergie néfaste, tueuse, *Sha Qi** (煞氣), provenant des configurations externes, peut être très puissante, au point de surpasser parfois toutes les influences bénéfiques qui pourraient aussi s'exercer sur la maison. C'est pourquoi, dans son analyse, l'expert doit toujours commencer par identifier si de telles forces sont en œuvre, et, si tel est le cas, quelle est leur nature.

Angle saillant de bâtiment, obstruction à la porte d'entrée (arbre, poteau, pylône), route droite, structure « arc et flèche »*, « montagne brisée »*, « fuite de l'eau »*, carrefour, etc., constituent quelques exemples de configurations générant un *Sha Qi*. Toutes ces formations néfastes ont un effet maximal lorsqu'elles affectent la porte d'entrée. Si elles sont dirigées vers une autre partie de la maison, elles ont une influence moins forte, dont les effets dépendent du secteur concerné et de la facilité qu'a le *Sha Qi* à entrer dans l'habitation.

Exemples de *Sha Qi* générés par les routes ou l'eau

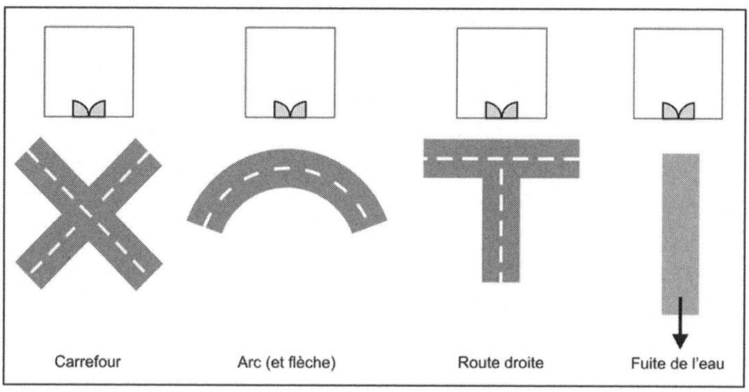

Les structures qualifiées de « montagnes brisées » peuvent être des bâtiments inachevés ou semblant inachevés, ou tout type de construction volumineuse présentant de nombreuses arêtes, des espaces vides, des pointes ou d'autres formes agressives. De telles structures génèrent un *Qi* néfaste qui affecte fortement une maison si elle se trouve en face de la porte d'entrée. Dans un autre emplacement, elles renforceraient toute influence nocive qui pourrait s'y trouver.

Exemples de *Sha Qi* générés par des constructions

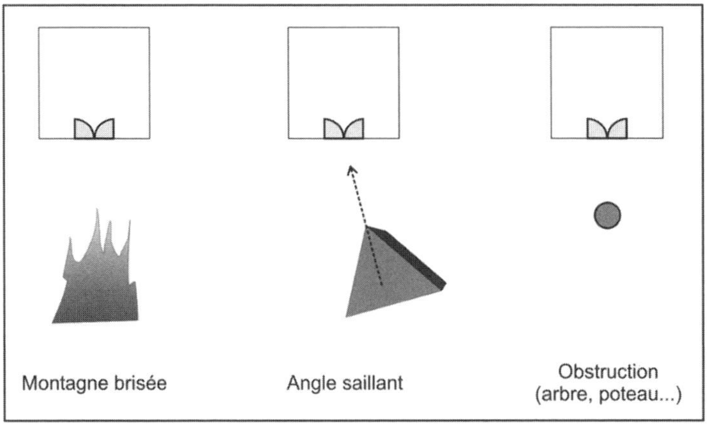

Art moderne et Feng Shui

L'art moderne ne fait pas toujours bon ménage avec le Feng Shui, surtout lorsqu'il s'agit de sculptures imposantes, aux formes découpées, acérées. Se retrouver avec une telle « œuvre » dans son environnement immédiat n'est pas vraiment de bon augure.

Les pylônes sont également considérés comme des montagnes brisées puissamment nocives. Dans le voisinage d'une habitation, ils ont, selon ce principe, des incidences négatives sur les personnes qui y vivent. Il existe notamment une position particulière nommée « Montagne du Larcin »*, qui décuple les effets pernicieux, avec des conséquences graves sur la santé et les finances. Il n'est donc pas étonnant que les résidences proches des pylônes de lignes à haute tension soient plus assujetties aux problèmes de santé. À ce titre, la Tour Eiffel est un bon exemple d'une grande montagne brisée : bien que celle-ci soit un très beau et très renommé monument, il n'est pas recommandé, *a priori*, d'habiter juste en face.

Exemples de configurations néfastes de l'environnement

Arête saillante d'un bâtiment générant une Flèche Empoisonnée* très dangereuse, surtout si elle est pointée vers une porte d'entrée. Dans le cas présent, la flèche n'affecte pas de bâtiment ni de porte. Elle n'a donc, heureusement, pas d'incidence.

Formation appelée « arc et flèche »*, générant également, comme son nom l'indique, une Flèche Empoisonnée, un *Sha Qi*. Cette configuration affecte l'entrée d'un hôtel, au demeurant charmant, mais qui éprouve de grosses difficultés.

Les Forces Tueuses

C'est la traduction la plus juste et la plus forte du terme *Sha Qi** (煞氣). Une Force Tueuse* est un *Sha Qi* très puissant, aux conséquences extrêmes ; elle représente un sérieux danger pour la vie des personnes. Elle surpasse toutes les autres influences, aussi bénéfiques soient-elles, et engendre une série de problèmes et de catastrophes à l'issue funeste. On trouve souvent des Forces Tueuses puissantes dans les maisons que l'on dit maudites, tant elles apportent le malheur aux habitants qui s'y succèdent.

Ce type de *Sha Qi* est généré par un conflit d'influences, principalement entre celle de la porte d'entrée et celle d'une route ou d'une rivière venant vers la maison ou en partant. Il existe plusieurs catégories de Forces Tueuses, plus ou moins puissantes. Les plus fortes peuvent générer des problèmes très graves, affectant les personnes, leur santé, leur vie, leurs possessions ; les plus faibles apporteront des ennuis à répétition, pouvant se traduire par des problèmes relationnels, des accoutumances, des pertes d'argent, etc.

Les Huit Palais de la Source Jaune*, *Ba Sha Huang Quan* (**八煞黃泉**), et les Huit Routes de la Source Jaune*, *Ba Lu Huang Quan* (**八路黃泉**), sont les influences néfastes les plus sérieuses du Feng Shui. Il est essentiel de les éviter à tout prix, car elles engendrent des effets terribles et peuvent neutraliser toutes les influences positives. Selon une direction donnée de la porte d'entrée, il y a, pour la première, une direction d'où une route ou une rivière ne doit absolument pas provenir, et, pour la seconde, une direction vers où elle ne doit absolument pas partir. Le principe est le suivant : soit l'eau (ou la route) apporte une très mauvaise énergie à la maison par sa porte d'entrée, soit l'eau évacue toute la bonne énergie hors de la maison.

Exemple de Force Tueuse

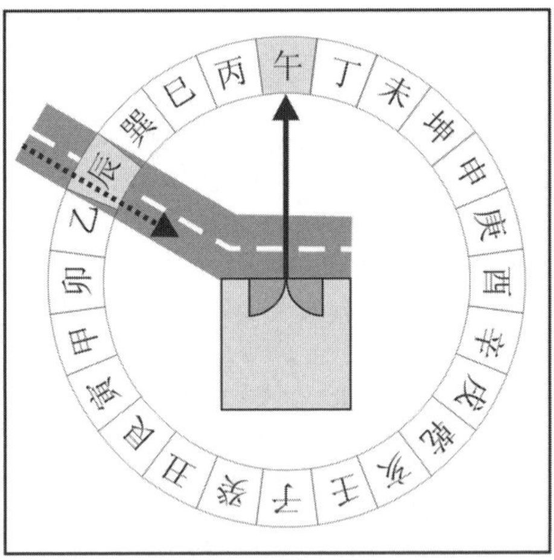

Force Tueuse de type Huit Palais de la Source Jaune, causée par une route provenant de la direction *Chen* (**辰**/SE1), sur une maison dont la porte est en direction *Wu* (**午**/S2).

Viennent ensuite d'autres types de configurations néfastes, mettant également en jeu une route ou un cours d'eau. Celles-ci sont moins puissantes que les deux précédentes, mais elles ont néanmoins des effets très désagréables. L'une des plus connues, la Route de la Fleur de Pêcher, *Tao Hua Sha* (**桃花煞**), bien que portant un nom poétique, est réellement néfaste, notamment pour les relations sentimentales. Elle provoque scandales, disputes, divorce, adultère et divers problèmes relationnels. L'intensité de ses effets dépend des autres influences s'exerçant sur la maison, mais ils sont toujours présents. Si cette force agit sur un immeuble, ses effets se feront sentir pour tous les habitants de cet immeuble, à différents niveaux. Dans tous les cas, la similitude des problèmes affectant tous les occupants d'un immeuble de plusieurs appartements est un bon indicateur d'une telle configuration s'exerçant sur le bâtiment, en particulier sur sa porte d'entrée.

Les autres configurations néfastes entre porte d'entrée et route (ou rivière) que nous pouvons rencontrer sont la Chèvre Effrayée, *Yang Ren* (**羊刃**), les Trois Punitions, *San Xing* (**三刑**), les Six Blessures, *Liu Hai* (**六害**), et les Quatre Destructions, *Si Po* (**四破**). Elles ne sont pas tueuses au sens propre, mais peuvent se révéler très ennuyeuses, surtout lorsque l'élément temporel renforce la direction, c'est-à-dire lorsque l'année ou le mois en cours correspond à la direction de l'énergie néfaste. Cela est vrai pour toutes les configurations néfastes.

Ainsi, dans l'exemple de la Fleur de Pêcher, les effets se feront plus fortement ressentir durant les années du Lapin, lors desquelles la direction *Mao* (**卯**) est renforcée.

Exemple de Route de la Fleur de Pêcher

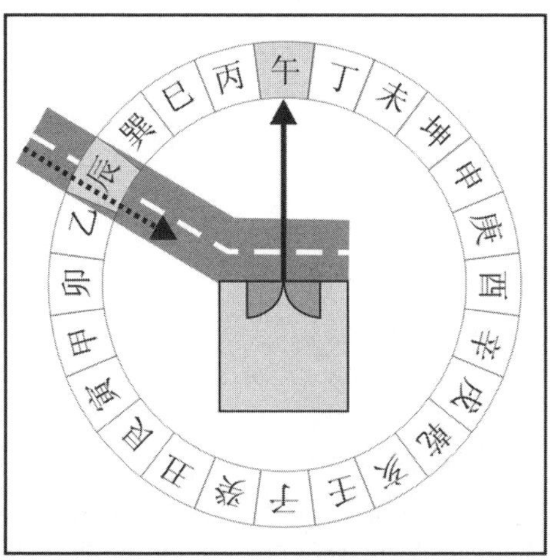

Route de la Fleur de Pêcher venant de la direction *Mao* (卯/E2) pour une maison également orientée *Wu* (午/S2).

Exemples de configurations néfastes de l'environnement

Tout obstacle devant une porte d'entrée (poteau, arbre, rocher, etc.) est considéré comme néfaste et provoque des problèmes sérieux de tous ordres, car la « Bouche de *Qi* » est bloquée. Ce commerce est l'un des moins fréquentés de son quartier.

Sha Qi engendré par une structure longue et droite pointée sur une porte d'entrée d'un centre commercial. L'énergie pénétrant par cette porte est très néfaste. Nous pouvons constater que très peu de personnes entrent par cette porte, et les commerces à proximité de cette entrée ne sont pas très florissants.

Ce qu'il faut retenir

Tous les éléments visibles de notre environnement sont analysés de façon très précise, en fonction de leurs aspects et de leurs positions par rapport à la maison. Ils peuvent ainsi avoir un impact bénéfique ou néfaste sur celle-ci. Les formes qui ont un impact bénéfique sont qualifiées de « protectrices » ou de « nourrissantes », et celles qui ont un impact néfaste sont qualifiées de « destructrices ». Ces dernières génèrent des énergies malfaisantes, *Sha Qi*, ou Flèches Empoisonnées, qui peuvent avoir des effets très mauvais sur les habitations. Il faut éviter à tout prix ces *Sha Qi* ou s'en protéger, le cas échéant. Certains *Sha Qi*, appelées « Forces Tueuses », sont des configurations particulières, impliquant deux facteurs : une forme de l'environnement – montagne, bâtiment, rivière ou route – et la porte d'entrée. C'est la combinaison de la position ou de l'orientation de cette formation et de la direction de la porte qui génère l'énergie malfaisante. Les Forces Tueuses les plus puissantes peuvent surpasser toutes les autres influences de Feng Shui, et empêcher tout effet bénéfique de se manifester. Il est donc primordial de savoir les identifier.

Chapitre 8

La maison, contenant du souffle vital

Le bon emplacement et la bonne direction

Capter le bon *Qi*

L'étude des formations du paysage nous permet d'identifier les meilleurs emplacements sur la planète où il convient de construire une maison. La qualité du *Qi*, le souffle vital, l'énergie que génère la planète, n'est pas uniforme, et fluctue en fonction des configurations du paysage. Il existe des lieux où le *Qi* est excellent, et d'autres où il est très mauvais.

La maison capte l'énergie de la terre avec laquelle elle est en contact par ses fondations. Le *Qi* du terrain sur lequel est construite la maison baigne celle-ci, la remplit. Le *bon emplacement* est le premier critère à respecter dans la démarche du Feng Shui. Mais cela ne suffit pas : le *Qi* a également un aspect dynamique primordial ; il circule avec le vent, guidé par les forces de la planète, notamment par son champ magnétique. Le *Qi* qui s'accumule sur ce terrain vient d'une direction précise ; en fait, il résulte de la combinaison de plusieurs *Qi* provenant d'influences et de directions particulières. Le *Qi* est apporté par le vent, il est arrêté et concentré par l'eau qui peut le véhiculer, l'amener ou l'évacuer, selon son trajet. Il s'accumule si les montagnes peuvent le retenir. Les montagnes sont aussi des sources de *Qi*, surtout lorsqu'elles sont en mouvement : l'énergie des dragons est très puissante. Afin de capter le bon *Qi*, la bonne combinaison d'influences, il faut s'orienter correctement. La *direction de la maison* est donc l'autre critère primordial.

Emplacement et direction, le Feng Shui est la synthèse de ces deux paramètres. L'emplacement est une notion plutôt subjective qui fait appel à la perception, l'expérience, la vigilance du maître. À l'inverse, la direction est une notion objective, scientifique, indiquée par un instrument précis, le *Luo Pan**.

L'orientation de la maison

La direction de la maison est généralement appelée « Façade »*, *Xiang* (向). La notion de Façade n'est pas toujours très claire en Feng Shui, comme nous le verrons ci-après, mais elle est fortement liée à la direction de la porte d'entrée, que nous qualifions de « Bouche de *Qi* », *Qi Kou* (氣口). La comparaison avec notre organe vital est très significative : la porte d'entrée est réellement la bouche de la maison, par laquelle elle respire et capte le souffle vital de son environnement. La porte est l'organe qui permet à la maison de respirer, de vivre. Elle représente également la frontière entre l'extérieur et l'intérieur. Elle canalise le *Qi* comme elle canalise le passage des êtres vivants.

La différence entre deux directions de porte d'entrée peut paraître négligeable, voire insignifiante aux yeux du non-initié. En effet, en Feng Shui, pour identifier la direction d'une porte, nous travaillons à la base avec des secteurs de quinze degrés, les Montagnes[38]. La différence de direction d'une Montagne à une autre est pour nous d'une importance cruciale, car cela peut changer totalement le Feng Shui de l'habitation. Le niveau de précision requis est parfois beaucoup plus restreint, pouvant aller jusqu'au degré. Ce principe est plutôt difficile à concevoir

38. Voir, à ce sujet, l'Anneau des Vingt-Quatre Montagnes du *Luo Pan*, chapitre 6.

et à accepter pour le profane. Rien ne permet, *a priori*, de déceler un contraste aussi important entre deux directions très proches sur la boussole. C'est pourtant le cas. Il est aisé de comprendre la différence entre l'Ouest et l'Est, notamment par la position du soleil et l'inclinaison de la lumière. Pour le Feng Shui, la différence est du même ordre entre l'Ouest et l'Est qu'entre le plein Ouest (Montagne *You*, 酉, entre 262,5° et 277,5°) et la direction se situant juste quinze degrés plus au Sud (Montagne *Geng*, 庚, entre 247,5° et 262,5°).

La quasi-totalité des applications du Feng Shui est relative à la porte d'entrée. Nous devons donc être très attentifs à celle que nous utilisons. La qualité du Feng Shui de toute la maison en dépend. Une porte de cuisine, une porte de garage ou toute baie vitrée peut devenir la porte d'entrée principale de la maison, selon l'usage régulier qui en est fait. L'impact est de taille lorsque la porte d'entrée fait face à la montagne ou à l'océan.

Problèmes de Façade à l'île de La Réunion

Sur l'île de La Réunion, pour des raisons liées au relief et afin de profiter de la vue sur l'océan Indien, de nombreuses maisons sont construites avec l'accès et la porte d'entrée du côté haut, donc côté montagne, et avec la varangue et la terrasse côté océan. Il en résulte souvent une inversion par rapport au principe fondamental qui veut que l'entrée (la Façade) soit du côté de l'eau, et l'arrière (l'Assise) du côté de la montagne. Cela correspond à une inversion du rapport *Yin**/*Yang**, puisque la Façade est le côté *Yang*, activé par l'eau, et l'Assise est le côté *Yin*, soutenu par la montagne. Nous nous trouvons alors confrontés en premier lieu à des problèmes de santé et des conflits familiaux (séparation, divorce et solitude), puisque la partie de la maison qui soutient la santé et la famille tombe littéralement « dans l'eau ». Le simple fait de passer par la porte de la terrasse (devenant la porte d'entrée principale), face à l'eau, change radicalement les influences, dont les effets se font ressentir en quelques semaines seulement.

Le concept de Façade

Xiang (向), la Façade* de la maison, représente le côté par lequel entrent les énergies, les influences. Elle définit l'orientation de la maison ainsi que la distribution des différents types de *Qi* dans toutes les pièces. Le terme « Façade » est une traduction approximative du terme chinois *Xiang*, et n'est pas toujours en rapport avec son sens commun, désignant le côté le plus visible d'un bâtiment ou d'une maison. Bien que le mot *Xiang* signifie « direction », « orientation », la traduction par « Façade » se révèle la plus explicite et la plus proche du concept utilisé en Feng Shui.

C'est de la direction de la Façade et de sa relation avec les éléments de l'environnement, les formes du paysage et les cycles du temps, que découlent les caractéristiques du Feng Shui du bâtiment. Dans les cas les plus simples, la Façade correspond au côté par lequel on accède à l'intérieur du bâtiment, donc là où se trouve sa porte d'entrée. Le côté de la maison le plus visible n'est pas forcément la Façade, surtout s'il ne comporte pas de porte d'entrée. Dans ce cas, c'est le côté de la porte qui correspond à la Façade. À l'inverse, la Façade peut correspondre à un côté différent de celui de la porte d'entrée, mais cela est plutôt rare : comme il faut une porte pour que les personnes entrent dans une maison, il faut généralement une porte pour que le *Qi* y entre aussi.

La notion de Façade et la façon de la définir dépendent aussi du système d'analyse que nous utilisons. C'est la différence majeure entre les deux grands systèmes du Feng Shui classique, le système *San He* et le système *San Yuan*.

Pour le système *San He*, la Façade est toujours définie par la direction de la porte d'entrée, quel que soit l'emplacement de celle-ci. Nous comprenons vite pourquoi il est crucial de savoir quelle porte utiliser, puisque toute l'analyse en découle. En changeant de porte d'entrée, nous modifions aussi la Façade.

Dans le système *San Yuan*, la Façade est principalement déterminée par la porte, mais elle peut aussi être indépendante de celle-ci. L'exposition aux énergies, à l'activité, au bruit, à l'eau, à la lumière sont autant de facteurs qui entrent en jeu pour définir la Façade. C'est donc une source de complications et d'erreurs. Se tromper dans l'identification de la Façade peut conduire le consultant à une analyse *San Yuan* complètement fausse et à des résultats opposés à ses prévisions. Les règles sont simples en théorie, mais en pratique, savoir quel facteur est déterminant dans la direction de la Façade est réellement une question d'expérience. Là encore, le consultant doit toujours valider son choix, son analyse, en confrontant son interprétation à la réalité, aux événements de la vie des personnes concernées.

Comment trouver la Façade ?

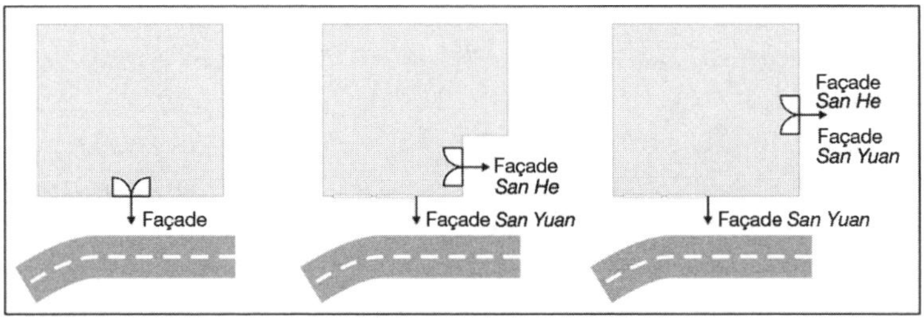

Façade, Dragon et Eau

■ *San He*, les Trois Harmonies

向, 龍, 水 : la Façade* (*Xiang*), le Dragon[39] (*Long*) et l'Eau (*Shui*) sont les Trois Harmonies*, bases du système *San He* (三合), le plus ancien et le plus important du Feng Shui. La combinaison correcte de ces trois facteurs génère une énergie très puissante amenant richesse, descendance nombreuse et prospère, ainsi que santé et longévité hors du commun.

Les effets bénéfiques proviennent de la conjonction d'au moins deux types de *Qi* compatibles, répondant à une certaine harmonie. Un *Qi* correspond à une direction. Ainsi, le *Qi* de la Façade correspond à la direction de la porte d'entrée ; le *Qi* de l'eau, à la direction en provenance de laquelle celle-ci arrive ; le *Qi* du dragon est la direction d'arrivée du dragon (ou, pour la montagne, sa position relative depuis la maison).

39. Dragon signifiant aussi montagne, *Shan* (山).

Les directions de la porte, de l'eau et de la montagne sont mesurées grâce au *Luo Pan**, principalement à partir de l'Anneau des Vingt-Quatre Montagnes*. Chaque direction est connectée à un trigramme* : ainsi, le *Qi* provenant de cette direction possède les propriétés de l'un des Huit Trigrammes*. La relation harmonieuse entre deux directions découle de la relation privilégiée qu'entretiennent les deux trigrammes correspondants. Cette relation peut provenir de l'arrangement du Ciel Antérieur*, de l'arrangement du Ciel Postérieur*, des combinaisons de chiffres du *He Tu** ou du *Luo Shu**, de la transformation du *Yin** en *Yang**, ou des relations entre les Cinq Éléments*. Ainsi, la formule de la Route du Joyau Précieux*, également appelée « Porte des Trois Harmonies », repose sur la combinaison des Éléments des Branches Terrestres*[40].

La Route du Joyau Précieux

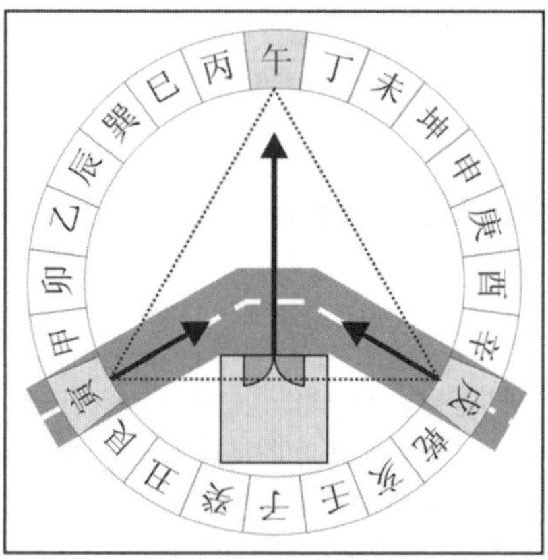

Dans l'exemple ci-contre, la Façade étant *Wu* (午), Sud (2), la route ou l'eau provenant de *Yin* (寅), Nord-Est (3) ou de *Xu* (戌), Nord-Ouest (1), apporte une très bonne influence à la maison, car les branches *Yin*, *Wu* et *Xu* appartiennent à la combinaison du Feu. Les *Qi* provenant de ces trois directions sont en parfaite harmonie.

Dans le système *San He*, il existe de nombreuses formules déterminant des combinaisons bénéfiques de Façade et d'eau ou de Façade et de dragon, voire des trois facteurs conjointement. Ces formules permettent de générer un Feng Shui très bénéfique pour

40. Voir le chapitre 4.

toute la maison et ses habitants, en tirant profit des configurations naturelles de l'environnement par le choix spécifique et précis de l'emplacement et de la direction de la porte d'entrée. Les forces que nous canalisons ainsi dépassent de loin celles que nous pouvons moduler en agissant sur la configuration interne de l'habitation, c'est pourquoi l'étude du Feng Shui n'est rien sans la connaissance de ces principes.

Les formules bénéfiques du système *San He*

Les configurations bénéfiques sont le pendant des Forces Tueuses*[41] (*Sha Qi*) qu'il faut considérer sur un même plan d'importance, et parfois plus encore. Avant toute application bénéfique, il est essentiel de vérifier que nous ne sommes pas en présence d'aucune Force Tueuse, susceptible d'en fausser les effets.

Combinaisons de Façade et d'eau :

- Concordance *Yin* ou *Yang* du Plateau de la Terre ;
- Route du Joyau Précieux* ;
- Formule de Croissance et Succès ;
- Combinaison du *Luo Shu** ;
- *Qi* du Ciel Antérieur dans la position du Ciel Postérieur ;
- Combinaison de Dix* du *Ba Gua* du Ciel Antérieur ;
- Neuf Étoiles *Tan Lang** de l'Eau ;
- Douze Phases de Croissance* (*Shi Er Chang Sheng Shui*) ;
- *Classique du Dragon de l'Eau** (*Shui Long Jing*) ;
- Soixante-Quatre Hexagrammes* (*Xuan Kong Da Gua*).

Généralement, ces formules concernent l'eau en mouvement, celle qui arrive vers la maison et s'écoule devant la porte d'entrée. La plupart de ces formules peuvent également être utilisées avec une route, celle qui mène à la porte d'entrée.

41. Voir le chapitre 7.

Combinaisons de Façade et de dragon (montagne) :

- Combinaison du *Ba Gua* ;
- Combinaison du *Na Jia** ;
- Neuf Étoiles *Tan Lang** des Dragons ;
- Soixante-Quatre Hexagrammes (*Xuan Kong Da Gua*) ;
- Soixante-Douze Dragons Pénétrant la Montagne* (*Chuan Shan Qi Shi Er Long*).

De même que les routes sont l'équivalent urbain des rivières, les immeubles et autres bâtiments sont l'équivalent des montagnes et des dragons. Toutes les applications concernant les montagnes s'appliquent aux bâtiments.

Combinaisons de Façade, dragon et eau :

- Cinq Fantômes Apportant le Trésor* (*Wu Gui ; Yun Cai*) ;
- Soixante-Quatre Hexagrammes (*Xuan Kong Da Gua*).

Les Cinq Fantômes Apportant le Trésor

Les combinaisons qui font intervenir simultanément les trois facteurs, plus délicates à mettre en œuvre, nécessitant de trouver la bonne correspondance de la Façade, de l'eau et de la montagne, sont réputées comme très puissantes. Elles sont donc très prisées par les maîtres et leurs disciples. La plus connue de ces applications est sans nul doute la fameuse formule des Cinq Fantômes Apportant le Trésor, *Wu Gui Yun Cai* (**五鬼運財**).

Cette formule est une application particulière du système des Neuf Étoiles *Tan Lang*, et fait donc intervenir les trois paramètres que sont la Façade (la direction de la porte d'entrée), l'eau et le dragon (la montagne). Le principe consiste à contrôler une influence néfaste dans le but de la convertir en une influence très bénéfique, notamment pour la richesse (comme le laisse suggérer son nom).

Les Cinq Fantômes Apportant le Trésor

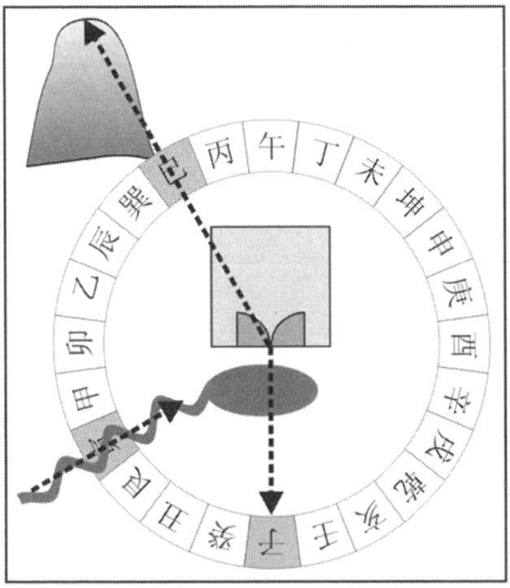

Par rapport à la position de la montagne, la direction de la Façade (porte) doit correspondre à l'Étoile *Lian Zhen* (Chasteté), et par rapport à cette direction de porte, la direction de l'eau doit correspondre à l'Étoile *Ju Men* (Grande Porte) dans le système des Neuf Étoiles *Tan Lang*. Par exemple, pour une porte orientée vers *Zi* (子), Nord (2), la montagne peut être située dans la direction *Si* (巳), Sud-Est (3), et l'eau, provenir de *Yin* (寅), Nord-Est (3).

La montagne apporte l'influence néfaste que l'eau doit contrôler. Il va sans dire qu'il faut être très prudent en appliquant cette formule. La quantité d'eau doit être en rapport avec la taille de la montagne : nous ne pouvons pas contrôler une montagne avec quelques litres d'eau !

La formule exprime tout son potentiel lorsqu'elle peut être mise en place avec les éléments naturels de l'environnement, montagne et rivière ou lac. Toutefois, l'intérêt de la technique réside dans la possibilité de l'appliquer avec des éléments plus modestes ou artificiels, tant à l'extérieur de la maison qu'à l'intérieur. Bien évidemment, plus les éléments utilisés sont grands, plus les effets seront importants. Nous pouvons obtenir de très bons résultats dans un jardin, par exemple, en utilisant, en guise de montagne, de gros rochers de plus d'un mètre de haut, et en guise d'eau, une fontaine contenant environ quelques centaines de litres. Les résultats peuvent alors se chiffrer en dizaines de milliers d'euros, voire en centaines, comme ce fut le cas (en dollars pour l'un de mes clients de Los Angeles).

Le principe qui consiste à contrôler (ou briser) une influence néfaste est appelé « *Po Sha** » (破煞). Les formules qui suivent ce principe sont parmi les plus avancées et les plus délicates de l'art du Feng Shui. Elles ne sont, en général, connues que par un nombre restreint de maîtres et transmises de façon très parcimonieuse à quelques disciples, sélectionnés scrupuleusement.

Exception à la règle, les Cinq Fantômes Apportant le Trésor est une formule plutôt répandue et enseignée par de nombreux maîtres. Ceci dit, bien que sa théorie ne soit plus un secret, son application requiert du discernement et de l'expérience, car les répercussions de sa mise en œuvre vont bien au-delà de la formule elle-même (ce qui est le cas pour toutes les applications du Feng Shui). Les conséquences du choix de la direction d'une porte et de l'emplacement de l'eau et de la montagne sont multiples. Tous les autres principes et systèmes doivent être pris en compte pour ces trois paramètres. En cas de conflit avec un ou plusieurs autres principes, les résultats seront nuls ou contradictoires.

La position ou la direction de l'eau est toujours le facteur le plus délicat, car l'eau a des effets multiples. Selon les différents systèmes, la présence d'eau activera diverses influences qui se combineront. Il faut donc vérifier, lors de l'utilisation de l'eau dans le cadre de cette formule, qu'elle aura aussi des effets bénéfiques pour les systèmes de l'Esprit Faux*, du *Ba Zhai** et des Étoiles Volantes*, pour ne citer que ceux-là.

Pour ce qui est de l'eau qui s'écoule, il est également extrêmement important de vérifier que nous ne nous trouvons pas dans une configuration de Forces Tueuses*[42]. Certaines combinaisons de porte, d'eau et de montagne, répondant à la formule des Cinq Fantômes Apportant le Trésor, correspondent aussi à une configuration très néfaste de Forces Tueuses : dans ce cas, alors que nous nous attendons à des résultats agréables d'un point de vue financier, la réalité est tout autre, pouvant aller jusqu'à des conséquences dramatiques.

42. Voir le chapitre 7.

Mauvaise application des Cinq Fantômes Apportant le Trésor

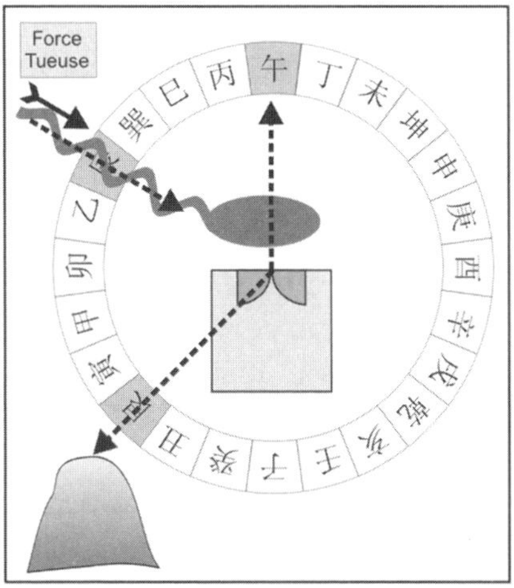

Ce schéma représente une configuration correcte pour la formule des Cinq Fantômes Apportant le Trésor, mais dans ce cas, la direction *Chen* (辰), Sud-Est (1) de l'eau qui arrive est une Force Tueuse très puissante (Huit Palais de la Source Jaune*) pour la maison dont la porte est orientée vers *Wu* (午), Sud (2).

La Bouche de *Qi*

L'aspect le plus noble du Feng Shui, car s'occupant des influences majeures, consiste à générer un *Qi* des plus purs et des plus favorables en combinant les influences des formes de l'environnement en adéquation avec la direction de la porte d'entrée.

Que ce soit dans une habitation, un local commercial ou tout type de bâtiment où vivent et travaillent des personnes, la porte est l'organe vital, la « Bouche de *Qi* », *Qi Kou* (氣口), la frontière entre l'extérieur et l'intérieur, l'ouverture par laquelle la maison respire et reçoit l'énergie vitale générée par les forces de l'environnement. La qualité du *Qi* dépend fortement de sa direction, et cela de façon très sensible, requérant une précision de l'ordre de quelques degrés. La direction de la porte d'entrée est donc le paramètre le plus crucial du Feng Shui, et de loin.

L'existence, la réalité de la Bouche de *Qi* résulte de son utilisation. La porte que nous utilisons pour entrer dans notre maison est considérée comme la porte d'entrée principale, la Bouche de *Qi*. Une porte secondaire utilisée en permanence pour des raisons de commodité est, aux yeux du Feng Shui, la porte d'entrée par laquelle pénètre le *Qi*.

Bon nombre d'adeptes et d'amateurs de Feng Shui n'ont pas conscience de l'importance de la porte d'entrée. On me reproche souvent, lors de mes conférences, d'insister lourdement sur ce point. Et pourtant, je persiste, car quiconque s'intéresse au Feng Shui et souhaite s'en servir doit absolument savoir que tout repose sur la porte d'entrée. En effet, c'est de la direction et de l'emplacement de la porte d'entrée que découle tout le Feng Shui d'une maison. Changer de porte d'entrée ou modifier son orientation provoque un changement global du Feng Shui et de la vie des occupants de la maison.

Le terme « Bouche de *Qi* » n'est pas qu'une appellation imagée. La comparaison avec notre organe vital est forte de sens. C'est par la bouche que nous nous nourrissons, que nous respirons, que nous absorbons tous les éléments essentiels à notre vie. Si l'air que nous respirons est pollué, malsain ou que la nourriture que nous mangeons est empoisonnée, nous tomberons malades. Imaginez que vous marchez dans la rue et que, soudain, un camion démarre devant vous, vous projetant directement au visage ses gaz d'échappement : votre réflexe sera de tourner la tête pour éviter l'air vicié et respirer un air plus sain. La différence entre un bon et un mauvais *Qi* est plus subtile qu'entre l'air pur et l'air pollué, mais les effets sont similaires. Ils vont même plus loin en ce qui concerne le *Qi* : quand vous respirez constamment un air pollué, votre organisme s'affaiblit et vous tombez malade ; lorsque, par la porte d'entrée de votre maison, entre un *Qi* néfaste, ce sont tous les habitants qui en souffrent, non seulement au niveau de leur santé, mais aussi en ce qui concerne les relations familiales et sociales, la carrière, les finances, etc.

La maison peut aussi montrer des symptômes d'un mauvais Feng Shui, tout comme une personne malade, respirant un air empoisonné : elle se dégrade rapidement, porte des fissures, les vitres sont brisées, la toiture est abîmée ; moisissures, incendies, animaux nuisibles ou inondations y font régulièrement des dégâts. Le *Qi* ne peut se sentir, se détecter ni s'analyser directement avec des appareils de mesure. Son analyse est indirecte, *via* la mesure de sa direction par le *Luo Pan**. Il apparaît donc clairement que le champ magnétique terrestre a une influence capitale sur le Feng Shui, ce qui est logique puisqu'il a un impact primordial sur les forces de la nature, le vent et l'eau en premier lieu. La précision est plus que jamais de rigueur dans la prise de mesure de la direction de la porte d'entrée. Souvent, des perturbations magnétiques locales dévient l'aiguille de la boussole, rendant le lecture très surprenante, voire aberrante. Une prise de mesure se fait toujours porte fermée. C'est le *Luo Pan* qui donne la lecture. Même si la direction mesurée à la porte ne correspond pas à celle du reste de la Façade, c'est malgré tout une information cruciale pour l'analyse de la Bouche de *Qi*.

La porte d'entrée : organe vital

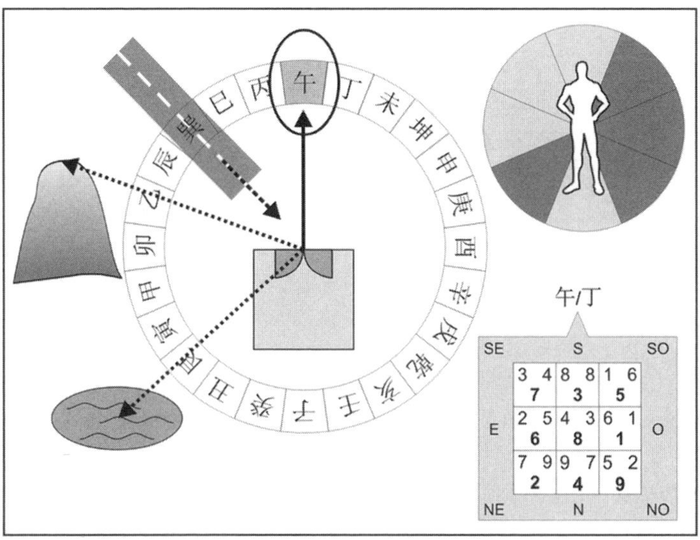

Influence des montagnes, de l'eau, des routes, *Ba Zhai** et directions personnelles, Étoiles Volantes*, etc., la direction de la porte d'entrée intervient dans tous les systèmes du Feng Shui.

En sa qualité d'organe vital, la porte d'entrée doit être dans une bonne direction au regard de la plupart des systèmes d'analyse. Elle ne doit subir ni Flèche Empoisonnée* (*Sha Qi*) ni Forces Tueuses*. Elle ne doit être bloquée par aucun obstacle, arbre, poteau ou rocher. La vue doit pouvoir porter loin sans obstruction, et l'espace devant la porte doit être dégagé, propre et lumineux.

L'architecture

La conception d'un bâtiment, sa forme, sa structure auront aussi des conséquences sur son Feng Shui. Les matériaux, *a priori*, ne jouent pas un rôle réellement important. Il faut simplement veiller à ne pas faire preuve d'excès de Bois ou de Métal, par exemple. Les matériaux classiques – briques, pierres, ciment – relevant de l'Élément Terre sont, en principe, les plus recommandés pour la construction. Mais ce qui nous préoccupe principalement dans l'architecture d'un bâtiment, c'est sa forme, car c'est elle qui nous parle de son harmonie générale, de son soutien, de sa stabilité.

Les Quatre Points d'Or

Pour une maison ou un bâtiment, la forme idéale du point de vue du Feng Shui, la forme de l'harmonie, c'est le carré. Il est le symbole de la Terre, le principe cosmique opposé au Ciel, dont le symbole est le rond. Dans une maison, le sol et les murs représentent la Terre, le toit, le Ciel. Complétant la Trinité Cosmique, les habitants représentent le principe de l'Homme.

Idéalement, la base de la maison doit être carrée, mais elle peut aussi être rectangulaire, si le rectangle n'est pas trop disproportionné. Plus on s'éloigne du carré, moins l'harmonie est respectée, et moins le *Qi* de la maison est stable. Toutes les autres formes présentent des espaces manquants par rapport au carré ou au rectangle, par rapport aux Quatre Points d'Or*.

Formes bénéfiques et néfastes d'un bâtiment

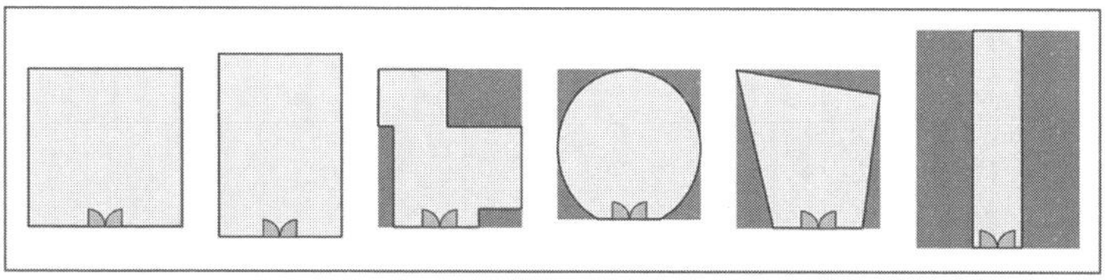

Sur la base du carré ou du rectangle, formes harmonieuses, les autres formes présentent des secteurs manquants (zones en gris foncé) et sont considérées comme néfastes.

Les secteurs manquants

La présence de secteurs manquants signifie que le *Qi* n'est pas complet, ce qui peut se manifester au niveau de la famille (incomplète) ou des divers aspects de la vie (santé, relations, prospérité). L'impact de ce manque dépend du ou des trigrammes* qui sont affectés. Sur le plan de base, les Huit Trigrammes* occupent leur position relative au Ciel Postérieur*. Chaque trigramme est lié à une ou des personnes, selon sa position dans la famille ou selon son Trigramme de Vie* (*Ming Gua*)[43]. Chaque trigramme possède également des attributs et des symboles particuliers, indiquant ses manifestations potentielles.

Déceler un secteur manquant est une chose que tous les amateurs de Feng Shui savent faire facilement. L'interprétation est déjà plus difficile (il faut suivre un cours pour le savoir), et quant à y remédier…

Tout d'abord, il faut préciser que la grille des Neuf Palais*, tracée sur le plan de l'habitation, doit tout englober. La moindre extension au plan agrandira la grille. Cette grille représente l'univers de l'habitation. Rien ne peut sortir de l'univers (*Tai Ji**) qui contient toute chose. En second lieu, il n'y a qu'une seule grille pour une habitation, aussi grande, étendue ou complexe soit-elle. Enfin, il faut bien prendre conscience qu'il n'y a rien qui puisse remédier à un secteur manquant, à part construire les murs et le toit pour le combler, ce qui est souvent impossible à réaliser.

43. Voir le chapitre 9.

Domaines d'influence des trigrammes

Trigrammes	乾 *Qian*	兌 *Dui*	離 *Li*	震 *Zhen*	巽 *Xun*	坎 *Kan*	艮 *Gen*	坤 *Kun*
Images	Ciel	Marais	Feu	Tonnerre	Vent	Eau	Montagne	Terre
Attributs	Créateur	Joyeux	Qui s'attache	Éveilleur	Doux	Mystérieux	Immobile	Réceptif
Secteurs	Nord-Ouest	Ouest	Sud	Est	Sud-Est	Nord	Nord-Est	Sud-Ouest
Parentés	Père	Fille cadette	Fille du milieu	Fils aîné	Fille aînée	Fils du milieu	Fils cadet	Mère
Corps	Tête Poumons	Bouche Langue Gorge Poumons	Yeux Cœur	Pieds Cheveux Foie	Bras Cuisses Système respiratoire Vésicule biliaire	Sang Reins Oreilles	Os Doigts Colonne vertébrale Jambes	Abdomen Rate Estomac

Selon les attributs du trigramme qui y siège, le membre de la famille et les parties du corps qu'il représente, nous pouvons déterminer l'impact d'un secteur manquant.

Les trigrammes dans la maison

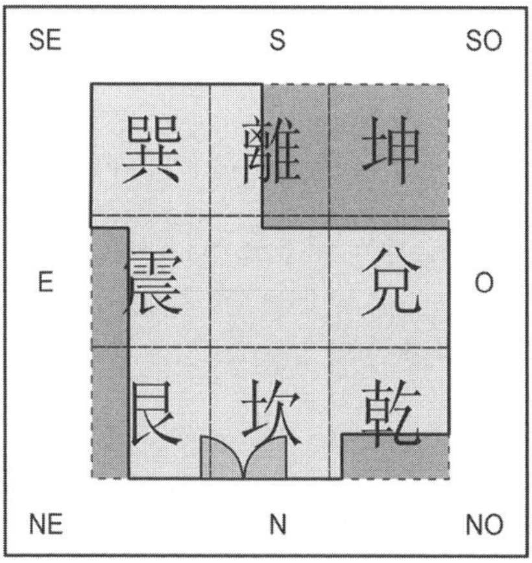

Dans le cas ci-contre, la forme de la maison présente un manque correspondant au Palais* du trigramme *Kun* (坤), ce qui aura pour effet d'affaiblir la mère de famille. Celle-ci sera la personne la plus affectée par les différents problèmes. Il se peut qu'elle soit physiquement absente de la maison ou qu'elle n'y trouve jamais sa place. Un homme seul aura du mal à trouver une compagne. Ce trigramme étant lié à l'abdomen, la rate et l'estomac, des problèmes de santé seront les plus prompts à se manifester dans cette habitation. Le caractère de *Kun* étant la réceptivité et la patience, nous pouvons dire aussi que les habitants en manqueront sensiblement. Nous pouvons suivre le même raisonnement pour le trigramme *Li* (離), mais de façon moindre puisque celui-ci n'est affecté qu'à moitié.

« *Faut-il y mettre un miroir pour que l'effet d'optique agrandisse le secteur et semble combler le vide ?* », me direz-vous. Je vous répondrai : « *Pouvez-vous vous trouver physiquement dans cet espace créé optiquement, y respirer, y dormir, y circuler ?* » Le secteur manquant est source d'une grande frustration, comme de nombreux principes de Feng Shui, en fait. Il n'y a pas de remède, pas d'astuce qui puisse en annuler les effets. Toutes les théories qui minimisent ses effets ou prescrivent des remèdes ne cherchent qu'à compenser la frustration que cela génère.

Il existe toutefois des solutions. Sachant quelles sont les personnes affectées par les secteurs manquants, il faut veiller à les placer dans de bonnes influences et à renforcer tout ce qui peut les aider à compenser cette faiblesse. L'influence défavorable du secteur manquant sera toujours présente. S'il s'avère difficile de la compenser et que les effets se font sérieusement ressentir, il faut envisager un déménagement. La solution du déménagement est, bien entendu, celle qui apparaît d'emblée lorsque nous étudions le Feng Shui. Elle est parfois la seule qui puisse apporter des résultats satisfaisants, notamment dans les cas critiques où les influences néfastes proviennent des paramètres de l'environnement ou de l'architecture et ne sont pas modifiables. Même s'il est possible de compenser des influences négatives, il est impossible de les annuler, surtout si elles proviennent de facteurs puissants : elles seront toujours présentes et se feront régulièrement ressentir.

Cependant, il ne suffit pas de conseiller de déménager. En effet, les personnes qui les subissent en raison d'un mauvais Feng Shui de leur habitation n'ont, en général, pas les moyens de déménager ; de surcroît, elles n'ont pas beaucoup de chance de trouver un logement qui leur convienne. Dans ce cas, le travail consistera à activer la moindre influence bénéfique que nous pourrons trouver pour renouer avec la chance et obtenir les moyens de changer d'habitation. Ensuite, il conviendra de trouver une nouvelle demeure qui bénéficie d'un bon Feng Shui. Cela n'est pas facile, mais le jeu en vaut la chandelle.

Nous l'avons déjà dit, il vaut mieux prévenir que guérir, d'autant qu'il est souvent impossible de « guérir » complètement. Il est nettement préférable de se baser sur le Feng Shui pour construire ou choisir son habitation, que de l'appliquer une fois que l'on a emménagé. Les configurations néfastes et irrémédiables sont nombreuses, c'est pourquoi les éviter est toujours la solution la plus efficace. Les principes du Feng Shui ne sont faciles ni à comprendre, ni à entendre. Cependant, les accepter et les appliquer sont les premiers pas pour se rendre la vie plus facile.

Une base solide

Le contact de la maison au sol, à la terre, est primordial. La base du bâtiment doit soutenir toute la structure, et les quatre côtés doivent être ancrés dans le sol. La base ou rez-de-chaussée est l'équivalent des pieds, des jambes de l'habitation. Il est donc nécessaire qu'elle soit solide et suffisamment large par rapport à la hauteur. À ce titre, les bâtiments très hauts à base étroite ont un support faible, ce qui se traduit par un manque général de stabilité dans les divers aspects de la vie de leurs occupants.

L'agencement

Après avoir étudié tout ce qui concerne l'extérieur de la maison, nous pouvons nous atteler à l'analyse des éléments internes de celle-ci. Rappelons que l'intérieur ne représente qu'environ 30 % du Feng Shui global. Nous ne pouvons donc, à partir de ce point, travailler que sur 30 % des influences auxquelles les personnes sont soumises dans leur habitation, notamment si nous ne pouvons pas modifier la direction de la porte d'entrée. C'est ce qui arrive dans la majorité des cas, et nous devons alors faire tout notre possible pour améliorer ces 30 %. Gardons à l'esprit que si le Feng Shui de l'extérieur est vraiment mauvais, il ne sera pas possible d'obtenir un résultat réellement positif au final.

L'analyse de l'agencement porte sur la répartition des pièces et sur leurs caractéristiques, ainsi que sur le cloisonnement et les ouvertures. Chaque pièce a un rôle spécifique sur le *Qi*. Nous parlons alors d'« activation » ou de « suppression » : les murs et les portes ont la propriété de moduler la circulation du *Qi* et de le répartir dans chaque pièce, où il prend alors un aspect particulier en fonction de la localisation de la pièce dans l'espace.

Le hall d'entrée

Suivant immédiatement la porte, le hall d'entrée a un rôle essentiel. Un espace dégagé, propre et clair est recommandé afin d'accueillir comme il se doit les énergies provenant de l'extérieur, au même titre que les personnes. Vous vous posez des questions sur votre hall d'entrée ? Imaginez que vous recevez chez vous un haut dignitaire de l'État ou une personnalité du show-business. Votre hall d'entrée est-il digne de cet invité de marque ?

Une entrée sale, en désordre, sombre, étroite, n'aura un bon effet ni sur vos invités, ni sur vous, ni sur les énergies. Cela dit, l'état de propreté et de rangement d'une pièce ou d'une zone de la maison est une indication sur la qualité des énergies qui s'y exercent. Si, malgré vos efforts répétés, le désordre et la saleté persistent ou reviennent très vite, c'est le signe que les énergies y sont plutôt malsaines.

Nous appelons *Ming Tang* (**明堂**), « hall de lumière », l'espace où le *Qi* bénéfique qui entre par la porte s'accumule avant de se répartir dans le reste de la maison. Son influence s'étend à toute l'habitation. Son emplacement est donc de première importance, juste après la direction de la porte.

La cuisine

Nous pouvons nous demander pourquoi la cuisine est une pièce importante du point de vue du Feng Shui. Il y a deux raisons à cela. D'une part, les aliments ingérés sont les garants de la bonne santé du corps, lui transférant une certaine quantité de *Qi* nécessairement de bonne qualité. Le lieu où sont préparés et cuits les aliments affecte la qualité de leur *Qi* et, par conséquent, agit sur les personnes qui mangent ces aliments. D'autre part, le feu de la cuisson a la propriété de transformer certains types de *Qi*, notamment ceux définis par le système *Ba Zhai**[44] : il transforme le bon *Qi* en mauvais, et *vice versa*.

Outre l'emplacement de la cuisine, les facteurs-clés sont ici la direction de la porte, puis la position et l'orientation de la cuisinière, du four, et éventuellement des autres appareils de cuisson. La direction de la cuisinière, que nous appelons « bouche de feu », est déterminée par la position des boutons de contrôle.

44. Voir le chapitre 9.

Analyse d'une cuisine

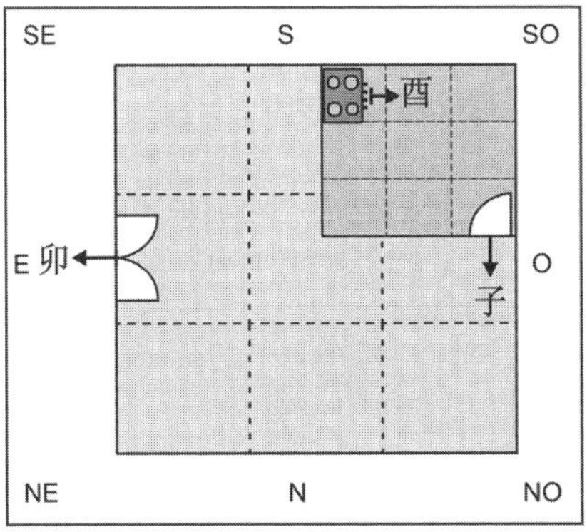

Dans cet exemple, la porte d'entrée est orientée vers la direction *Mao* (卯), Est (2), elle est située dans le Palais* Est. La cuisine est située au Sud-Ouest de la maison. Sa porte est orientée vers la direction *Zi* (子), Nord (2). La cuisinière est positionnée dans le secteur Sud-Est de la cuisine et sa direction est *You* (酉), Ouest (2).

Tous ces paramètres sont notamment analysés par les systèmes *Ba Zhai* et *Xuan Kong* (Étoiles Volantes*), principaux systèmes utilisés pour la configuration intérieure.

La chambre

Il est plutôt aisé de comprendre pourquoi la configuration énergétique de la chambre doit être en tout point bénéfique : la phase de sommeil représente en moyenne un tiers de la vie d'une personne.

Les facteurs à analyser ici sont l'emplacement de la chambre, la direction de sa porte, la direction du lit et la position de celui-ci dans la pièce. Précisons que la direction du lit est celle vers laquelle pointe la tête de la personne lorsqu'elle dort. Elle dépend principalement des caractéristiques personnelles, selon le système *Ba Zhai*, car les bonnes directions de sommeil ne sont pas identiques pour tout le monde. Par exemple, pour certaines personnes, il est bon de dormir la tête orientée au Nord ou au Sud, tandis que pour d'autres, c'est réellement néfaste.

Quelques règles secondaires d'agencement s'appliquent également à la position d'un lit : nous évitons généralement de le placer dans l'axe direct d'un angle saillant ou encore dans le passage de la porte. Nous pouvons appliquer ces règles dans la mesure où les paramètres les plus importants de *Ba Zhai* et de *Xuan Kong* sont respectés.

Certains auteurs prétendent qu'il ne faut pas avoir son lit sous une fenêtre ou qu'il faut pouvoir voir la porte. Ce ne sont pas des principes de Feng Shui. Certes, cela était une question de bon sens à une époque reculée, quand les habitations n'étaient pas aussi bien sécurisées qu'à l'heure actuelle ; les animaux sauvages et les brigands pouvaient s'introduire dans les maisons et attaquer leurs occupants. Il fallait donc surveiller les ouvertures pour réagir en conséquence. De nos jours, il n'est plus vraiment d'actualité de se préoccuper des bêtes sauvages ou des brigands, à part dans certains cas particuliers, bien sûr.

Dans bien des cas, suite à mes conseils, les lits se retrouvent en diagonale, sous une fenêtre ou dans un angle. Cela surprend souvent mes clients, qui rechignent parfois à dormir dans un lit qui n'est pas contre un mur de façon perpendiculaire. Pourtant, après quelque temps, ils ne le remettraient dans la position initiale pour rien au monde…

Les toilettes et la salle de bains

Les toilettes et la salle de bains sont toujours considérées comme des pièces négatives. Or, elles ont aussi un rôle intéressant à jouer. Avec l'eau et les déchets corporels qui s'évacuent, s'évacue aussi le *Qi*. Le mauvais *Qi* s'évacuant, il reste le bon, mais si le bon *Qi* s'en va, c'est le mauvais qui prend sa place. Les toilettes et la salle de bains ont la propriété de transformer le bon en mauvais et le mauvais en bon. Il est donc essentiel qu'elles soient situées dans des secteurs de la maison où s'établissent les configurations néfastes.

En Feng Shui, il n'y a jamais de règle générale pour l'agencement des pièces ; il n'y a pas de position prédéfinie pouvant être appliquée à tous les cas. Par exemple, il est dit qu'il ne faut pas avoir les toilettes à côté de l'entrée : c'est exact, parce qu'un de ces deux éléments n'est pas correctement situé. Mais quand on dit qu'il ne faut pas utiliser ces toilettes, ce n'est pas forcément juste. Si l'entrée et les toilettes sont localisées dans un secteur bénéfique de l'habitation, c'est un point positif pour l'entrée, qui activera ce secteur, mais un point négatif pour les toilettes qui transformeront le *Qi* bénéfique en *Qi* néfaste. Il y a donc un conflit. Dans ce cas, il faut effectivement éviter d'utiliser ces toilettes. Si, à l'inverse, elles sont localisées dans un secteur néfaste de l'habitation, ce sont alors les toilettes qui sont bénéfiques puisqu'elles inversent le *Qi* néfaste de cette zone. L'entrée n'étant pas bien placée, elle active de mauvaises influences. Il y a également un conflit, mais pour des raisons opposées. Dans ce cas, si vous cessez d'utiliser ces toilettes, il ne reste comme solution que l'activation des mauvaises influences par la porte d'entrée, mais le résultat n'en sera que pire.

Sans explication, sans référence aux fondements de la discipline, un principe, une règle, une méthode n'est pas valable. Et même ainsi, sans la preuve par l'expérience que l'application de ce principe donne toujours les mêmes résultats, il subsiste un doute. Personne ne peut donner de conseils d'agencement d'une habitation sans une étude approfondie du lieu.

Les autres pièces de la maison

Le raisonnement est, en somme, assez simple : chaque pièce de la maison est baignée d'une configuration bénéfique ou néfaste, avec toutes les nuances possibles entre les extrêmes. C'est dans les pièces bénéfiques que doivent séjourner et évoluer les personnes, afin d'en activer et d'en recevoir les bons effets. C'est là que doit s'exercer l'activité humaine. À l'inverse, les pièces néfastes doivent être évitées ; elles peuvent servir de débarras, de buanderie, de bibliothèque, etc.

Pour définir l'importance d'une pièce secondaire comme un salon, un bureau, une salle de jeux pour les enfants, il suffit d'évaluer le temps que les personnes de la maison passent dans cette pièce ; un salon où les personnes séjournent peu n'a pas grande importance, contrairement à un bureau où l'activité peut être constante.

La décoration

La place de la décoration dans le Feng Shui

Voilà un sujet sur lequel il est dit bien des choses au nom du Feng Shui. En réalité, le Feng Shui prend très peu en considération la décoration au sein d'une habitation, qu'il s'agisse du mobilier, des objets, des couleurs ou des symboles.

Il y a, dans ce domaine, beaucoup de principes qui relèvent du mythe, des croyances populaires, des coutumes, de la religion, en somme, de l'identité culturelle d'un pays. Tout ce qui est lié au symbolisme, notamment, est complètement hors contexte pour le Feng Shui. Aucun symbole, aucune représentation d'animal ou d'objet particulier, n'a d'effet sur le *Qi* qui circule dans la maison.

Placer dans l'entrée une tortue, un poisson, un dragon, une grenouille, une calebasse, un bouquet de fleurs, trois pièces nouées de fil rouge, un bateau ou la photo d'un couple heureux n'a strictement aucun impact sur le Feng Shui de l'habitation. Pas plus s'ils sont placés au Nord, au Sud-Ouest ou dans un autre secteur. Il est inutile de se demander où ces divers objets doivent trouver leur place. Il n'est pas nécessaire que votre maison ressemble à une boutique de bibelots chinois pour avoir un bon Feng Shui ! En tant que porte-bonheur, certains objets ont peut-être des vertus magiques, apportant plus de chance dans la vie de tous les jours, mais cela n'est pas du ressort du Feng Shui.

Le Feng Shui n'a jamais été et ne sera jamais l'art de placer objets et symboles !

Activateurs et remèdes

Une fois que nous avons identifié les influences bénéfiques et néfastes de la demeure et leur répartition, canalisé ou dévié les influences externes, optimisé l'architecture et l'agencement des pièces, et positionné chaque personne selon ses propres paramètres, nous pouvons éventuellement travailler sur la configuration de chaque pièce, de façon à en augmenter ou en atténuer les énergies.

Les bonnes influences sont plus efficaces et plus rapides à agir si elles sont correctement activées et renforcées. Les influences néfastes peuvent être réduites par des remèdes ou contre-mesures. Je tiens cependant à insister sur le fait qu'il n'est jamais possible d'annuler totalement une influence néfaste du Feng Shui : nous pouvons, tout au plus, en réduire les impacts. La solution la plus efficace, rappelons-le, est de ne pas se trouver là où règne ce type d'influence.

L'activateur le plus puissant est l'eau. Placée dans une pièce ou dans un secteur bénéfique, elle concentre et augmente le bon *Qi* ainsi que ses effets. L'amélioration est proportionnelle au volume d'eau disponible : un aquarium de trois cents litres active beaucoup plus le *Qi* qu'une fontaine contenant deux ou trois litres.

L'aquarium

Un aquarium peut contenir une grande quantité d'eau. Il peut donc avoir un sérieux impact sur le Feng Shui de l'habitation.

Il est également nécessaire que l'eau soit en contact direct avec l'air et qu'elle ne se trouve pas trop en hauteur. De plus, il faut éviter que l'eau soit au-dessus de la tête des personnes qui séjournent dans la pièce. Le nombre et la couleur des poissons n'a aucune importance.

Les meubles hauts et massifs agissent comme des montagnes au sein de la maison. Ils activent et soutiennent aussi le *Qi*, en particulier les influences d'aspect *Yin**. Il est recommandé qu'ils soient de forme et de structure harmonieuses.

D'autres objets peuvent ensuite être utilisés pour activer ou, au contraire, affaiblir le *Qi* de chaque pièce. Ce qui compte le plus, c'est leur matière, leur utilisation reposant sur le principe des Cinq Éléments*.

Matières, formes, couleurs : les Cinq Éléments

Le *Qi Lin* (ou *Kirin*), gardien de temple, est un animal mythique entre lion et licorne. Il protège des mauvais esprits, les empêchant de rentrer dans les maisons, les commerces, les lieux de culte. C'est pourquoi il se rencontre souvent, par paire, de chaque côté de la porte d'entrée ou du portail.

Le *Qi Lin*

Nous pouvons aujourd'hui en trouver de toutes sortes, de toutes tailles, généralement en métal pour ceux destinés à être placés à l'intérieur. Il est souvent recommandé de les placer là où circulent les mauvaises énergies.

En fait, ce n'est pas vraiment le symbole de l'animal mythique qui est efficace contre ces mauvaises énergies, c'est sa matière, le métal. La plupart des influences néfastes que nous rencontrons dans les habitations sont associées à l'Élément Terre : dans le cycle des Éléments, le Métal affaiblit la Terre car il draine son énergie[45]. Ainsi, tout objet en métal peut servir à réduire les effets de telles influences néfastes. Nous pouvons aussi utiliser les carillons à tubes en métal, dont la mobilité et la sonorité procurent un aspect *Yang**, intéressant pour affaiblir les influences Terre-*Yin*. Pour les influences Terre-*Yang,* nous préconisons plutôt des objets lourds, massifs et hauts. Le rond étant la forme de l'Élément Métal, il m'arrive souvent de recommander de placer, au-dessus d'une commode, des boules de pétanque.

Tout objet qui répond au critère de la matière et de la forme peut être utilisé de façon efficace. Inutile d'acheter un objet d'origine et de culture étrangère, il suffit d'utiliser ce que nous avons chez nous ou ce que nous pouvons facilement nous procurer. Telle a toujours été la démarche des maîtres : ayant besoin de métal, ils recommandaient à leurs clients d'utiliser ce qu'ils avaient chez eux ou ce qu'ils pouvaient trouver facilement. Les objets qui décorent, agrémentent une habitation correspondent aux goûts, aux croyances, à la culture, à la religion des habitants ; il est donc tout à fait logique que tous ces objets chinois aient été utilisés dans les applications du Feng Shui. Sans explication, les gens y ont perçu un rapport avec le symbolisme de l'objet et ont pensé que là résidait son utilité, son pouvoir.

Dans l'utilisation des objets en fonction de leur Élément prédominant, la matière agit plus que la forme, qui agit plus que la couleur. La couleur n'a qu'un très faible impact, là aussi, contrairement aux croyances populaires sur le Feng Shui.

45. Voir le chapitre 4.

Formes et couleurs des Cinq Éléments

Éléments	Formes	Couleurs
火 Feu	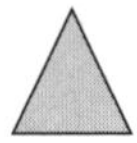	Rouge
土 Terre		Jaune
金 Métal		Blanc
水 Eau		Noir
木 Bois		Vert

Les couleurs ont cependant un impact fort sur le mental, impact qui dépend fortement de la culture, de l'histoire et des croyances de la personne. Par exemple, en Occident, le blanc est considéré comme la couleur de la pureté, de la chasteté ; cette couleur est utilisée, dans la religion catholique, pour l'habit de la mariée, du communiant, du nouveau-né que l'on baptise. En Asie, le blanc est la couleur de la mort, du deuil, de la tristesse.

Utiliser les couleurs des murs ou des sols pour agir sur l'énergie de la maison n'a qu'un faible impact sur le Feng Shui. Toutefois, l'impact sur le mental des personnes n'est pas négligeable et va parfois dans le mauvais sens. Lors des expertises que je mène, mes clients me demandent souvent quelles sont les couleurs que je recommande pour chaque pièce. Ma première réponse est toujours : « *Celles que vous préférez.* » J'essaie ensuite d'adapter à leurs goûts le principe des Cinq Éléments, et je me réfère autant à l'Élément maître de leur jour de naissance (calculé selon le *Ba Zi**, l'astrologie taoïste) qu'aux configurations de Feng Shui.

Les particularités des appartements

Appartement ou maison ? La réponse du Feng Shui est sans ambiguïté : maison ! Du point de vue de notre science, un appartement souffre de certaines lacunes et présente un potentiel limité par rapport à une maison individuelle.

Le manque de contact avec la terre en est le principal défaut, notamment pour les appartements situés à des étages élevés. Or, le *Qi* est issu de la terre, il circule essentiellement au niveau du sol. Le second défaut important est lié à la porte d'entrée : celle-ci donne, le plus souvent, sur un espace fermé, parfois sombre et étriqué de surcroît ; à moins d'un palier vaste, lumineux et ouvert, le *Qi* devant la porte n'est pas d'une grande qualité. En appartement, il n'est généralement pas possible de modifier la porte d'entrée ou d'en utiliser une autre. Le principal facteur, y compris pour le Feng Shui interne, ne peut donc pas être corrigé si nécessaire. En outre, un appartement ne peut pas bénéficier des bonnes influences des configurations du paysage, car il n'y a pas de connexion entre sa porte et les structures externes ; les aspects les plus puissants du Feng Shui, générés par les montagnes, l'eau, les routes, ne l'atteignent donc que faiblement.

Ceci dit, il est toujours possible d'avoir un bon Feng Shui en appartement. Il est également préférable d'habiter dans un appartement au Feng Shui correct que dans une maison affectée par de mauvaises configurations. Nous obtenons de bons résultats en appartement, mais il y a toujours une limite, rapidement atteinte, due à la difficulté, voire à l'impossibilité, de modifier l'architecture et l'environnement externe.

Le Feng Shui de l'immeuble

Les influences de l'environnement externe ne peuvent être considérées qu'en rapport avec l'immeuble, en fonction de sa situation, de son orientation et de la direction de sa porte d'entrée. L'impact est réparti sur tous les appartements que compte le bâtiment.

Chaque habitation reçoit une partie des influences qui s'exercent sur l'immeuble, mais il est difficile d'établir un ratio exact, car les parties communes peuvent jouer un rôle de tampon.

Là encore, l'analyse des événements communs à tous les habitants d'un immeuble nous donne un aperçu assez précis de la qualité du Feng Shui global. Lorsque nous observons des problèmes répétitifs, touchant la plupart des occupants de l'immeuble, cela signifie qu'une influence néfaste agit sur le bâtiment entier. Nous pouvons, par exemple, rencontrer des problèmes de santé, de chutes, de blessures, de séparations, de divorces, etc. Dans ces cas-là, nous trouvons souvent une Force Tueuse* ou une Flèche Empoisonnée* s'exerçant sur l'entrée de l'immeuble.

D'un point de vue Feng Shui, il n'y a rien de surprenant à la fréquence des problèmes de délinquance et de violence dans les grands ensembles de logements sociaux. Ces bâtiments, généralement construits dans des zones où la vie humaine ne s'est pas développée naturellement, présentent souvent des configurations néfastes liées à leur architecture (hauteur et étroitesse excessives), aux flux de circulation du *Qi* (congestions, obstructions face aux entrées) ou au manque de soutien des formes du paysage. À l'inverse, lorsque l'immeuble bénéficie d'un bon Feng Shui, ses occupants se partagent les bienfaits de ses influences bénéfiques et jouissent d'une chance accrue. Les résidences de luxe, prisées car habitées par des personnes fortunées, profitent *a priori* de configurations très favorables. Mais il faut faire attention aux idées reçues et aux faux-semblants : ce qui est beau et cher n'a pas forcément un bon Feng Shui. Seuls les faits peuvent le prouver. Les apparences sont souvent trompeuses.

Toutes les influences de l'environnement externe sont analysées par rapport au bâtiment : celles des montagnes (Quatre Animaux Célestes*, Neuf Étoiles *Tan Lang**, dragons, etc.) ainsi que celles de l'eau et des routes (*Sha Qi**, Forces Tueuses, combinaisons de porte et de route, etc.).

La forme, la structure générale de l'immeuble donne une indication sur la qualité globale du *Qi* : a-t-il une forme harmonieuse ou, au contraire, disproportionnée ? Présente-t-il des manques, des trous, une base faible, tronquée ? L'entrée de l'immeuble est-elle dégagée ou obstruée ?

L'orientation de l'immeuble, la direction de sa Façade*, enfin, détermine la configuration des Étoiles Volantes* et indique ainsi les influences du temps. Nous pouvons en déduire les événements susceptibles de se produire ainsi que les meilleurs emplacements pour les appartements.

La position des appartements dans un immeuble

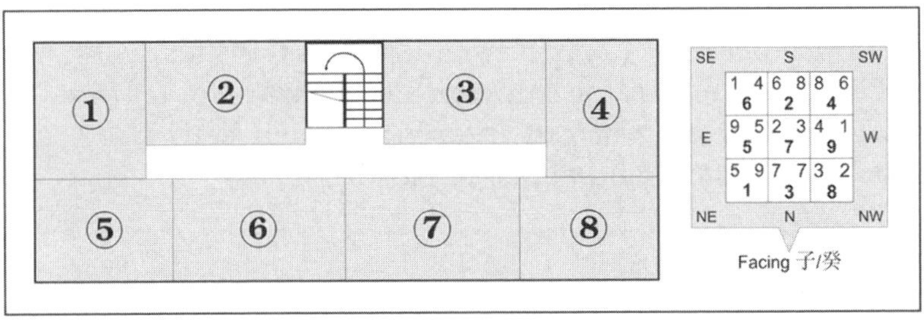

Ici, la configuration des Étoiles Volantes indique que, globalement, l'énergie du bâtiment correspond à la Période* 7 (1984 à 2003)[46]. À partir de 2004, elle représente une « chance passée », donc de moins en moins bénéfique, signifiant que les opportunités sont moins nombreuses, plus difficiles à saisir, et que les problèmes seront, à l'inverse, plus fréquents. Nous pouvons aussi constater que les appartements n° 2 et n° 3 sont actuellement les mieux placés pour la réussite et la richesse, tandis que l'appartement n° 4 favorise plutôt l'harmonie familiale et la santé. L'appartement n° 8 souffre d'une combinaison très conflictuelle pouvant générer séparations et divorces. Les appartements n° 6 et n° 7 recevaient les meilleures énergies en Période 7, mais risquent désormais de subir des problèmes de pertes financières et de cambriolage.

La situation de l'appartement

Comme nous venons de le constater avec l'étude des Étoiles Volantes* de l'immeuble, tous les appartements ne sont pas logés à la même enseigne, en raison de leur position au sein du bâtiment et de leur situation par rapport aux paliers, escaliers, ascenseurs, couloirs, etc. Il est préférable, par exemple, d'avoir

46. Sur les Périodes, voir le chapitre 10.

un palier large et lumineux devant la porte de l'appartement, car les espaces restreints et sombres ne sont pas propices à recevoir un *Qi* de bonne qualité. En face de la porte, les escaliers, notamment descendants, et les ascenseurs sont des éléments néfastes pour l'appartement, surtout s'ils sont proches de celui-ci. Un long couloir étroit et sombre génère une influence très *Yin**, peu favorable, pouvant devenir une Flèche Empoisonnée* pour la porte de l'appartement se trouvant au bout.

En nous référant au système *Ba Zhai**[47], nous pouvons nous pencher sur l'emplacement de l'appartement en fonction des Huit Directions* principales. Les personnes du Groupe Est* doivent privilégier les appartements situés dans les secteurs Est, Sud-Est, Nord et Sud de l'immeuble. À l'inverse, les personnes du Groupe Ouest* ont tout intérêt à choisir ceux des secteurs Ouest, Nord-Ouest, Sud-Ouest et Nord-Est.

À quel étage ?

En ce qui concerne la situation en hauteur, certains principes peuvent également intervenir dans le choix de l'étage. Nous pouvons utiliser les diverses relations entre les chiffres, selon le *He Tu**, le *Luo Shu**, le *Ming Gua* ou encore la Période* en cours. Les combinaisons possibles sont nombreuses, et nous arrivons toujours à retomber sur nos pieds d'une façon ou d'une autre, ce qui ne me semble donc pas très fiable.

Le seul principe que je retienne pour l'élévation est un équilibre entre ascension du *Qi* et protection de l'environnement. Il est dit que le bon *Qi* monte et que le mauvais *Qi* descend. Dans les immeubles hauts, les étages inférieurs subissent une accumulation de mauvais *Qi* ainsi qu'une certaine pression que représente le poids de la structure totale. Les étages supérieurs ne sont pas recommandés pour autant, car ils manquent souvent de protections externes et sont ainsi exposés aux vents qui balayent le *Qi*. Il semble donc que les étages intermédiaires

47. Voir le chapitre 9.

constituent le meilleur compromis. Dans tous les cas, je pense qu'il est préférable d'habiter dans des bâtiments de faible hauteur, leur assise au sol étant meilleure que ceux qui sont très hauts. Belle vue ne signifie pas bon Feng Shui !

Ce qu'il faut retenir

La maison (au sens large) capte le *Qi* de l'environnement. Celui-ci s'y répartit ensuite en prenant divers aspects, selon l'architecture, l'agencement interne des pièces et leur aménagement.

La maison est le contenant de l'énergie vitale dans laquelle les habitants vont baigner et qui va, selon sa qualité, les supporter, les aider ou, au contraire, les affaiblir, les détruire.

Le paramètre le plus important est la Bouche de *Qi*, la porte d'entrée, par laquelle le *Qi*, généré par la planète et modelé par les formations de l'environnement, entre dans la maison. De la qualité de celui-ci dépend le Feng Shui de toute la maison.

De l'architecture et de l'agencement des pièces découle la répartition du *Qi* dans la maison, la distribution des bonnes et mauvaises influences. Les secteurs les plus importants sont ceux qui concernent les personnes où celles-ci séjournent. Chaque pièce a un rôle particulier sur le *Qi*, activant ou drainant, tour à tour, ses bons ou ses mauvais aspects.

Malgré la croyance populaire, objets, symboles et couleurs n'ont qu'un très faible impact sur le *Qi*, et donc sur le Feng Shui. Certes, certains éléments du mobilier ou de la décoration peuvent renforcer ou affaiblir les énergies en présence, mais seulement dans une faible mesure. Nous devons juste faire attention à l'eau (fontaines ou aquariums), qui a un fort pouvoir activateur des énergies et dont l'emplacement doit être défini avec soin.

Chapitre 9

La personne, récepteur du souffle vital

Comme nous l'avons déjà dit, en Feng Shui, la personne est véritablement le cœur du sujet. Si la discipline porte principalement sur l'analyse de l'environnement et de l'habitat, c'est dans le but d'améliorer la vie des personnes qui s'y trouvent. À bien des égards, nous pourrions qualifier le Feng Shui de « science indirecte », car l'évaluation de la qualité du *Qi* ne se fait pas directement, mais passe par l'étude des paramètres qui ont un impact sur celui-ci ; l'invisible se mesure par des éléments visibles – formes des montagnes, directions de la boussole, couleurs du sol, etc.

L'objectif majeur de l'expert en Feng Shui consiste à apporter de l'aide à ses clients, à résoudre leurs problèmes, à améliorer le cours de leur existence, à leur assurer une vie agréable et facile pour de longues années. Il n'agit pas directement sur la personne, sur son corps, comme le médecin, ni sur son mental, comme le psychothérapeute : il agit indirectement sur le *Qi* de cette personne, par le biais du *Qi* de son environnement de vie. Il agit sur les paramètres de l'habitation et, surtout, sur la position de la personne.

À l'instar de la maison dans son environnement, selon notre position dans notre espace de vie, nous recevons un *Qi* qui nous sera bénéfique ou néfaste. Ce souffle vital externe interagit constamment avec notre propre souffle vital. Si cette interaction est harmonieuse, elle nous procurera de nombreux bienfaits car notre énergie vitale s'en trouvera nourrie, renforcée. Dans le cas contraire, si l'interaction est conflictuelle, nous en pâtirons gravement car notre énergie vitale sera affaiblie, détruite.

Pratiquer le Feng Shui se résume à une règle très simple dans son énoncé : *se trouver dans la bonne position*. Bien sûr, dans la pratique, ce n'est ni simple ni facile. Il est nécessaire de prendre en compte un grand nombre de paramètres – paysage naturel, environnement urbain, architecture, orientation et agencement de la maison – , et la personne est l'un de ces paramètres.

Chaque individu possède un *Qi* particulier, unique, fruit de la combinaison subtile de l'empreinte énergétique qu'il reçoit à sa naissance, de ce qu'il mange et boit et de ce qu'il reçoit de son environnement. Chacun d'entre nous réagit de façon spécifique aux influences générées par les forces de la nature. C'est une raison majeure pour laquelle il n'y a pas de Feng Shui universel ; il n'existe pas de configuration d'environnement et d'habitation qui soit favorable à tout le monde ; une maison peut être très favorable à une personne mais très néfaste à une autre.

Ming Gua, le Trigramme de Vie

Le *Ming Gua* (命卦), Trigramme de Vie*, est le paramètre individuel fondamental du Feng Shui, définissant l'interaction de la personne avec son environnement. Il est dit dans le *Yi Jing** (*Livre des transformations*) que tout ce qui existe peut être représenté, symbolisé par l'un des Huit Trigrammes* (*Ba Gua*). Chaque personne est donc représentée par un trigramme gouvernant un aspect majeur de sa destinée, sa relation avec les forces de la nature, et notamment l'influence du champ magnétique terrestre. Cette relation, nous l'analysons par l'influence des directions et des positions de la personne dans son espace de vie.

Directions et emplacements sont aussi représentés par des trigrammes. Les interactions, harmonieuses ou conflictuelles, entre les trigrammes définissent ainsi les directions et les emplacements bénéfiques et néfastes pour chaque personne.

Dans les relations interindividuelles, l'interaction des trigrammes joue également un rôle important. Nous en constatons nettement les effets dans les relations intimes (le couple, la vie de famille), ainsi que dans la vie professionnelle.

Le calcul du *Ming Gua*

Le *Ming Gua* dépend de la date de naissance de la personne, selon le calendrier solaire. À l'année de naissance correspond un chiffre qui, selon l'association du *Ba Gua* du Ciel Postérieur* et du *Luo Shu**[48], détermine le Trigramme de Vie.

Ba Gua du Ciel Postérieur
Numérotation et Éléments du _Luo Shu_

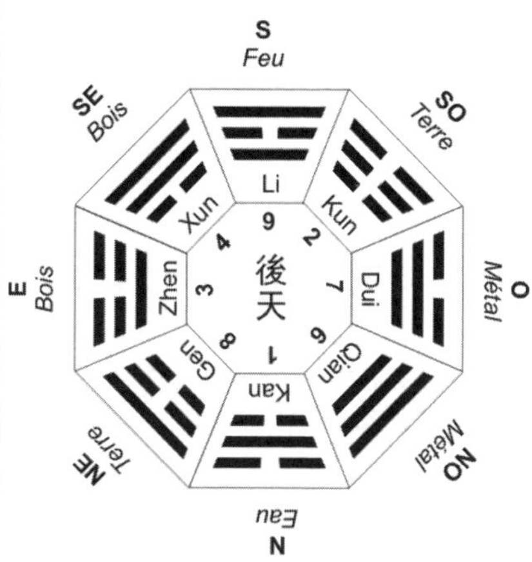

Trigrammes	Chiffres
Kan (坎)	1
Kun (坤)	2
Zhen (震)	3
Xun (巽)	4
Qian (乾)	6
Dui (兑)	7
Gen (艮)	8
Li (離)	9

48. Voir le chapitre 4.

Le chiffre qui sert à déterminer le trigramme, communément appelé « chiffre *Gua* », est calculé à partir de l'année de naissance. Le calcul pour les hommes est différent de celui pour les femmes. Il change également à chaque siècle.

Calcul du chiffre *Gua* de 1900 à 1999

Pour les hommes :

- Prendre les deux derniers chiffres de l'année de naissance et les additionner
  - exemple : 1965 → 65 → 6 + 5 = 11
  - si le résultat dépasse 9, le réduire à un chiffre
  - 11 → 1 + 1 = 2
- Retrancher ce résultat de la constante 10
  - 10 – 2 = **8**, ce qui donne le trigramme *Gen* (艮)

Pour les hommes, si le calcul aboutit au chiffre 5, il se transforme en chiffre 2 et donne le trigramme *Kun* (坤).

Nous considérons que l'année commence le 4 février, avec le début du printemps, selon le calendrier solaire. Pour les personnes nées entre le 1er janvier et le 3 février inclus, le calcul se fait à partir de l'année précédente. Par exemple, pour un homme né le 10 janvier 1976, le calcul, basé sur l'année 1975, donne comme résultat le chiffre 7. Son *Ming Gua* est donc le trigramme *Dui* (兌).

Pour les femmes :

- Prendre les deux derniers chiffres de l'année de naissance et les additionner
  - exemple : 1968 (à partir du 4 février) → 68 → 6 + 8 = 14
- Si le résultat dépasse 9, le réduire à un chiffre
  - 14 → 1 + 4 = 5
- Ajouter la constante 5 à ce résultat
  - 5 + 5 = 10
- Si le résultat dépasse 9, le réduire à un chiffre
  - 10 → 1 + 0 = **1**, ce qui donne le trigramme *Kan* (坎)

Pour les femmes, si le calcul aboutit au chiffre 5, il se transforme en chiffre 8 et donne le trigramme *Gen* (艮).

Calcul du chiffre *Gua* de 2000 à 2099

Pour les hommes :

- Prendre les deux derniers chiffres de l'année de naissance et les additionner
  - exemple : 2003 (à partir du 4 février) → 03 → 0 + 3 = 3
- Retrancher ce résultat de la constante 9
  - 9 – 3 = **6**, ce qui donne le trigramme *Qian* (乾)

Pour les hommes, si le calcul aboutit au chiffre 5, il se transforme en chiffre 2 et donne le trigramme *Kun* (坤).

Pour les femmes :

- Prendre les deux derniers chiffres de l'année de naissance et les additionner
  - exemple : 2005 → 05 → 0 + 5 = 5
- Ajouter la constante 6 à ce résultat
  - 6 + 5 = 11
- Si le résultat dépasse 9, le réduire à un chiffre
  - 11 → 1 + 1 = **2**, ce qui donne le trigramme *Kun* (坤)

Pour les femmes, si le calcul aboutit au chiffre 5, il se transforme en chiffre 8 et donne le trigramme *Gen* (艮).

Tableau récapitulatif des « chiffres *Gua* » selon l'année de naissance

Hommes								
9	**8**	**7**	**6**	**5**	**4**	**3**	**2**	**1**
1901	1902	1903	1904	1905	1906	1907	1908	1909
1910	1911	1912	1913	1914	1915	1916	1917	1918
1919	1920	1921	1922	1923	1924	1925	1926	1927
1928	1929	1930	1931	1932	1933	1934	1935	1936
1937	1938	1939	1940	1941	1942	1943	1944	1945
1946	1947	1948	1949	1950	1951	1952	1953	1954
1955	1956	1957	1958	1959	1960	1961	1962	1963
1964	1965	1966	1967	1968	1969	1970	1971	1972
1973	1974	1975	1976	1977	1978	1979	1980	1981
1982	1983	1984	1985	1986	1987	1988	1989	1990
1991	1992	1993	1994	1995	1996	1997	1998	1999
2000	2001	2002	2003	2004	2005	2006	2007	2008
6	**7**	**8**	**9**	**1**	**2**	**3**	**4**	**5**
Femmes								

Ainsi, les personnes nées entre le 4 février 1949 et le 3 février 1950 ont, comme *Ming Gua*, le trigramme *Qian* (乾) pour les hommes (chiffre 6), et le trigramme *Li* (離) pour les femmes (chiffre 9).

Ming Gua et personnalité

De très nombreux paramètres composent la complexe personnalité humaine. Le *Ming Gua* est l'un de ceux-là. Il est assez fascinant de retrouver des points communs très nets chez les personnes de *Ming Gua* identiques. Je ne prétends pas établir un portrait précis des huit catégories de personnes, je livre simplement ici des observations qui coïncident avec la théorie des attributs et analogies des trigrammes.

Chaque personne est unique en raison de son histoire, de sa culture et de tous les éléments qui dessinent sa destinée. Le Trigramme de Vie* a une influence majeure sur la relation entre la personne et son environnement. Cette influence s'exprime aussi bien dans sa personnalité, son rapport à autrui, que dans les domaines d'activité vers lesquels elle tend.

Le Trigramme de Vie correspond également à des parties du corps, des organes qui, plus sensibles, sont affectés en premier lieu lorsque l'énergie vitale est affaiblie ou agressée (affections, maladies, blessures).

Le *Ming Gua Kan*

Trigramme	*Kan* (坎)	
Chiffre	1	
Ciel Antérieur	Position Ouest. Élément Métal.	
Ciel Postérieur	Position Nord. Élément Eau.	
Image	L'Eau.	
Attributs	Insondable. Mystérieux.	
Analogies	Eau. Puits. Mystère. Danger. Oreilles. Garçon du milieu. Fossé. Véhicule. Inquiétude. Sang. Rouge. Lune.	
Traits marquants de personnalité	De nature secrète bien qu'extraverti en apparence. Agit de façon calme et réfléchie. Peut paraître obstiné.	
Domaines d'activité correspondants	Activités intellectuelles et scientifiques. Informatique. Activités en rapport avec l'eau ou le milieu aquatique.	
Organes	Vessie, reins, oreilles, glandes surrénales.	

Le *Ming Gua Kun*

Trigramme	*Kun* (坤)	
Chiffre	2	
Ciel Antérieur	Position Nord. Élément Eau.	
Ciel Postérieur	Position Sud-Ouest. Élément Terre.	
Image	La Terre.	
Attributs	Réceptif. Passif.	
Analogies	Terre. Mère. Abdomen. Bovin. Tissus. Culturel. Multitude. Foule. Poignées. Tige (végétale). Sol noir.	
Traits marquants de personnalité	Réceptif, honnête et généreux. Toujours prêt à répondre aux besoins des autres. A besoin de s'isoler pour se ressourcer.	
Domaines d'activité correspondants	Agriculture. Immobilier. Restauration. Services sociaux. Conseil. Médecine.	
Organes	Abdomen, estomac, rate.	

Le *Ming Gua Zhen*

Trigramme	*Zhen* (震)	
Chiffre	3	
Ciel Antérieur	Position Nord-Est. Élément Bois.	
Ciel Postérieur	Position Est. Élément Bois.	
Image	Le tonnerre.	
Attributs	Éveilleur. Ébranleur.	
Analogies	Tronc. Dragon. Pieds. Grand garçon. Éclair. Grand chemin. Soleil levant. Chant d'oiseau. Instrument de musique.	
Traits marquants de personnalité	Pragmatique et moral. Prompt à prendre des décisions. Dynamique. Visionnaire et capable de faire plusieurs choses en même temps.	
Domaines d'activité correspondants	Musique et arts en général. Électricité ou électronique. Sport. Cinéma.	
Organes	Pieds, foie, vésicule biliaire.	

Le *Ming Gua Xun*

Trigramme	*Xun* (巽)	
Chiffre	4	
Ciel Antérieur	Position Sud-Ouest. Élément Feu.	
Ciel Postérieur	Position Sud-Est. Élément Bois.	
Image	Le vent.	
Attributs	Doux. Gentil.	
Analogies	Herbe. Bambou. Vent. Volaille. Corde. Outils. Bras.	
Traits marquants de personnalité	Social et sociable. Pragmatique. Arrangeant. Calme mais plutôt impatient. Aime bouger, voyager, déménager.	
Domaines d'activité correspondants	Édition. Littérature. Design. Mobilier. Voyages. Diplomatie.	
Organes	Bras, cuisses, système respiratoire, vésicule biliaire, cheveux.	

Le *Ming Gua Qian*

Trigramme	*Qian* (乾)	
Chiffre	6	
Ciel Antérieur	Position Sud. Élément Métal.	
Ciel Postérieur	Position Nord-Ouest. Élément Métal.	
Image	Le Ciel.	
Attributs	Créateur. Initiateur.	
Analogies	Ciel. Père. Cheval. Homme fort. Tête. Chef. Prince. Métal. Jade.	
Traits marquants de personnalité	Ordonné et méthodique. Sait diriger et communiquer. Fier et fidèle. Plutôt protectionniste, voire paternaliste.	
Domaines d'activité correspondants	Administration. Gouvernement. Management. Aviation.	
Organes	Tête, cerveau, poumons.	

Le *Ming Gua Dui*

Trigramme	*Dui* (兌)	
Chiffre	7	
Ciel Antérieur	Position Sud-Est. Élément Métal.	
Ciel Postérieur	Position Ouest. Élément Métal.	
Image	Le marais.	
Attributs	Joyeux.	
Analogies	Étang. Lac. Bouche. Discuter. Mouton. Chèvre. Jeune fille. Épouse. Diseur de bonne aventure. Dispute (verbale).	
Traits marquants de personnalité	Intuitif. Précis. Très sociable. Bavard. Charmant. Élégant. Soigné.	
Domaines d'activité correspondants	Communication. Relations publiques. Publicité. Enseignement.	
Organes	Bouche, langue, poumons, intestins.	

Le *Ming Gua Gen*

Trigramme	*Gen* (艮)	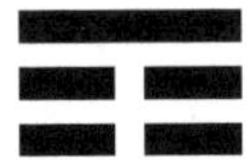
Chiffre	8	
Ciel Antérieur	Position Nord-Ouest. Élément Eau.	
Ciel Postérieur	Position Nord-Est. Élément Terre.	
Image	La montagne.	
Attributs	Stable. Immobile.	
Analogies	Sommet. Arrêt. Dernier fils. Mains. Chien. Piste ou trek. Pierre. Gardien. Doigts. Jeune homme.	
Traits marquants de personnalité	Calme. Indépendant. Méthodique. Attentionné. Résistant au changement.	
Domaines d'activité correspondants	Immobilier. Architecture. Comptabilité. Banque. Médecine. Arts plastiques.	
Organes	Dos, colonne vertébrale, os, jambes, doigts.	

Le *Ming Gua Li*

Trigramme	*Li* (離)	
Chiffre	9	
Ciel Antérieur	Position Est. Élément Bois.	
Ciel Postérieur	Position Sud. Élément Feu.	
Image	Le feu.	
Attributs	Qui s'attache.	
Analogies	Soleil. Faisan. Phénix. Électricité. Sec, asséché. Personne au gros ventre. Tortue. Crabe. Mollusque bivalve.	
Traits marquants de personnalité	Créatif. Aime briller et être admiré. Passionné et possessif. Loyal.	
Domaines d'activité correspondants	Arts. Expression corporelle. Politique. Journalisme. Design et décoration.	
Organes	Cœur, yeux, système nerveux.	

Quel est mon Élément ?

En déterminant notre *Ming Gua*, nous pouvons être tentés d'établir un rapport entre l'Élément de ce trigramme* et notre propre personnalité ou nos affinités avec notre environnement. L'Élément le plus représentatif d'un trigramme étant l'Élément du Ciel Postérieur*, il est possible d'en déduire des informations sur les rapports privilégiés que nous entretenons avec les autres et avec notre environnement immédiat (matériaux, couleurs, etc.), et de trouver ce qui nous convient le mieux.

Mais lorsque nous menons une étude plus approfondie, il nous apparaît clairement que ce n'est pas si simple. Chaque trigramme est associé à deux Éléments, un Élément du Ciel Postérieur et un Élément du Ciel Antérieur*. Nous pouvons dire que l'Élément du Ciel Antérieur n'est pas réellement exprimé, mais qu'il représente un aspect caché du trigramme. Cet Élément joue un rôle en tant que personnalité profonde et secrète, en quelque sorte.

L'analyse des Éléments gouvernant la vie et la destinée de la personne est le sujet du *Ba Zi**, discipline proche du Feng Shui, issue des mêmes fondements et portant principalement sur l'étude des influences du temps et de ses cycles sur la vie des personnes, en commençant par le moment de leur naissance. En *Ba Zi*, les Quatre Piliers* que sont l'année, le mois, le jour et l'heure de naissance définissent la place et l'importance relative des Cinq Éléments* dans la destinée de la personne et permettent de connaître ses aspirations, ses traits de personnalité, ses forces, ses faiblesses, ainsi que ses périodes de chance.

Non seulement chaque Élément se décline en *Yin** ou en *Yang**, mais il importe aussi de savoir s'il est apporté par un Tronc Céleste* ou par une Branche Terrestre* (les deux principes temporels). L'Élément le plus significatif est le Maître du Jour, celui du Tronc Céleste du jour de naissance.

Les Éléments propres à la personne

Ming Gua Kun (坤)				
Élément Ciel Antérieur	Eau			
Élément Ciel Postérieur	Terre			
Thème *Ba Zi*				
Pilier	Année	Mois	Jour	Heure
Tronc Céleste	戊	丁	壬	甲
Branche Terrestre	申	巳	辰	辰
Élément du Tronc	Terre *Yang*	Feu *Yin*	Eau *Yang*	Bois *Yang*
Élément de la Branche	Métal *Yang*	Feu *Yin*	Terre *Yang*	Terre *Yang*
Troncs Cachés	戊庚壬	丙戊庚	戊乙癸	戊乙癸
Éléments des Troncs Cachés	Terre *Yang* Métal *Yang* Eau *Yang*	Feu *Yang* Terre *Yang* Métal *Yang*	Terre *Yang* Bois *Yin* Eau *Yin*	Terre *Yang* Bois *Yin* Eau *Yin*

Exemple d'un homme né le 22 mai 1968 à 8 h. Selon le *Ming Gua* et le thème *Ba Zi*, il apparaît que tous les Éléments sont bien représentés et que ceux qui ont le plus d'impact sont l'Eau et la Terre. La Terre est l'Élément du *Ming Gua* et se retrouve en force dans le thème *Ba Zi* également. L'Eau est l'Élément Maître du Tronc du Jour, mais est un peu faible dans ce thème et doit être renforcée.

Ba Zhai : les Huit Maisons

Le système *Ba Zhai** (八宅) est l'un des quatre systèmes majeurs du Feng Shui. Il repose sur le rapport direct, intime, de l'individu avec les directions de l'espace. Il définit huit types de *Qi*, huit influences, dont quatre sont néfastes, et quatre sont bénéfiques. Ce sont les Huit Maisons.

Le mot *Zhai* (宅), « maison », ne traduit pas exactement le principe fondamental de ce système, qui accorde une grande importance à la boussole, et notamment aux Vingt-Quatre

Montagnes* du *Luo Pan**[49]. Le terme *Ba Zhai* (八宅) fait référence aux huit catégories d'habitations que nous pouvons distinguer en fonction de l'orientation de leur porte d'entrée, ainsi qu'aux huit catégories de personnes (selon leur *Ming Gua*) et aux huit secteurs de la maison (selon la grille des Neuf Palais*).

Vie d'Est et Vie d'Ouest

Les huit catégories de personnes sont regroupées en deux groupes principaux, appelés « Vie d'Est » (ou « Groupe Est »*) et « Vie d'Ouest » (ou « Groupe Ouest »*). De façon globale, les personnes d'un même groupe ont les mêmes directions favorables, en l'occurrence :

- pour le Groupe Est, ce sont l'Est, le Nord, le Sud et le Sud-Est ;
- pour le Groupe Ouest, ce sont l'Ouest, le Sud-Ouest, le Nord-Ouest et le Nord-Est.

Lorsque des personnes du même groupe vivent ou travaillent ensemble, les influences du Feng Shui agissent globalement dans le même sens. Ainsi, il est plus aisé de faire un bon Feng Shui pour deux personnes (ou plus) du même groupe que pour des personnes de groupes différents. C'est pourquoi nous évoquons parfois un principe de compatibilité entre les personnes, selon leur *Ming Gua*.

Ce principe, définissant les meilleures associations ou les meilleurs couples de personnes, est réellement à prendre avec des pincettes, car il existe de nombreuses exceptions. Les paramètres qui régissent les relations entre les personnes sont nombreux et difficiles à identifier. Parmi ceux-ci, nous comptons notamment les Éléments définis par le *Ba Zi**. L'Élément Maître du Jour y est également un facteur déterminant dans les relations entre les personnes.

---

49. Voir le chapitre 6.

Chiffres *Gua* des Groupes Est et Ouest

Groupes	Vie d'Est				Vie d'Ouest			
Chiffres	1	3	4	9	2	6	7	8
Ming Gua	坎 *Kan*	震 *Zhen*	巽 *Xun*	離 *Li*	坤 *Kun*	乾 *Qian*	兌 *Dui*	艮 *Gen*
Palais de vie	Nord	Est	Sud-Est	Sud	Sud-Ouest	Nord-Ouest	Ouest	Nord-Est

Le Palais de Vie* correspond à la position du Trigramme de Vie* dans le *Ba Gua* du Ciel Postérieur*. Le secteur correspondant de l'habitation est très important pour la personne, car il la représente et gouverne sa vie. Si, par malheur, le secteur est manquant, la personne aura une chance très médiocre en tout point : elle ne pourra ni évoluer, ni réaliser ses projets, ni acquérir de richesses. Si le secteur est affecté par une Flèche Empoisonnée* ou par une configuration néfaste, la personne souffrira de maux et de problèmes relatifs à son Trigramme de Vie ainsi qu'aux conjonctions particulières qui s'exercent sur ce secteur.

Les huit types de *Qi*

À l'instar de l'équilibre *Yin*/Yang**, il existe un équilibre des influences bénéfiques et néfastes des directions de l'espace et des énergies qui se répartissent dans une habitation. Ces influences, leur position et leur direction varient d'un individu à l'autre. Par exemple, il n'est recommandé de dormir la tête orientée vers le Nord que pour quatre individus sur neuf. En référence au paramètre principal qu'est la porte d'entrée, une habitation peut être très bénéfique pour une personne et très néfaste pour une autre.

Sur les huit types de *Qi** que représentent les Huit Maisons, quatre d'entre eux sont globalement bénéfiques, et les quatre autres sont globalement néfastes. Il existe une gradation des effets positifs ou négatifs, ainsi que des tendances spécifiques dans le mode d'action de chaque type de *Qi*.

Les *Qi* des Huit Maisons

Bénéfiques	生氣	*Sheng Qi*	Générer la Vie	Dynamisme, énergie, prospérité, croissance.
	天醫	*Tian Yi*	Docteur du Ciel	Santé, carrière, soutien de personnes influentes.
	延年	*Yan Nian*	Longues Années	Longévité, harmonie familiale, amour, renommée.
	伏位	*Fu Wei*	Position	Harmonie, sérénité, calme, stabilité.
Néfastes	禍害	*Huo Hai*	Mésaventures	Tracas, troubles, nombreux soucis, blocages.
	五鬼	*Wu Gui*	Cinq Fantômes	Maladies, trahisons, scandales, vols, accidents, incendies, hémorragies.
	六煞	*Liu Sha*	Six Meurtres	Disputes, séparation, procès, accoutumances, problèmes récurrents, pauvreté.
	絕命	*Jue Ming*	Couper la Destinée	Désastres, mort, faillite, misère, solitude.

Les Huit Maisons du Groupe Est

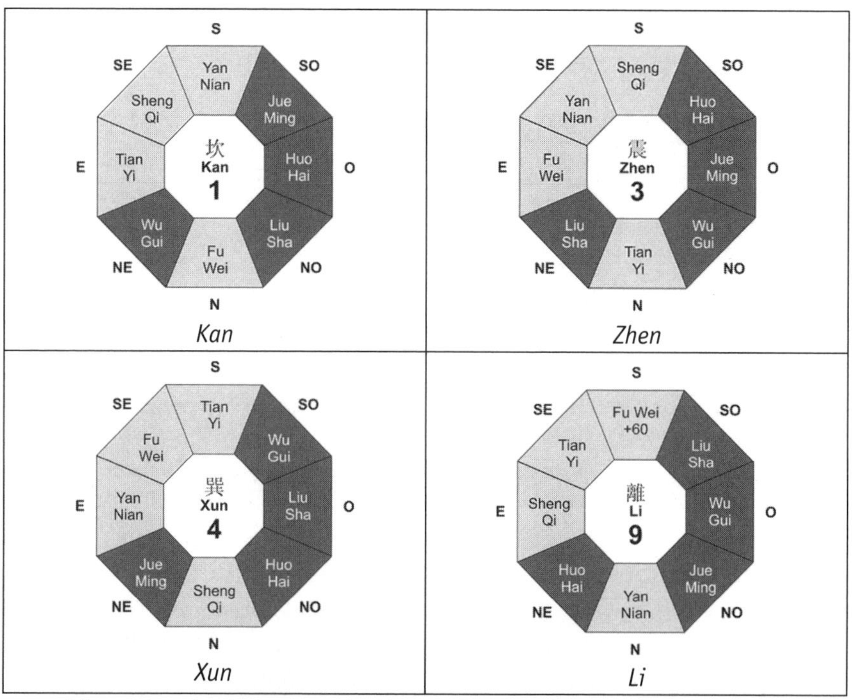

Répartition des huit types de *Qi* pour chaque *Ming Gua* du Groupe Est.

Les Huit Maisons du Groupe Ouest

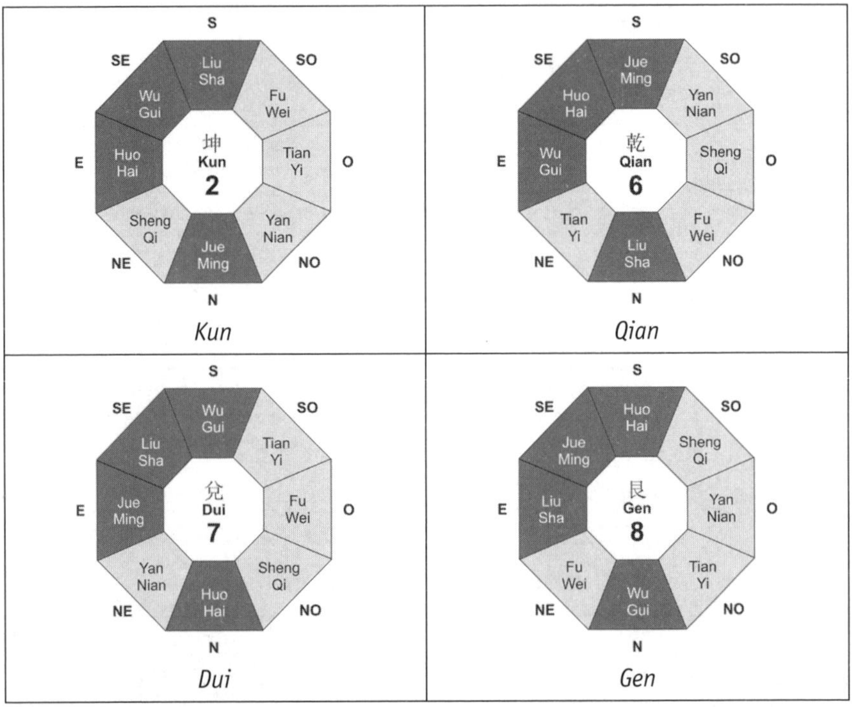

Répartition des huit types de *Qi* pour chaque *Ming Gua* du Groupe Ouest.

Activer le bon *Qi*

Pour activer le bon *Qi*, il faut d'abord savoir le recevoir, le capter. L'habitation reçoit son *Qi* par sa porte d'entrée : c'est le facteur le plus important. La direction de la porte d'entrée, primordiale en *Ba Zhai* comme dans les autres systèmes, doit donc être bénéfique. Outre sa direction, l'emplacement de la porte doit également être dans un Palais* bénéfique.

C'est en général à cette étape que nous prenons conscience de la difficulté à établir, compte tenu du *Ba Zhai*, un bon Feng Shui pour tous les membres de la famille dans le cas (courant) où tous ne sont pas du même groupe. Si la porte est favorable pour les personnes de Groupe Est, elle est néfaste pour celles de Groupe Ouest, et *vice versa*.

L'objectif consiste à combiner tous les paramètres afin d'obtenir un résultat équilibré pour chaque personne. Traditionnellement, les maîtres s'occupaient principalement du père, chef et soutien de la famille entière. Il était indispensable de lui assurer santé et prospérité pour préserver, du même coup, l'ensemble de la famille. De nos jours, le rôle de chaque parent est plus équilibré, et nous ne devons négliger aucune personne. Dans tous les cas, nous devons veiller à ce qu'il n'y ait aucun membre de la famille, parent ou enfant, qui subisse un trop grand nombre d'influences néfastes.

Nous avons à notre disposition plusieurs techniques permettant de compenser de façon efficace les influences des *Qi* néfastes lorsque cela s'avère nécessaire ; elles ne sont dévoilées que lors d'un apprentissage approfondi, car elles peuvent être dangereuses si elles ne sont pas correctement utilisées. L'une de ces méthodes, le principe d'opposition des Huit Maisons, définit précisément quels types de *Qi* s'opposent et s'annulent. Le principe temporel, quant à lui, détermine les fluctuations d'intensité et d'efficacité que les huit types de *Qi* subissent chaque année ou chaque mois.

Ces notions sont relativement complexes et prouvent que le système *Ba Zhai* n'est simple qu'en apparence. Beaucoup de praticiens le négligent ou le dénigrent, le trouvant soit réducteur, soit difficile à gérer en raison de l'opposition entre vie d'Est et vie d'Ouest. Pourtant, ce système est d'une grande efficacité pour qui sait en exploiter toutes les ressources et trouver, pour chaque individu, les bonnes directions et les bons emplacements, au bon moment.

Les facteurs-clés du système *Ba Zhai*

Voici une liste des principaux paramètres du système *Ba Zhai* et leurs principes d'utilisation. Mon but n'est pas d'enseigner ici leur application, soumise à des règles précises de méthodologie et nécessitant, comme toute technique de Feng Shui, un apprentissage sérieux, guidé par un maître expérimenté. Je souhaite uniquement donner un aperçu des facteurs-clés que nous devons utiliser lors d'une expertise.

Vue d'ensemble des facteurs-clés en *Ba Zhai*

Paramètres	Principes d'application
Porte d'entrée	Direction bénéfique. Emplacement bénéfique.
Cuisine	Emplacement néfaste. Porte dans une direction bénéfique.
Cuisinière, four	Emplacement néfaste. Direction bénéfique.
Chambre	Emplacement bénéfique. Porte dans une direction bénéfique.
Lit	Direction bénéfique. Emplacement bénéfique.
Bureau	Direction bénéfique. Emplacement bénéfique.
Salle de bains	Emplacement néfaste. Porte dans une direction néfaste.
Toilettes	Emplacement néfaste. Porte dans une direction néfaste.
Eau[a]	Emplacement bénéfique.

a. Concerne les fontaines et les aquariums à l'intérieur de la maison, et les bassins et piscines à l'extérieur.

Ce tableau récapitule les principes à respecter pour optimiser le Feng Shui selon le système *Ba Zhai*. Pour trouver les directions et emplacements bénéfiques, il faut se référer aux répartitions des huit types de *Qi* selon chaque *Ming Gua*.

Trouver la bonne direction

Bien qu'il ne soit question que de Huit Palais* pour localiser les bons emplacements des pièces et des personnes, lorsqu'il s'agit de direction, nous devons nous référer aux Vingt-Quatre Montagnes* du *Luo Pan**.

Dire, par exemple, que la direction Ouest est bénéfique ou néfaste n'est pas suffisant pour orienter une porte, une cuisinière ou un lit. Chacune des trois subdivisions de la direction Ouest représente une influence particulière.

Trouver la bonne direction n'est donc pas chose facile. Un *Luo Pan* ou une boussole précise est indispensable pour s'orienter correctement. Sans cela et sans connaître l'importance des Vingt-Quatre Montagnes, choisir une bonne direction devient très aléatoire. Sans une connaissance approfondie, les résultats obtenus ne sont pas convaincants et peuvent laisser supposer que le système n'est pas fiable. Il en va tout autrement pour qui en maîtrise les subtilités, pour qui sait définir à quel moment chaque direction est la plus efficace grâce à la connaissance des influences du temps.

Trois Montagnes par trigramme

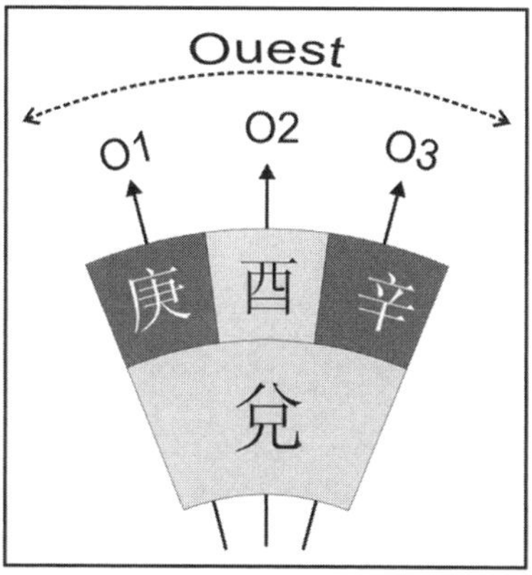

Le trigramme *Dui* (兑), donc la direction Ouest, comporte les montagnes *Geng* (庚), Ouest (1), *You* (酉), Ouest (2), et *Xin* (辛), Ouest (3). Pour une personne dont le *Ming Gua* est *Dui* (兑), chiffre 7, le secteur Ouest de l'habitation est un emplacement bénéfique, correspondant au *Qi* de type *Fu Wei**. Il lui est donc bénéfique d'y avoir sa chambre, par exemple. Cependant, pour l'orientation de son lit, dans la direction Ouest, seule la montagne *You* (酉), Ouest (2), est une bonne direction, correspondant également à *Fu Wei*. La montagne *Geng* (庚), Ouest (1), correspond au *Qi* de type *Jue Ming**, et la montagne *Xin* (辛), Ouest (3), à *Liu Sha**, qui sont des directions très néfastes et fortement déconseillées pour orienter un lit.

Ba Zhai des Vingt-Quatre Montagnes

Groupe Est	Groupe Ouest

Pour résumer l'influence des directions dans le système *Ba Zhai* et sans tenir compte du détail des huit types de *Qi*, nous pouvons identifier, sur le *Luo Pan*, les directions bénéfiques (en gris clair) et les directions néfastes (en gris foncé), d'une part pour les personnes du Groupe Est, et d'autre part pour les personnes du Groupe Ouest.

Comment gérer les oppositions Est-Ouest ?

C'est la question la plus fréquente et la plus angoissante qui s'impose à nous lorsque nous étudions ce système. Dans le cas de deux ou plusieurs personnes appartenant aux deux groupes, comment faisons-nous pour satisfaire tout le monde ? Plus délicat à gérer : quelle direction de lit choisir pour un couple dans le cas d'une opposition Est-Ouest ? Lorsque nous activons une influence bénéfique pour l'un, une influence néfaste apparaît pour l'autre. Devons-nous privilégier une personne en particulier ? Devons-nous privilégier le mari, comme les textes classiques le suggèrent ? Non, ce serait de la paresse intellectuelle, et surtout cela irait à l'encontre de l'objectif du Feng Shui : améliorer la vie de toutes les personnes.

Dans le cas où les membres de la famille ne sont pas tous du même groupe, nous devons évaluer l'impact de l'agencement sur chaque personne et nous attacher en priorité à celles qui sont le plus affectées par des influences néfastes afin d'en minimiser les effets. Il existe cependant une différence entre parents et enfants. Les enfants, dépendant de leurs parents pour leur subsistance et leur protection, profitent de l'énergie vitale que ceux-ci leur transmettent. Nous pouvons donc légèrement privilégier les parents, dans le choix de l'agencement de l'habitation, en nous assurant que les enfants ne subissent pas d'influences néfastes trop fortes.

Le problème de la direction du lit pour un couple Groupe Est-Groupe Ouest est le plus délicat à résoudre. En fait, dans le principe du *Ba Zhai* des Vingt-Quatre Montagnes*, il existe des directions qui s'approchent de la neutralité par la conjonction de deux influences pouvant se neutraliser mutuellement. Il n'y a pas de directions absolument neutres, mais les effets peuvent être nettement atténués dans certains cas. Pour orienter le lit, nous pouvons alors opter, parmi ces directions, pour celles où nous aurons, de surcroît, d'autres bonnes influences déterminées par les autres systèmes d'analyse, Étoiles Volantes*[50] et *Xuan Kong Da Gua*[51], par exemple.

50. Voir le chapitre 10.
51. Système basé sur les Soixante-Quatre Hexagrammes et les cycles du temps.

La suppression d'un Palais : une entrave constante

Lorsque nous utilisons le *Ba Zhai*, nous avons tendance à nous focaliser sur l'activation des bons Palais* en tentant d'utiliser la bonne porte d'entrée, de dormir dans la bonne chambre en orientant le lit dans la bonne direction, de placer le bureau dans le bon secteur et dans la bonne direction. Nous oublions souvent, ou nous faisons mine d'oublier, les influences provoquées par les pièces de suppression, salle de bains, toilettes et cuisine. Or, ces pièces ont la propriété de détruire ou de drainer le *Qi*, transformant les effets néfastes en bénéfiques, et *vice versa*.

Salle de bains et solitude

L'amour, le couple, la vie à deux est une préoccupation majeure, constante et très actuelle, car, il faut le dire, la vie est plus douce à deux que seul pour la majorité d'entre nous. J'ai, en général, de très bons résultats dans ce domaine, et je suis souvent heureux de contribuer au retour de l'amour et au bonheur d'un couple. Cependant, j'ai pu constater à plusieurs reprises que si la salle de bains est située dans le secteur *Yan Nian** (Longues Années) de la personne, il lui sera très difficile de trouver l'amour ou de le garder. Même en appliquant des mesures compensatoires, les résultats ne sont pas très satisfaisants, car avec l'eau, l'énergie bénéfique qui permet la chance et la stabilité en amour est constamment évacuée.

C'est par son utilisation qu'une pièce, un secteur a un impact sur le Feng Shui. Une salle de bains qui n'est jamais utilisée, où l'eau ne s'écoule pas, n'a pas d'impact sur le Feng Shui. Si nous pouvons utiliser une autre salle de bains drainant, à l'inverse, un Palais néfaste, les effets seront doubles. La bonne énergie ne sera plus évacuée, c'est une mauvaise énergie qui le sera, ce qui engendrera alors des influences bénéfiques supplémentaires.

Bien sûr, il est difficile de déplacer une salle de bains ou une cuisine lorsqu'elle est mal située. Nous essayons donc d'en minimiser l'importance en feignant d'en ignorer l'impact réel. Une salle de bains ou des toilettes situées dans un Palais bénéfique drainent constamment le *Qi* bénéfique de ce Palais. Il en résulte des manques, des entraves, des problèmes constants dans les aspects liés à ce type de *Qi*. Il est possible de compenser ces effets négatifs, mais nous serons toujours face à des lacunes dans les domaines concernés.

Ce qu'il faut retenir

Chaque personne réagit de façon spécifique aux influences de son environnement de vie, de son habitation. Il existe huit catégories de personnes regroupées en deux groupes, le Groupe Est et le Groupe Ouest. Le *Ming Gua*, Trigramme de Vie, représente cette distinction. Il détermine les Huit Maisons (*Ba Zhai*), directions et emplacements bénéfiques et néfastes pour chaque personne. La configuration d'une habitation, ses orientations et la répartition des pièces agissent sur chaque personne de façon particulière. C'est la raison pour laquelle les membres d'une même famille ne vivent pas tous les mêmes événements au sein de la même maison.

Le système *Ba Zhai*, bien que simple en apparence, est très important, très efficace, très subtil, et sa mise en œuvre n'est pas toujours aisée. En pratique, s'il suffit des Huit Palais pour définir les bons et les mauvais emplacements, en ce qui concerne les directions, il faut se référer aux Vingt-Quatre Montagnes du *Luo Pan*.

Plus il y a de personnes, plus les choses se compliquent, surtout quand celles-ci sont de groupes différents. Toute la science du maître est alors requise pour faire bénéficier à chacun d'un maximum de bonnes influences.

Chapitre 10

Le temps, modulateur du souffle vital

Les cycles temporels

L'écoulement du temps résulte du mouvement du Ciel. L'influence du temps représente l'action du ciel sur la Terre et sur l'Homme. Bien que le Feng Shui soit la science qui étudie les effets des configurations de l'environnement naturel (Terre) sur les humains (Homme), le temps (Ciel) y occupe une place prépondérante. Souvenons-nous qu'à l'origine, le Feng Shui s'appelait *Kan Yu* (**堪輿**), signifiant « Voie du Ciel et Voie de la Terre ». La Trinité Cosmique (Ciel, Homme, Terre) doit toujours être réunie afin que le *Qi* puisse être engendré. Nous ne pouvons donc pas étudier et pratiquer le Feng Shui sans connaître les fluctuations que le temps provoque sur le *Qi*.

Ces fluctuations suivent des cycles de Période soixante : soixante heures, jours, mois et années rythment ces variations. Plus le cycle est lent, plus fort est son impact. Il est d'usage de ne considérer que les effets annuels et mensuels. En deçà (jour, heure), l'utilisation est plus fastidieuse, et les résultats moins significatifs.

La Période

Le cycle le plus influent est celui de la Période*, *Yun* (運). Représentant la plus grande unité de temps en Feng Shui, la Période correspond à une durée précise de vingt années. Le Grand Cycle compte Neuf Périodes* rassemblées en Trois Cycles*, *Yuan* (元), de trois Périodes.

Les Trois Cycles et les Neuf Périodes

Cycles	Périodes	Trigrammes		Années
Cycle supérieur	1	坎	*Kan*	1864-1883
	2	坤	*Kun*	1884-1903
	3	震	*Zhen*	1904-1923
Cycle médian	4	巽	*Xun*	1924-1943
	5			1944-1963
	6	乾	*Qian*	1964-1983
Cycle inférieur	7	兌	*Dui*	1984-2003
	8	艮	*Gen*	2004-2023
	9	離	*Li*	2024-2043

À l'exception de la Période 5, chaque Période est gouvernée par un trigramme*. L'association du trigramme au numéro de la Période résulte de la combinaison entre *Luo Shu** et *Ba Gua* du Ciel Postérieur*.

Le trigramme gouvernant la Période donne une tendance générale aux événements qui se déroulent dans le monde, et cela pendant toute la durée de cette Période. La conjoncture mondiale, elle aussi, dépend des cycles du temps. Cela est communément admis, notamment en astrologie. Le Feng Shui ne fait qu'introduire une échelle de grandeur supplémentaire qu'est la Période, dont la durée est de vingt années.

L'avènement de la Période 8

Depuis le 4 février 2004 à 19 h 46, nous sommes en Période 8, jusqu'au 4 février 2024 à 16 h 37. La Période 8 est gouvernée par le trigramme *Gen* (艮), la montagne, l'immobilité[52]. Associé à l'Élément Terre, ce trigramme favorise la réussite des hommes jeunes, ainsi que le respect des valeurs traditionnelles, le retour aux sources, le développement des secteurs de l'immobilier et de l'agriculture. Le trigramme de la Période confère une tendance générale à la vie, aux événements sur la planète entière. Les effets sont relativement lents à se faire ressentir, mais la transition entre deux Périodes a des conséquences notables que nous pouvons observer sur la conjoncture globale.

La Période précédente, la Période 7 (1984-2003), était gouvernée par le trigramme *Dui* (兌), le joyeux. Ce trigramme, symbolisé par le marais et par la bouche, est synonyme de joie, de communication, de beauté, de glamour. Les vingt années de cette Période ont été marquées par le développement sans précédent des médias et des moyens de communication (télévision, téléphone, Internet, etc.). La mode et la beauté ont également constitué des sujets majeurs de préoccupation.

De même, si nous examinons la Période 6, gouvernée par le trigramme *Qian* (乾), symbolisant le ciel, nous nous apercevons que, durant les années 1964 à 1983, les transports aériens et la conquête de l'espace ont connu une évolution spectaculaire.

Le cycle des Périodes

L'aspect le plus important de la Période réside dans la modification des propriétés des influences liées au temps, définies et étudiées dans le système *Xuan Kong Fei Xing* (玄空飛星), mieux connu sous l'appellation d'Étoiles Volantes*.

Les Étoiles Volantes sont des influences spatiales et temporelles se combinant et se répartissant dans les maisons selon la direction de celles-ci et la date (la Période) à laquelle leurs habitants s'y sont installés. Ces énergies, dont les combinaisons sont multiples, affectent d'une façon particulière la vie des occupants de chaque maison selon l'architecture, la répartition et l'agencement des pièces.

Certaines Étoiles Volantes sont connues pour être très bénéfiques, et d'autres sont notoirement néfastes. De plus, leurs nombreuses combinaisons possibles génèrent toute une gamme d'effets, de

52. Voir le chapitre 9.

conséquences. Le caractère bénéfique ou néfaste de chaque Étoile Volante n'est pas immuable. Il change avec le temps, conformément au cycle des Périodes. Aussi fort soit-il, le caractère bienfaisant d'une Étoile, en un temps donné, changera tout au long du Grand Cycle. Ainsi, au cours de certaines Périodes, cette Étoile aura des effets négatifs plus ou moins prononcés. Il en va de même pour les Étoiles considérées comme néfastes, qui auront à leur tour des influences positives, le moment venu.

La conversion n'est pas radicale lors du passage d'une Période à la suivante, mais toutes les Étoiles Volantes suivent ce processus naturel de transformation. C'est la raison majeure des différents contrecoups que nous subissons lors d'un changement de Période : la répartition des Étoiles Volantes dans l'habitation ne change pas lors de cette transition, seules leurs influences changent. Chaque cas étant particulier, les résultats sont variés et plus ou moins prononcés. Nous considérons généralement que vivre avec une configuration d'Étoiles Volantes correspondant à une Période précédente n'est pas favorable et le sera de moins en moins.

Que faire, suite au passage à une nouvelle Période, pour éviter tout désagrément ? En premier lieu, un diagnostic précis est nécessaire. Il commence par l'analyse d'éventuels problèmes et de leur corrélation avec le changement de Période. Si la corrélation est claire et que l'analyse des Étoiles Volantes en apporte la preuve, il faudra envisager un changement. Ce changement peut revêtir plusieurs formes.

Changer d'habitation : emménager dans une nouvelle habitation, après le passage à la nouvelle Période, assure la mise en place des Étoiles Volantes correspondant à la Période en cours. Il est, bien sûr, nécessaire de s'assurer que celles-ci, dans la nouvelle configuration, seront bénéfiques, c'est-à-dire que les bonnes influences seront réparties aux endroits stratégiques de la nouvelle demeure.

Changer la Période de l'habitation : si le déménagement n'est pas envisageable, il existe des moyens pour modifier le *Qi* de l'habitation, afin de mettre en place une nouvelle configuration d'Étoiles Volantes, basée sur la nouvelle Période. Nous disons aussi que nous changeons le Cœur Céleste*. Puisque c'est la conjonction Ciel-Homme-Terre qui engendre le *Qi* d'une habitation, il faut défaire l'ancienne conjonction avant d'en établir une nouvelle. En pratique, il est nécessaire de réaliser des travaux modifiant sol, toit et porte d'entrée, dans des conditions très précises. Il n'est pas toujours facile de changer la Période et les Étoiles Volantes. Il faut agir dans la mesure de ses possibilités, mais ne pas lésiner sur les moyens à mettre en œuvre. Il existe des cas où le remède peut s'avérer pire que le mal. Un calcul de la nouvelle configuration est indispensable, afin de savoir au préalable comment vont se répartir les nouvelles énergies et s'il n'y aura pas d'effets néfastes sérieux. Il est donc parfois déconseillé de faire ce changement. Encore une fois, la prudence est de rigueur. La manipulation des énergies requiert de la circonspection ainsi qu'une bonne connaissance des conséquences potentielles.

Modification de la Façade de la maison

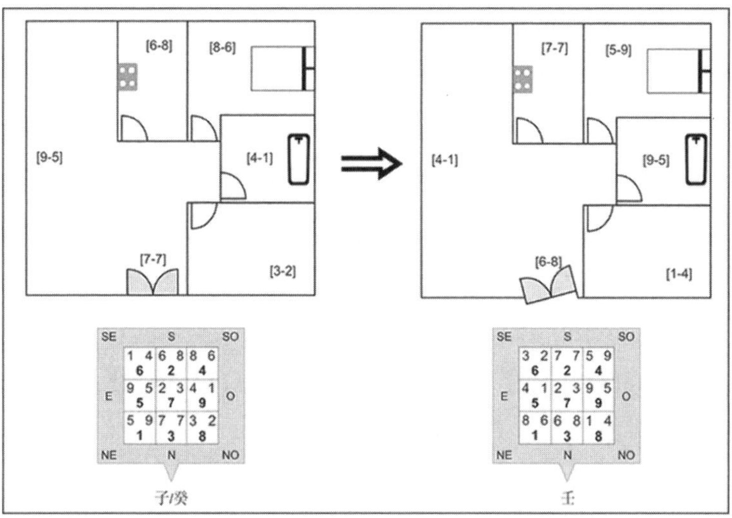

Changement d'Étoiles Volantes de Période 7 en modifiant la direction de la Façade. Les améliorations touchent principalement la porte d'entrée, le séjour et la salle de bains. La cuisine est moins bénéfique, ainsi que la chambre, qu'il convient de transférer dans la pièce Nord-Ouest.

Changer la répartition des Étoiles Volantes : lorsque le changement de Période n'est pas possible ou ne peut pas être réalisé, il reste la solution de remanier la répartition des Étoiles Volantes, sans modification du Cœur Céleste. En changeant la direction de la

Façade*, de la porte d'entrée, le cloisonnement ou la position de certaines portes, il est possible d'effectuer cette transformation afin d'obtenir une configuration plus propice pour la nouvelle Période.

Modification de la Période de la maison

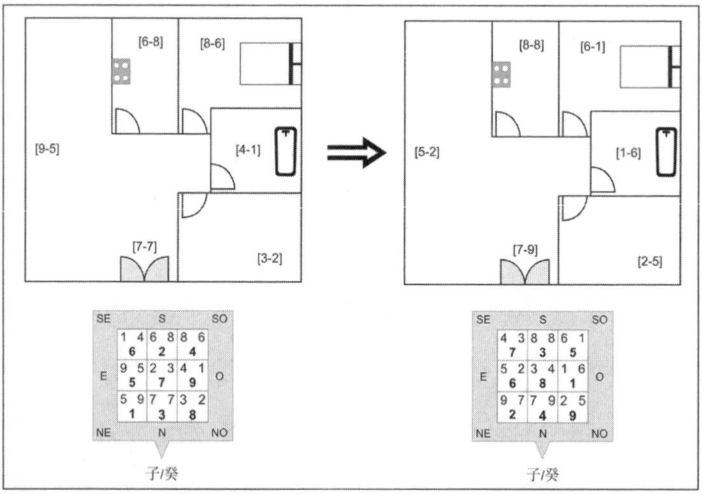

Changement d'Étoiles Volantes de Période 7 en Période 8. Les améliorations concernent également la porte d'entrée et la salle de bains. La cuisine bénéficie ici d'une excellente configuration. La combinaison de la chambre est bonne. En revanche, le séjour est affecté par une combinaison très néfaste.

Xuan Kong Fei Xing : les Étoiles Volantes du Vide Mystique

Le système des Étoiles Volantes, *Xuan Kong Fei Xing* (玄空飛星), est d'une portée et d'une richesse incroyables. Ses répercussions peuvent être phénoménales, et ses applications quasiment sans limite, pouvant aller jusqu'au choix précis du jour et de l'heure pour favoriser des événements particuliers ou des actions à entreprendre. En l'étudiant, nous nous apercevons qu'il existe réellement peu de choses qui ne sont dues qu'au hasard, si toutefois il existe un hasard.

le F. Shui ne croit pas au hasard !

Ce système porte l'analyse des influences temporelles à un niveau très élevé de précision et de contrôle. Il apporte une lecture détaillée des événements passés, présents et à venir d'une habitation. Il est de loin le plus apprécié des systèmes de Feng Shui, par les experts comme par les débutants, car il donne des possibilités fascinantes de manipulation des énergies et de prédiction des événements.

Malgré tout, ce système ne constitue qu'une partie du Feng Shui et doit toujours être utilisé dans un ensemble cohérent de techniques, où aucune méthode visant à la connaissance du *Qi* et de ses influences ne doit être négligée. Les Étoiles Volantes se combinent avec toutes les autres influences pour donner un résultat unique, notamment avec les influences des formes de la nature, de l'eau, des montagnes. Si puissantes soient-elles, les Étoiles Volantes seront éternellement dominées par les forces du paysage.

Bases de calcul

Le terme « calcul » traduit bien l'aspect quasiment mathématique de ce système d'analyse. Identifiées sous forme de chiffres de 1 à 9, les Étoiles Volantes se répartissent dans la grille des Neuf Palais* en occupant trois positions principales : l'Étoile de Base, l'Étoile de Façade* et l'Étoile d'Assise*.

Modèle de grille d'Étoiles Volantes

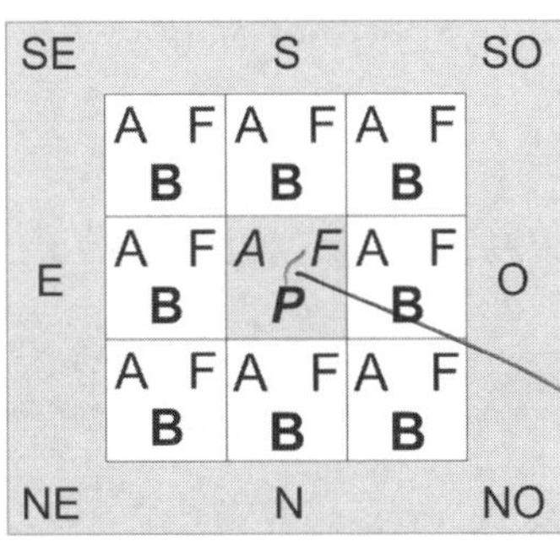

Dans chacun des Palais des Huit Directions* se placent une Étoile de Base (B), une Étoile d'Assise (A) et une Étoile de Façade (F). Dans le Palais* central, appelé le « Cœur Céleste »*, se trouvent l'Étoile de la Période (P), l'Étoile d'Assise (A) et l'Étoile de Façade (F). Les Étoiles du Cœur Céleste déterminent toutes les Étoiles Volantes des autres Palais.

Le principe de répartition des Étoiles Volantes, c'est-à-dire le chemin selon lequel elles « volent » dans les Neuf Palais, repose sur le fondement du *Luo Shu**.

Le *Luo Shu*

SE		S		SO
	4	9	2	
E	3	5	7	O
	8	1	6	
NE		N		NO

Le *Luo Shu* indique la trajectoire que suivent les Étoiles Volantes pour se répartir dans la grille des Neuf Palais. Cette trajectoire est représentée par la suite des chiffres en partant du centre : *5-6-7-8-9-1-2-3-4*. Le *vol* des Étoiles est donc : *Centre* → *Nord-Ouest* → *Ouest* → *Nord-Est* → *Sud* → *Nord* → *Sud-Ouest* → *Est* → *Sud-Est*.

Dans le Palais central, l'Étoile de la Période est déterminée par la date à laquelle les occupants de l'habitation ont emménagé. Si c'était entre le 4 février 1984 et le 3 février 2004, alors c'était en Période 7. Dans ce cas, l'Étoile de la Période est le chiffre 7. Si c'était à partir du 4 février 2004, alors l'Étoile de la Période est le chiffre 8.

Le « vol » de l'Étoile de la Période détermine les Étoiles de base des huit autres Palais, selon la trajectoire du *Luo Shu*, dans l'ordre croissant.

Étoiles de base de Période 7

SE		S		SO
	6	2	4	
E	5	7	9	O
	1	3	8	
NE		N		NO

Étoiles de base de Période 8

SE		S		SO
	7	3	5	
E	6	8	1	O
	2	4	9	
NE		N		NO

L'Étoile de Façade et l'Étoile d'Assise du Cœur Céleste sont définies par la direction de la Façade.

Cœur Céleste en Période 7 pour une Façade à l'Est

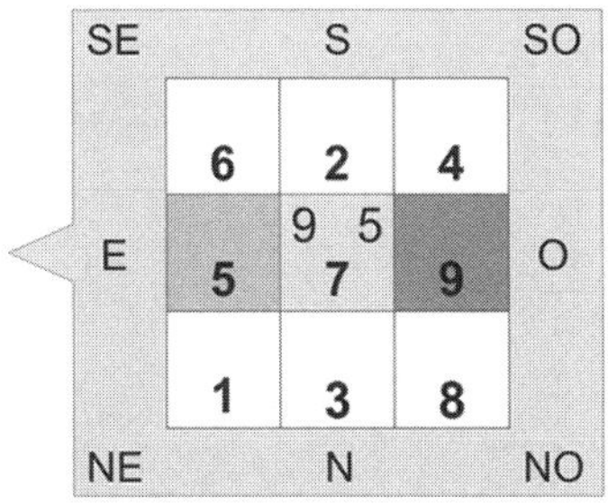

Pour une maison de Période 7 ayant sa Façade orientée à l'Est, l'Étoile de Façade du Palais central est l'Étoile 5, qui est l'Étoile de base du Palais Est. Nous la plaçons donc en haut, à droite de l'Étoile de la Période. L'Étoile d'Assise du Palais central est l'Étoile 9, qui est l'Étoile de base de l'Assise, à l'opposé de la Façade, donc du Palais Ouest. Elle se place en haut, à gauche de l'Étoile de la Période.

Cœur Céleste en Période 8 pour une Façade au Sud

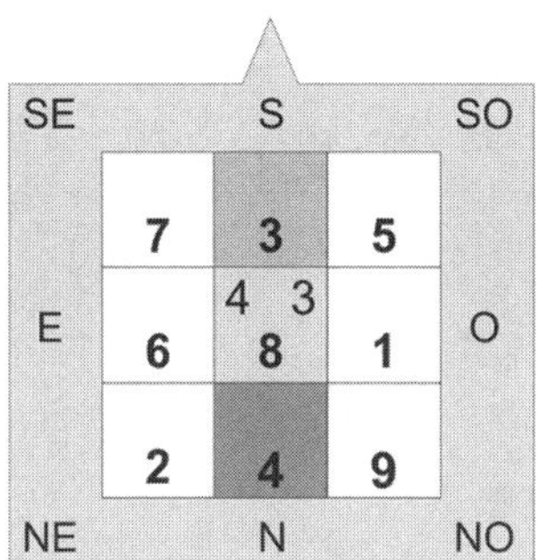

Pour une maison de Période 8 ayant sa Façade orientée au Sud, l'Étoile de Façade du Palais central est l'Étoile 3, Étoile de base du Palais Sud. Nous la plaçons donc en haut, à droite de l'Étoile de la Période. L'Étoile d'Assise du Palais central est l'Étoile 4, Étoile de base de l'Assise, à l'opposé de la Façade, donc du Palais Nord. Elle se place en haut, à gauche de l'Étoile de la Période.

Les Étoiles de Façade et d'Assise des Palais des Huit Directions* sont placées en fonction de celles du Palais central. La trajectoire est également celle du *Luo Shu*, mais pour ces Étoiles, le sens est soit croissant (*Yang**), soit décroissant (*Yin**).

Le sens du « vol » des Étoiles de Façade et d'Assise dépend de la direction précise de la Façade, mesurée sur l'Anneau des Vingt-Quatre Montagnes* du *Luo Pan**, et du fait qu'elles sont de chiffre pair ou impair.

Sens du « vol » des Étoiles

Étoiles	Montagne 1	Montagnes 2 et 3
Chiffres pairs (*Yang*) 1, 3, 7, 9	Sens croissant (*Yang*)	Sens décroissant (*Yin*)
Chiffres impairs (*Yin*) 2, 4, 6, 8	Sens décroissant (*Yin*)	Sens croissant (*Yang*)
L'Étoile 5 est particulière, elle se comporte comme le chiffre de l'Étoile de la Période.		

Grille d'Étoiles Volantes de Périodes 7 et 8

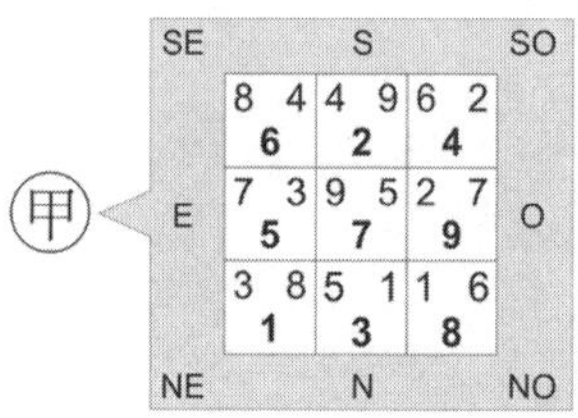

Grille d'Étoiles Volantes d'une habitation de Période 7 dont la Façade est orientée vers la direction *Jia* (甲)/E1.

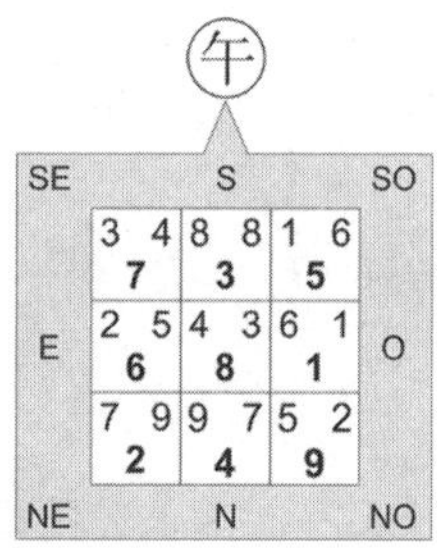

Grille d'Étoiles Volantes d'une habitation de Période 8 dont la Façade est orientée vers la direction *Wu* (午)/S2.

Principes d'analyse

Les Neuf Étoiles Volantes sont représentées par un chiffre et une couleur. La couleur n'est pas en rapport avec l'Élément, mais serait liée à celle des étoiles de la constellation de la Grande Ourse, selon certains écrits. L'ouvrage classique de référence, le plus connu pour la description des Étoiles Volantes et de leurs influences, est *Le manuscrit violet et blanc*, dont le titre évoque les couleurs de la première et de la dernière Étoiles. Chaque Étoile est en rapport avec des organes du corps humain, dont les effets se font surtout ressentir lors de manifestations néfastes.

Les attributs des Étoiles Volantes

Étoiles	Éléments	Organes	Effets bénéfiques	Effets néfastes
1 – Blanc	Eau	Reins, vessie, sang, oreilles.	Intelligence ; nombreux enfants ; connaissances ; arts.	Empoisonnement ; inondation ; stupidité ; cupidité ; agressivité.
2 – Noir	Terre	Pancréas, rate, estomac.	Fertilité ; prospérité grâce à la terre ; productivité.	Maladie ; avortement ; veuvage ; misère.
3 – Vert	Bois	Pieds, vésicule biliaire.	Célébrité ; éloquence ; récompenses ; exploits sportifs ; dynamisme.	Asthme ; folie ; procès ; conflits ; ignorance ; rébellion ; handicap.
4 – Jade	Bois	Foie, cheveux, cuisses.	Passion ; romance ; excellence littéraire et artistique.	Suicide ; déviances sexuelles ; allergies ; instabilité ; ignorance.
5 – Jaune	Terre	Organes internes, système nerveux.	Accomplissement ; prospérité ; pouvoir.	Tragédies ; désastres ; accidents ; décès ; meurtres.
6 – Blanc	Métal	Tête, nez, os.	Autorité ; connaissances militaires ; célébrité ; créativité ; charisme.	Solitude ; vol ; décès de l'épouse ; criminalité ; pauvreté ; pas d'enfant.
7 – Rouge	Métal	Poumons, intestins.	Spiritualité ; acteur ou chanteur célèbre ; communication ; argent.	Cambriolage ; procès ; accidents ; blessures ; MST ; prostitution.
8 – Blanc	Terre	Dos, colonne vertébrale.	Prospérité ; fortune ; honnêteté ; stabilité.	Maladie ou décès du jeune fils ; maladies chroniques ; impotence.
9 – Violet	Feu	Cœur, yeux.	Promotion ; avancement ; bienveillance ; beauté ; personnalité d'exception.	Incendie ; cécité ; surdité ; violence ; hypocrisie ; stérilité.

Chaque Étoile peut avoir des influences bénéfiques et des influences néfastes. L'aspect bénéfique ou néfaste d'une Étoile dépend de la phase énergétique dans laquelle elle se situe. À chaque Période, les Étoiles changent d'aspect en passant d'une phase à une autre.

Les phases énergétiques des Étoiles Volantes

Phases énergétiques bénéfiques	Phases énergétiques néfastes
Wang Qi (旺氣) : règne	*Tui Qi* (退氣) : recul
Sheng Qi (生氣) : croissance	*Shuai Qi* (衰氣) : faiblesse
Zuo Qi (佐氣) : soutien	*Si Qi* (死氣) : extinction
	Sha Qi (煞 氣) : maléfice

En Période 8 (2004-2023), les Étoiles sont dans les phases suivantes :

- l'Étoile 1-Blanc est en phase *Sheng Qi** (croissance) et en phase *Zuo Qi* (soutien) ;
- l'Étoile 2-Noir est en phase *Si Qi* (extinction) ;
- l'Étoile 3-Vert est en phase *Sha Qi** (maléfice) ;
- l'Étoile 4-Jade est en phase *Sha Qi* (maléfice) ;
- l'Étoile 5-Jaune est en phase *Sha Qi* (maléfice) ;
- l'Étoile 6-Blanc est en phase *Shuai Qi* (faiblesse) ;
- l'Étoile 7-Rouge est en phase *Tui Qi* (recul) ;
- l'Étoile 8-Blanc est en phase *Wang Qi* (règne) ;
- l'Étoile 9-Violet est en phase *Sheng Qi* (croissance).

Les 81 combinaisons

L'influence des Étoiles Volantes s'exprime au travers de l'Étoile d'Assise* et de l'Étoile de Façade* des Palais* des Huit Directions*. Neuf Étoiles de Façade et Neuf Étoiles d'Assise donnent 81 combinaisons possibles. Même si toutes ces combinaisons ne se retrouvent pas à chaque Période, les possibilités y sont toutefois très nombreuses.

L'analyse et l'interprétation des effets de chaque combinaison Étoile d'Assise-Étoile de Façade sont complexes en raison de :

- *L'interaction des Éléments des deux Étoiles* : selon les rapports de production, d'affaiblissement et de contrôle, les deux Étoiles peuvent se soutenir, se renforcer, s'affaiblir ou se combattre.
- *La phase énergétique dans laquelle se trouvent les Étoiles* : lorsqu'elles sont toutes deux en phase bénéfique ou en phase néfaste, les effets sont du même ordre. Lorsque l'une est en phase bénéfique et l'autre en phase néfaste, l'interprétation devient plus délicate et dépend de l'activation spécifique de chaque Étoile.
- *La position des Étoiles, en Façade ou en Assise* : cela correspond, respectivement, à un caractère *Yang** ou *Yin**. L'Étoile de Façade gouverne les aspects *Yang* de la vie, l'activité professionnelle et la richesse, notamment ; l'Étoile d'Assise gouverne les aspects *Yin*, la cohésion familiale, la santé.
- *L'activation des Étoiles par les facteurs internes et externes* : les formes du paysage naturel et de l'environnement urbain agissent sur les Étoiles Volantes en les activant ou en les inhibant. L'agencement, l'activité au sein de la maison, dans chaque pièce, et les éléments du mobilier agissent sur l'expression de chaque Étoile volante.

L'interprétation doit toujours être effectuée au cas par cas, en tenant compte de tous les facteurs. Il n'y a aucune généralité possible dans l'analyse des combinaisons des Étoiles Volantes et de leurs effets, pour la raison principale que l'Étoile de Façade et l'Étoile d'Assise ne peuvent pas être activées simultanément. Dans un Palais donné, c'est soit l'Étoile de Façade, soit l'Étoile d'Assise qui s'exprime. Il leur est très difficile de s'exprimer conjointement, car le *Yin* active le *Yin* et inhibe le *Yang* ; à l'inverse, le *Yang* active le *Yang* et inhibe le *Yin*.

À titre indicatif, nous pouvons lister quelques combinaisons bénéfiques et néfastes bien connues, fréquentes dans la Période actuelle, et dont les effets sont très marquants. Lorsque nous les rencontrons, nous devons toutefois procéder à une analyse précise afin de savoir dans quelle mesure elles s'expriment.

Les combinaisons notoirement bénéfiques

Combinaisons	Effets
1-8	Grande richesse ; intelligence ; bénéfique pour les activités relatives à l'eau.
8-1	Célébrité ; reconnaissance ; carrière prestigieuse.
8-8	Grande richesse par accumulation de propriétés ; gains financiers rapides.
6-8	Succès ; renommée ; richesse ; carrière dans le gouvernement ou l'armée.
6-1	Bénéfiques pour les aspects physiques et intellectuels ; sportif renommé.
1-6	Grande intelligence ; réussite exceptionnelle ; grands accomplissements.

Les combinaisons notoirement néfastes

Combinaisons	Effets
2-3 / 3-2	« Combat de taureaux ». Disputes ; procès ; divorces.
2-5 / 5-2	Calamités ; accidents ; maladies ; décès.
3-4	Problèmes psychologiques ; maladies cérébrales.
4-3	Rivalités ; infidélité ; perturbation de tout ordre ou de toute situation établie.
2-7 / 7-2	Risque d'incendie.
3-7 / 7-3	Procès ; cambriolage.

Les descriptions de combinaisons d'Étoiles Volantes des textes de référence correspondent, le plus souvent, à l'époque à laquelle le texte a été rédigé, l'auteur se basant sur ses observations du moment. Dans une époque ultérieure, ces descriptions ne sont donc plus très fiables, car les Étoiles ont toutes changé de phase énergétique, pouvant passer de bénéfiques à néfastes ou inversement.

Action des formes de l'environnement

L'expression de chaque Étoile Volante d'une habitation dépend, en premier lieu, de l'influence des formes de l'environnement externe. Lors d'une analyse *Xuan Kong*, nous risquons de nous focaliser sur l'intérieur de l'habitation, par l'application directe des combinaisons des Neuf Palais*.

Avant tout, nous devons examiner comment les Étoiles de Façade* et d'Assise* sont soutenues par les formes naturelles et artificielles de l'environnement externe, en portant une attention particulière aux Étoiles du Palais* de la Façade et du Palais de l'Assise.

L'eau soutient et active l'Étoile de Façade. Présente sous la forme de l'océan, d'un lac, d'une rivière, d'une piscine, d'une fontaine ou d'un bassin de poissons rouges, elle a un fort impact sur le Feng Shui de l'habitation au travers des Étoiles de Façade qu'elle supporte. Si l'eau active une Étoile de Façade bénéfique, les effets seront favorables pour la richesse et la carrière. Si, au contraire, elle soutient une Étoile néfaste, les conséquences seront mauvaises sur ces deux aspects principalement.

Une montagne soutient et active l'Étoile d'Assise, de même qu'une colline, une élévation du terrain, un bâtiment, une construction élevée. Lorsque c'est une Étoile d'Assise bénéfique qui est activée, elle soutient la santé et favorise l'harmonie du couple et de la famille. Dans le cas contraire, maladies et problèmes relationnels apparaissent.

Les positions les plus importantes de l'eau et de la montagne sont l'avant et l'arrière de la maison, correspondant aux Palais de la Façade et de l'Assise. Les Étoiles qui s'y trouvent exercent une influence globale sur toute la maison et tous ses occupants.

En fonction de la nécessité de soutenir les Étoiles de Façade et d'Assise régnantes (phase *Wang Qi*), nous distinguons plusieurs cas de figure :

- « Assise et Façade Prospères », *Wang Shan Wang Shui* (**旺山旺水**), où la montagne doit être située à l'arrière de la maison et l'eau, à l'avant.
- « Montagne en Haut et Eau en Bas », *Shang Shan Xia Shui* (**上山下水**), où la montagne doit être à l'avant et l'eau, à l'arrière.
- « Double Étoile en Façade », *Shuang Xing Dao Xiang* (**雙星到向**), où la montagne et l'eau doivent être à l'avant.
- « Double Étoile en Assise », *Shuang Xing Dao Zuo* (**雙星到坐**), où la montagne et l'eau doivent être à l'arrière.

Les cas les plus fréquents concernent la configuration Assise et Façade Prospères, *Wang Shan Wang Shui* (旺山旺水), où la montagne soutient l'arrière de la maison, et l'eau, l'avant. C'est le cas classique de configuration de Feng Shui que nous recherchons. Nous constatons donc que c'est en raison de configurations particulières d'Étoiles Volantes qu'apparaissent les exceptions à cette règle de base.

Lorsque l'eau et la montagne ne sont pas correctement situées, les effets peuvent passer de passablement mauvais à très néfastes. Il convient donc d'observer avec soin les éléments du paysage, naturel et artificiel, pouvant agir sur la grille des Étoiles Volantes, afin d'évaluer les effets précis en fonction de celles qui sont soutenues.

L'agencement des pièces

L'étude de la répartition des combinaisons d'Étoiles Volantes dans les pièces de l'habitation nous permet d'entrer dans le détail de leurs actions précises, de chaque influence, pour chaque personne. Les combinaisons comportant une Étoile de Façade bénéfique doivent idéalement se situer dans l'entrée, le salon, le bureau ou à l'emplacement des escaliers ; les combinaisons comportant une Étoile d'Assise bénéfique doivent idéalement se trouver dans la cuisine ou dans les chambres ; les combinaisons néfastes doivent idéalement concerner les toilettes et la salle de bains.

Le point particulier et crucial du système *Xuan Kong* réside dans la répartition singulière des énergies. Le *Qi* ne se distribue pas de façon équitable entre les Neuf Palais* ; il suit les cloisonnements et entre par les ouvertures comme pourrait le faire un fluide. C'est pourquoi l'analyse et l'interprétation des Étoiles Volantes sont si délicates et sources de nombreuses confusions.

Selon l'agencement des pièces et la position des portes, toutes les combinaisons d'une même grille n'entrent pas dans l'habitation : certaines restent hors de celle-ci et ne peuvent pas s'exprimer ;

d'autres, au contraire, peuvent occuper un espace bien plus grand que leur Palais d'origine. Une pièce se situant à l'emplacement d'un Palais peut recevoir une combinaison d'Étoiles d'un autre Palais.

Exemple d'analyse selon les Étoiles Volantes

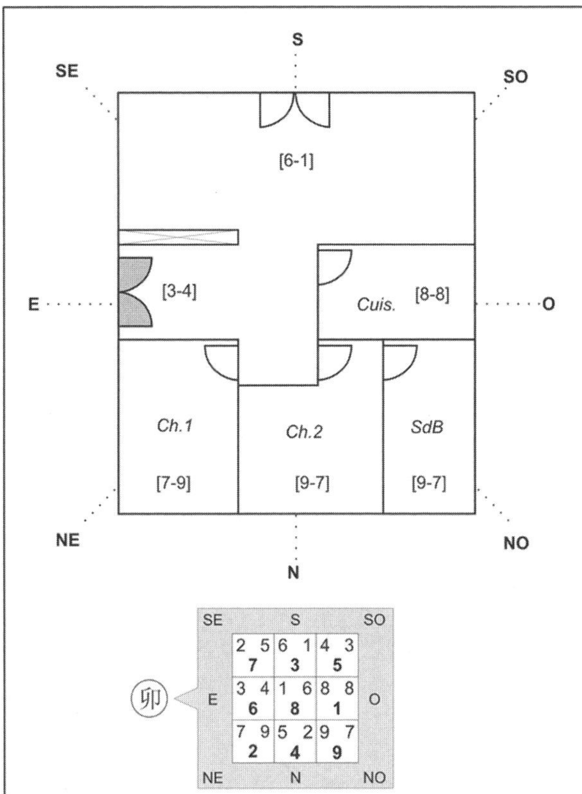

Ce schéma représente une habitation de Période 8 et de Façade *Mao* (卯), E2. La grille d'Étoiles Volantes correspond à une configuration « Double Étoile en Assise » (*Shuang Xing Dao Zuo*). Il faut donc que l'environnement présente une montagne et de l'eau à l'arrière, afin que les aspects santé, famille, carrière et argent soient tous soutenus. Dans l'entrée, la combinaison [3-4], néfaste, est porteuse de problèmes psychologiques, de tromperies, d'instabilité. Dans la cuisine, la combinaison [8-8] est très bénéfique pour la santé et la famille. En raison de la distribution du *Qi*, nous trouvons la combinaison [6-1], bénéfique, dans tout l'espace du séjour. Nous constatons également que la chambre et la salle de bains comportent la combinaison [9-7], ce qui est également de bon augure. L'autre chambre ne bénéficie pas d'une bonne Étoile d'Assise, donc il n'est pas recommandé d'y dormir.

Les combinaisons spéciales

Il existe, parmi toutes les configurations possibles d'Étoiles Volantes, des arrangements particuliers formant des combinaisons spécifiques, reconnues comme hautement bénéfiques. Ces combinaisons spéciales ne se retrouvent pas toutes à chaque Période et obéissent à des règles strictes. Elles ne produisent leurs effets exceptionnels que dans des conditions d'application précises. Obtenir une combinaison spéciale n'est pas forcément synonyme de grande chance : encore faut-il qu'elle soit activée correctement.

Trois sortes de combinaisons spéciales peuvent apparaître au cours des Neuf Périodes* :

- *La Combinaison de Dix*, He Shi* (合十), correspondant à une configuration Assise et Façade Prospères (*Wang Shan Wang Shui*), particulièrement favorable pour la richesse.
- *Le Collier de Perles, San Ban Gua* (三般卦), correspondant à une configuration Montagne en Haut et Eau en Bas (*Shang Shan Xia Shui*), favorisant surtout les aspects personnels.
- *La Chaîne Parentale, Fu Mu San Ban Gua* (父母三般卦), également de configuration Montagne en Haut et Eau en Bas (*Shang Shan Xia Shui*), réputée comme la meilleure de toutes, génératrice d'une chance exceptionnelle dans tous les domaines.

Une chance exceptionnelle ne s'acquérant pas sans effort, les combinaisons spéciales ne libèrent tout leur potentiel qu'en des circonstances précises. Les Étoiles Volantes régnantes (*Wang Qi*) doivent absolument être soutenues par des éléments naturels du paysage, tant pour l'eau que pour la montagne. Il faut également que tous les Palais* soient présents dans l'habitation (Quatre Points d'Or*), et que la combinaison corresponde à la Période en cours. La chance apportée par une combinaison spéciale s'arrête généralement avec le changement de Période, et risque ensuite de tourner à la malchance.

L'activation correcte du Palais de l'Assise* et du Palais de la Façade* est extrêmement importante, notamment pour la « Chaîne Parentale ». Les effets peuvent être catastrophiques si les formes externes, à l'avant et à l'arrière, ne sont pas propices.

Activation et remèdes

L'activation par les formes externes est toujours la plus efficace. Il est, bien sûr, plus facile de créer de l'eau que de créer une montagne. Un bassin de jardin ou une piscine peut servir très efficacement d'activateur d'Étoiles de Façade. Une élévation du terrain, une buttée ou de gros rochers évoquent la montagne et peuvent soutenir les Étoiles d'Assise.

À l'intérieur, le principe est le même : l'eau peut se trouver sous forme de fontaine ou d'aquarium. Elle active l'Étoile de Façade. La montagne peut être représentée par un meuble haut et massif, par des roches lourdes ou placées en position élevée. Les Étoiles activées sont celles qui se trouvent dans la pièce, selon la distribution du *Qi,* et pas nécessairement celles qui correspondent à l'emplacement du Palais.

Nous pouvons également agir sur les Étoiles Volantes grâce au principe des Cinq Éléments*. Nous considérons ici l'Élément du Ciel Postérieur*. Nous utilisons de préférence l'Élément qui engendre celui de l'Étoile. Pour l'Étoile 8-Blanc, par exemple, nous pouvons utiliser l'Élément Feu (cheminée, bougies, formes triangulaires) pour renforcer son Élément du Ciel Postérieur qui est la Terre. Nous pouvons également la soutenir avec son propre Élément, donc avec tout ce qui évoque la Terre (cristaux, pierres, formes carrées). Grâce à l'action des Éléments et selon le cycle d'affaiblissement ou de contrôle, nous pouvons réduire les effets des Étoiles lorsqu'elles sont néfastes. C'est pourquoi il est souvent recommandé d'utiliser des carillons et divers objets en métal pour contrecarrer les effets des combinaisons [2-5] ou [5-2]. Leur Élément étant la Terre, elles sont affaiblies par le Métal.

Toutefois, l'efficacité de l'utilisation des Éléments est limitée. À moins d'en utiliser de très grandes quantités, l'impact sur les Étoiles Volantes, influences des forces du Ciel, est médiocre. Le meilleur remède en Feng Shui reste l'esquive : ne pas demeurer à l'emplacement ou dans la direction d'une influence néfaste constitue la meilleure solution pour ne pas en subir les effets. Ainsi, une pièce dans laquelle règne une combinaison néfaste ne doit pas servir de pièce à vivre, de chambre ou de cuisine. C'est surtout la personne qui y séjourne qui en reçoit les mauvaises influences. Même en présence de remèdes, les effets se font toujours sentir, de façon plus ou moins prononcée. Il est bien souvent difficile, voire impossible, de déplacer une chambre ou une cuisine, ou encore de modifier la distribution des énergies. Les remèdes peuvent alors apporter une amélioration. Mais nous devons toutefois rester conscients des forces en présence et de leur portée.

Étoiles de l'année, du mois, du jour

La grille des Étoiles Volantes indique un état général des influences, et permet de comprendre et de prévoir les événements qui ont lieu dans une habitation. Néanmoins, ces événements ne se produisent pas de façon continue ; les effets fluctuent d'une année sur l'autre et d'un mois sur l'autre. Ils se manifestent de façon ponctuelle. Dans un contexte global, la matérialisation d'une influence en un événement précis dépend des cycles temporels mineurs : années, mois, jours et heures.

Plus le cycle est rapide, moins l'impact est fort. Ainsi, l'heure agit moins que le jour, qui a moins d'impact que le mois, moins influent que l'année. C'est lors de conjonction d'influences de même tendance que les résultats les plus nets sont générés. En général, dans la pratique, nous tenons compte essentiellement des Étoiles annuelles, éventuellement des Étoiles mensuelles. Le calcul des Étoiles journalières est relativement fastidieux et ne se justifie pas pour une application courante. Elles sont prises en considération pour des calculs de sélection de dates par les praticiens qui veulent favoriser le bon déroulement d'un événement ponctuel important (mariage, signature de contrat, inauguration).

L'Étoile annuelle dont il faut le plus se méfier est l'Étoile 5-jaune, réputée comme étant la plus virulente. L'Élément de cette Étoile est la Terre : il convient donc de l'affaiblir avec des objets en métal (carillons, pièces, boules de pétanque). Lorsque cette Étoile se trouve dans un Palais* où règne une combinaison néfaste, le danger est maximal.

Exemple d'Étoiles Volantes temporelles : le 9 avril 2007

SE		S		SO
	1	6	8	
E	9	2	4	O
	5	7	3	
NE		N		NO

Étoiles de l'année :
Étoile 2 au centre

SE		S		SO
	8	4	6	
E	7	9	2	O
	3	5	1	
NE		N		NO

Étoiles du mois :
Étoile 9 au centre

SE		S		SO
	6	2	4	
E	5	7	9	O
	1	3	8	
NE		N		NO

Étoiles du jour :
Étoile 7 au centre

Forces Tueuses temporelles

Le temps, manifestation du Ciel, agit sur l'espace, manifestation de la Terre. Répondant aux mêmes fondements, les cycles du temps et les directions de l'espace sont fortement liés. En fait, les cycles temporels agissent sur les directions ; celles-ci sont plus ou moins opérantes et subissent régulièrement des afflictions qui leur confèrent un caractère très néfaste (*Sha Qi**).

Une Force Tueuse* temporelle ne montre son caractère malveillant que lorsqu'elle est dérangée, activée. Elle correspond à une localisation de l'habitation ou à une direction dans laquelle il faut éviter certaines actions, en particulier des travaux. Les Forces Tueuses temporelles qu'il convient de respecter sont en priorité les Forces Tueuses annuelles. En second lieu, nous tenons aussi compte des Forces Tueuses mensuelles.

Tai Sui et *Sui Po*, les dieux du courroux

La Divinité de l'Année, *Tai Sui** (太歲), et son ennemi, le Briseur de l'Année, *Sui Po** (歲破), sont situés sur l'axe de la Branche Terrestre* de l'année. En termes communs d'astrologie chinoise, *Tai Sui* est l'Animal de l'année, et *Sui Po* son opposé. Les douze Animaux, les Douze Branches Terrestres* du cycle des années correspondent à douze directions sur les Vingt-Quatre Montagnes* du *Luo Pan**[53]. La direction correspondant à la branche de l'année est la direction de *Tai Sui*, la direction diamétralement opposée, celle de *Sui Po*. Dans la direction de *Tai Sui*, également connu sous le nom de « Grand Duc », et le secteur correspondant de l'habitation, il faut éviter tous travaux touchant aux murs, au sol ou à la toiture. Il faut également éviter de faire face à cette direction. Dans la direction de *Sui Po*, il en va de même. Celui-ci étant réputé plus féroce, il faut également éviter d'y déplacer du mobilier lourd.

Le Grand Duc

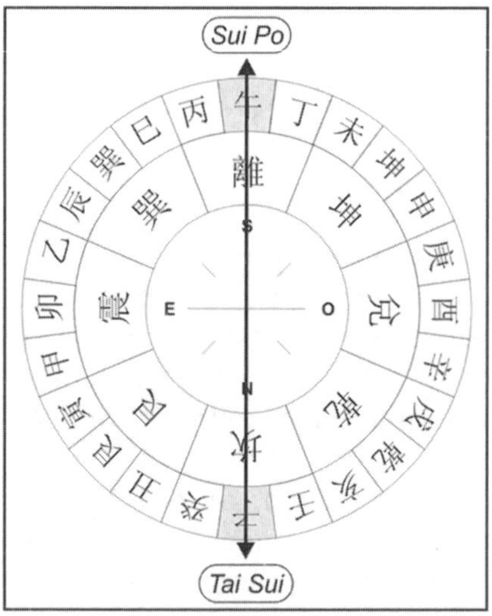

L'année 2008 est une année *Wu Zi* (戊子), Rat de Terre. Du 4 février 2008 au 3 février 2009, *Tai Sui* est dans la direction du Rat, donc de la branche *Zi* (子), N2. *Sui Po* est à l'opposé de *Tai Sui* ; il est donc dans la direction du Cheval, de la branche *Wu* (午), S2.

San Sha, les Trois Tueurs

Cette Force Tueuse est générée par un conflit entre l'Élément du temps et l'Élément de la direction. L'Élément du temps est défini par la Branche Terrestre*, selon la combinaison des Trois Harmonies* (*San He*) à laquelle elle appartient.

53. Voir le chapitre 6.

*San Sha** définit principalement un emplacement dans lequel il faut éviter les travaux et tout mouvement d'objets lourds. Les effets de *San Sha* sont sérieux. Ils peuvent toucher à la santé du chef de famille, des jeunes enfants, ou générer des procès. L'effet dépend du type de *Sha Qi* qui est perturbé, activé. Si l'Assise de la maison est dans la direction de *San Sha,* il faut éviter les travaux dans toute la maison.

Les Trois Tueurs

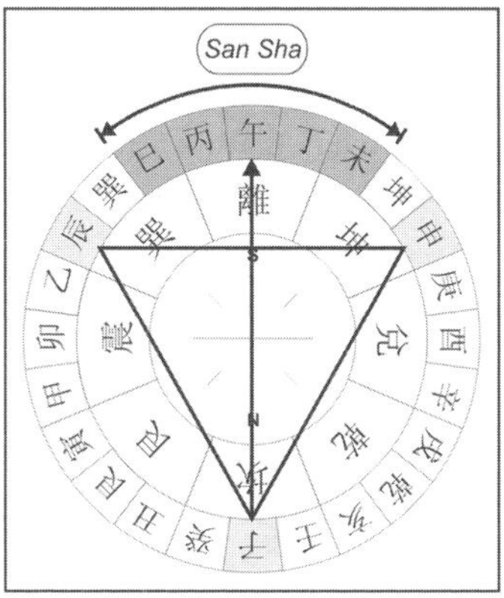

L'année 2008 est une année *Wu Zi* (戊子), Rat de Terre. La branche *Zi* (子) appartient à la combinaison de l'Élément Eau. À l'opposé de l'Eau se trouve le Feu, au Sud. Durant l'année lunaire du Rat, *San Sha* est au Sud, couvrant un secteur correspondant à cinq Montagnes.

Tai Sui, Sui Po et *San Sha* s'appliquent aussi au cycle mensuel. Chaque mois correspond également à une Branche Terrestre, en commençant par la branche *Yin** (寅), le Tigre[54] . Le principe de détermination de leur direction ou emplacement est identique à celui de leurs équivalents annuels.

Dans l'hypothèse où des travaux importants seraient à réaliser et qu'ils toucheraient les secteurs affectés par *Tai Sui*, Sui Po** ou *San Sha*,* nous pourrions utiliser une formule spéciale de sélection de dates appelée « Soleil Touchant la Montagne », *Tai Yang Dao Shan* (**太陽到山**). Cette application met en rapport les vingt-quatre

54. Le calcul est basé sur le calendrier lunaire qui démarre entre mi-janvier et mi-février, selon la date de la première nouvelle lune.

termes solaires de l'année[55] avec les Vingt-Quatre Montagnes* du *Luo Pan*. Elle permet de sélectionner les Périodes* auxquelles il est possible de démarrer les travaux sans craindre de conséquences malheureuses.

Les méthodes de sélection de dates

La plupart des Asiatiques possèdent un almanach (*Tong Shu*) leur indiquant les dates favorables et les dates néfastes, tout au long de l'année. Ils peuvent ainsi sélectionner les jours et les heures fastes qui favoriseront les actions entreprises et augmenteront leurs chances de succès. La date d'un mariage, de la signature d'un contrat, d'une inauguration, d'un voyage, du début d'un chantier, d'une inhumation peut être sélectionnée en fonction d'un calendrier spécifique ou de méthodes de calculs.

Lorsque nous opérons des changements d'agencement, que nous mettons en place des solutions de Feng Shui, les effets sont plus ou moins rapides. La vitesse d'action est très variable et semble aléatoire. Nous pouvons parfois nous étonner du manque de résultats probants alors que l'analyse est juste, et les applications, correctes. C'est encore une fois le facteur temps qui fait la différence. Le moment où nous effectuons un changement dans le Feng Shui d'une habitation détermine la vitesse et l'ampleur des résultats : connaître le bon moment pour entreprendre une action permet de libérer plus rapidement et plus efficacement les énergies bénéfiques.

Deux catégories de méthodes de sélection de dates existent : il s'agit des méthodes généralistes et des méthodes personnalisées. Parmi les méthodes généralistes, qui définissent des jours et heures bénéfiques ou néfastes, nous trouvons l'almanach *Tong Shu*, basé sur plusieurs systèmes d'analyse des cycles temporels, dont les Vingt-Huit Constellations Lunaires*, les Quatre Piliers* (*Ba Zi*) et le système *Zi Wei Dou Shu**.

55. L'année solaire chinoise est divisée en vingt-quatre saisons ou termes solaires, commençant avec le « Début du Printemps », *Li Chun* (立春), du 4 au 18 février, et se terminant avec le « Grand Froid », *Da Han* (大寒), du 21 janvier au 3 février.

Une autre méthode généraliste qui s'avère intéressante pour les applications de Feng Shui est la technique dite « du Soleil, de la Lune et des Cinq Étoiles », *Tai Yang Tai Yin Wu Xing* (**太陽太陰五星法**). Cette méthode définit neuf types d'influences, bénéfiques ou néfastes, portant le nom de neuf astres, le Soleil, la Lune, les Étoiles des Cinq Éléments*, et deux astres maléfiques.

Le Soleil, la Lune et les Cinq Étoiles

Astres		Description
太陽	*Tai Yang*	Soleil. Très bénéfique. Prospérité, noblesse et chance.
木星	*Mu Xing*	Étoile de Bois. Bénéfique. Héroïsme, renommée militaire. Haute position sociale.
太陰	*Tai Yin*	Lune. Bonne Étoile. Richesse. Succès dans la littérature ou l'art. Bon pour les activités nocturnes.
金星	*Jin Xing*	Étoile de Métal. Très bénéfique. Noblesse et prospérité. Renommée. Excellente réputation.
水星	*Shui Xing*	Étoile d'Eau. Étoile protectrice. Fortune. Nombreux enfants.
土星	*Tu Xing*	Étoile de Terre. Mauvaise Étoile. Beaucoup d'ennuis. Conflits. Perte d'argent. Maladies.
火星	*Huo Xing*	Étoile du Feu. Étoile des fléaux. Maladies et décès. Procès. Incendies.
羅睺	*Luo Hou*	« Néfaste jusqu'à l'inexplicable. » Malchance rapide. Agressions. Blessures par armes. Procès.
計都	*Ji Du*	« Calculer la malchance. » Perte d'argent. Décès des jeunes enfants. Danger en voyage.

Selon son tronc, sa branche et sa position dans le mois, chaque jour est sous l'une de ces neuf influences, bénéfiques ou néfastes. Chaque heure du jour est également soumise à l'une de ces influences. Nous pouvons ainsi définir précisément les jours et les heures[56] les plus favorables pour mettre en place des solutions de Feng Shui.

56. Une journée est divisée en douze heures, selon le cycle des Douze Branches Terrestres. Chacune de ces heures équivaut à deux heures conventionnelles. Ainsi, l'heure *Wu* (午), du Cheval, dure de 11 à 13 h.

Les méthodes personnalisées sont principalement issues du système *Xuan Kong* : *Xuan Kong Fei Xing* (Étoiles Volantes*) et *Xuan Kong Da Gua* (Soixante-Quatre Hexagrammes*).

Concernant la méthode *Xuan Kong Fei Xing*, le choix de la bonne date dépend de la qualité des Étoiles temporelles qui transitent dans le Palais* de la Façade* et/ou de l'Assise*.

La méthode *Xuan Kong Da Gua* définit, pour chaque date, année, mois, jour et heure, deux indices (le premier correspondant à un trigramme*, le second à une Période* dite « de chance »), ainsi qu'un Élément (basé sur le *He Tu**). Sur le *Luo Pan** le système identifie soixante-quatre directions, également associées à deux indices et à un Élément. Le choix se porte sur les bonnes combinaisons d'indices et d'Éléments de la date, de l'Assise de la maison et de l'année de naissance des habitants.

Base de calcul pour la sélection de dates

	Façade	**Assise**	**Madame**	**Monsieur**
	208° (未)	28° (丑)	28/02/1970	11/04/1971
Gua	*Kun* (坤)	*Gen* (艮)	*Zhen* (震)	*Kun* (坤)
Tronc		乙	庚	辛
Branche		丑	戌	亥
Xuan Kong Da Gua		3	9	7
		六	九	七
Élément		木	金	火

Le calcul d'une date favorable prend en compte les paramètres de l'année, du mois, du jour, de l'heure, ainsi que la direction de la Façade, de l'Assise, et l'année de naissance des habitants.

Exemple de date sélectionnée : le 8 décembre 2005, de 17 h à 19 h

	Année	**Mois**	**Jour**	**Heure**
	2005	12	8	17-19
Tronc	乙	戊	丙	丁
Branche	酉	子	寅	酉
Xuan Kong Da Gua	9	7	2	4
	四	四	四	九
Élément	金	火	火	金
Étoile Volante	4	7	4	
Étoile en Façade	1	4	1	
Tai Yang Tai Yin Wu Xing			水	木

Ce tableau détaille les paramètres de la date choisie pour l'inauguration d'un restaurant. La date est bénéfique lorsque nous obtenons de bonnes combinaisons des Branches Terrestres, des indices du *Xuan Kong Da Gua*, lorsque les Étoiles du *Tai Yang Tai Yin Wu Xing* sont bénéfiques, et lorsque les Étoiles Volantes en Façade le sont aussi.

Ce qu'il faut retenir

Avec les cycles du temps, le *Qi* se modifie, il change de qualité. Les influences de l'espace, représentant les forces de la Terre, sont modulées par les influences du temps, forces du Ciel. Le temps affecte les directions de l'espace de diverses façons. Il peut les activer, les renforcer, les transformer, ou même les rendre nocives. La première leçon à tirer de l'analyse des influences du temps est l'existence des Forces Tueuses temporelles, *Tai Sui*, *Sui Po* et *San Sha*, qui changent d'emplacement chaque année, dans toutes les maisons, et où il faut absolument éviter de faire des travaux !

Les Étoiles Volantes représentent le système le plus évolué et complexe de l'étude des influences temporelles. D'une grande subtilité et d'une impressionnante efficacité, c'est un système très apprécié des praticiens, mais les différences d'interprétation et de pratique entre les écoles génèrent beaucoup de confusions, voire d'erreurs. Aussi puissante soit-elle, toute méthode, toute application doit s'inscrire dans un processus global. Les Étoiles Volantes doivent être étudiées et appliquées en tenant compte de tous les autres paramètres du Feng Shui.

L'aspect le plus raffiné de l'analyse du temps est constitué par les techniques de prévision et de sélection de dates. En effet, connaître les influences les plus sensibles des cycles temporels permet de prévoir les dates, les jours et les heures où les énergies du Ciel sont les plus favorables. À cet égard, il faut rappeler que le maître en Feng Shui ne choisit pas au hasard le moment de mettre en œuvre une formule délicate : il calcule le bon moment car il sait qu'en cet instant précis, toutes les énergies en présence peuvent être mobilisées et générer rapidement les meilleurs résultats.

Chapitre 11

Le pouvoir de l'eau

Shui (水), l'eau, capte le *Qi*, l'accumule et en décuple les effets. Dans le *Zang Shu* (葬書), *Le Livre de l'inhumation*, Maître *Guo Pu* écrit :

« *Le Qi des souffles Yin et Yang émerge en tant que Vent, monte en tant que nuages, descend en tant que pluie et coule sous Terre en tant qu'énergie vitale. […]*

La Terre est le réceptacle du Qi, là où il y a la Terre, il y a le Qi.

Le Qi est la mère de l'Eau, là où il y a le Qi, il y a l'Eau. »

L'eau est la force la plus puissante en Feng Shui. Il est dit qu'un lieu qui capte l'eau est plus fort qu'un lieu qui capte le vent. Le *Qi* descend des veines du dragon (les montagnes) jusqu'à ce qu'il rencontre l'eau et s'arrête. L'eau retient alors le *Qi*, elle l'active et le renforce. L'eau qui s'écoule transporte le *Qi* céleste.

Synonyme de richesse[57], l'eau représente l'énergie *Yang**. Elle gouverne les aspects activité professionnelle, carrière, finances, ascension sociale. Lorsque l'eau est correctement positionnée et qu'elle coule dans le bon sens, dans les bonnes directions, succès et fortune sont assurés. Les gains d'argent, l'édification et la consolidation d'un patrimoine, d'une carrière prestigieuse, d'une renommée hors du commun sont grandement facilités. *A contrario*, si l'eau est

57. Il est intéressant de noter que dans notre langue, l'argent est également assimilé à l'eau. Nous parlons d'argent liquide, de liquidités, d'argent qui coule à flots, de fuite d'argent, etc.

mal placée et qu'elle s'écoule dans les mauvaises directions, c'est une porte ouverte sur les ennuis financiers, les pertes d'argent, les dettes, la pauvreté, la faillite, et parfois même sur les problèmes de santé et la dégradation des relations personnelles.

Plus une influence est puissante, plus la maîtriser est difficile. La maîtrise de l'eau constitue le défi ultime, l'achèvement de l'apprentissage du Feng Shui. Il ne suffit pas d'en connaître tous les principes théoriques ; il faut surtout savoir les mettre en pratique, oser concevoir et réaliser une application utilisant l'eau comme source d'énergie principale. La subtilité de la mise en œuvre des différentes formules, le niveau de précision requis, le risque de générer des conséquences catastrophiques en cas d'échec rebutent souvent le disciple. Un grand savoir engendre une grande responsabilité. En ce qui concerne l'eau, la responsabilité augmente avec sa quantité et ses flux.

La maîtrise de la science du Feng Shui réside dans la capacité à combiner tous les systèmes d'analyse et leurs nombreuses formules, à trouver des solutions adaptées à chaque cas en gérant les contradictions et les exceptions, à prendre les bonnes décisions et à obtenir des résultats probants et durables.

Le bon emplacement de l'eau

Pour décider du bon emplacement et de la bonne direction de l'eau, nous comptons treize systèmes ou formules :

- Méthode des Formes* du *San He*.
- Esprit Vrai* et Esprit Faux*, *Zheng Shen Ling Shen* (正神零神)
- Huit Maisons, *Ba Zhai** (八宅).
- Étoiles Volantes*, *Xuan Kong Fei Xing* (玄空飛星).
- Forces Tueuses*, *Sha Qi* (煞 氣) :
    - Huit Palais de la Source Jaune*, *Ba Sha Huang Quan* (八 煞 黃泉) ;
    - Huit Routes de la Source Jaune*, *Ba Lu Huang Quan* (八路黃泉) ;

    - Route de la Fleur de Pêcher, *Tao Hua Sha* (桃花煞) ;
    - Chèvre Effrayée, *Yang Ren* (羊刃) ;
    - Trois Punitions, *San Xing* (三刑) ;
    - Six Blessures, *Liu Hai* (六害) ;
    - Quatre Destructions, *Si Po* (四破).
- Combinaisons *San He* de Porte et d'Eau :
    - Concordance *Yin** ou *Yang** du Plateau de la Terre ;
    - Route du Joyau Précieux* ;
    - Formule de Croissance et Succès ;
    - Combinaison du *Luo Shu** ;
    - *Qi* du Ciel Antérieur* dans la position du Ciel Postérieur* ;
    - Combinaison de Dix* du *Ba Gua* du Ciel Antérieur.
- Formations *San Yuan* de l'Eau, *San Yuan Shui Fa* (三元水法).
- Huit Formations de l'Eau de la Porte du Dragon, *Long Men Ba Fa* (龍門八法).
- Douze Phases de Croissance*, *Shi Er Chang Sheng Shui* (十二長生水).
- *Classique du Dragon de l'Eau**, *Shui Long Jing* (水龍經).
- Soixante-Quatre Hexagrammes*, *Xuan Kong Da Gua* (玄空大卦).
- Neuf Étoiles *Tan Lang** de l'Eau, *Tan Lang Jiu Xing Shui Fa* (貪狼九星法).
- Neuf Périodes de Chance* du *Ba Gua*.

Que ce soit à l'intérieur comme à l'extérieur de la maison, le placement de l'eau statique (par opposition à l'eau dynamique, qui s'écoule) est déterminé, principalement, selon cinq systèmes : Méthode des Formes, Esprit Vrai et Esprit Faux, Huit Maisons, Étoiles Volantes, Neuf Étoiles *Tan Lang*.

Les paramètres à prendre en compte pour le placement de l'eau sont donc :

- la forme et l'emplacement des points d'eau ;
- leur direction, c'est-à-dire leur position par rapport à la maison ;
- le *Ming Gua* des habitants (système *Ba Zhai**) ;

- l'orientation de la maison, portes et Façade* (Étoiles Volantes et *Tan Lang*) ;
- les cycles du temps (Esprit Vrai et Esprit Faux, ainsi qu'Étoiles Volantes).

En fonction de la Période* en cours, il est possible de mettre de l'eau dans quatre Palais*. Actuellement (Période 8), ces Palais sont le Nord, le Sud-Ouest, l'Est et le Sud-Est. Mais il faut également que le Palais en question soit bénéfique pour la personne, d'après son *Ming Gua*, la présence d'eau renforçant le type de *Qi* de ce Palais. De plus, il est important que règne, dans la pièce concernée, une combinaison d'Étoiles Volantes favorablement activée par l'eau.

Aucune généralisation n'est possible

Certains messages électroniques que je reçois illustrent bien le danger d'appliquer aveuglément des conseils simples et généralistes. À cette dame qui me demande s'il peut y avoir un lien entre sa chute, sa fracture de la jambe et le placement d'une fontaine au Sud-Est, deux semaines auparavant, je réponds « *oui, absolument* », et je conseille vivement d'enlever ladite fontaine au plus vite. Mes recommandations sont identiques à cette autre dame qui, voulant dynamiser la carrière de son époux, en a placé une au Nord. Les résultats se sont avérés opposés à ses attentes, puisque son malheureux mari a perdu son emploi !

Les grandes étendues d'eau (mer, lacs) peuvent activer plusieurs Palais d'une maison. Plusieurs influences, parfois contradictoires, sont alors générées. Plus le volume d'eau est important, plus les effets sont puissants. Les quelques litres d'une fontaine d'intérieur n'ont qu'un impact modéré sur le Feng Shui de l'habitation, tandis que plusieurs mètres cube contenus dans une piscine génèrent une forte influence. Installer une piscine dans un jardin a toujours des conséquences marquées sur la vie de l'habitation concernée. Cela peut éventuellement en avoir sur l'habitation voisine si l'eau est visible depuis celle-ci.

Dans environ trois cas sur quatre, il est préférable d'avoir l'eau devant la maison, activant la Façade, et la montagne à l'arrière, soutenant l'Assise*. La plupart des piscines sont installées dans le jardin, généralement à l'arrière de la maison, à l'opposé de la porte d'entrée, mais cela est en contradiction avec le principe de base. Si, dans un cas sur quatre, placer une piscine à l'arrière a un impact positif, dans les autres cas, des problèmes familiaux et relationnels apparaissent. L'Assise est liée aux aspects personnels – santé, famille, couple, relations. Elle doit donc être soutenue et renforcée par une montagne qui représente la stabilité et la protection. Or, si l'eau est à la place de la montagne, la santé peut être atteinte ainsi que la cohésion familiale. Même s'il y a d'autres raisons qui conduisent à cette conséquence, le fléau moderne qu'est le divorce est fortement lié à la présence d'eau à l'arrière des maisons, que ce soit une piscine ou une vue bien dégagée sur un lac, la mer ou l'océan, à proximité.

Emplacement de l'eau

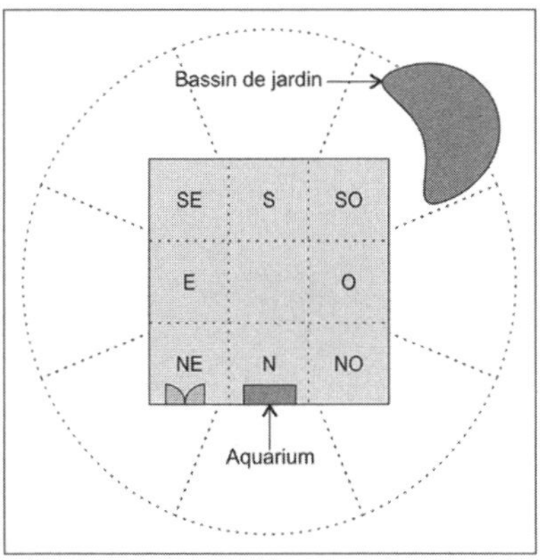

À l'intérieur, l'eau active le Palais dans lequel elle se trouve, selon la répartition de la grille des Neuf Palais*. Dans cet exemple, l'aquarium agit sur le Palais Nord. À l'extérieur, l'eau active le Palais qui se trouve dans sa direction. Le bassin de jardin est ici situé au Sud-Ouest.

Lorsque l'eau est bien placée, les aspects richesse et activité professionnelle sont stimulés. Une piscine, un bassin ou une étendue naturelle d'eau, dans la bonne direction, favorise fortement le développement professionnel, les opportunités de carrière, les promotions, les gains financiers, l'acquisition de richesses et de propriétés. Une fois les bons emplacements identifiés, il est facile de mettre à profit les influences bénéfiques de l'eau en aménageant des points d'eau artificiels. C'est pourquoi la plupart des lieux conçus avec les principes du Feng Shui font une place importante à l'eau sous toutes ses formes : bassins, étangs, fontaines, cascades et cours d'eau.

La circulation de l'eau

Si, par sa position, l'eau capte le *Qi* de la Terre, l'amplifie et en délivre les effets, bénéfiques ou néfastes, sur la maison, il est dit que par son écoulement, elle transporte, apporte ou évacue le *Qi* du Ciel. Toute la puissance de l'élément liquide s'exprime dans ses flux de circulation, entre le flux entrant, d'un côté, et le flux sortant, de l'autre.

Le sang du Dragon

Fleuve ou rivière, l'eau qui coule apporte le *Qi* céleste. C'est l'élément le plus puissant du Feng Shui.

Le sang du dragon est la force la plus grande en Feng Shui. C'est également la plus difficile à maîtriser. Ici, la précision requise est, sur la boussole, de l'ordre du degré. La moindre erreur peut conduire à des conséquences très graves. Correctement canalisée, la force de l'eau s'écoulant devant une maison peut procurer à ses habitants une vie et un destin extraordinaires, une réussite sans limite. Les maîtres possédant la connaissance des formules de l'eau et l'expérience de leur mise en application sont, depuis toujours, très appréciés et très recherchés par les puissants, les familles fortunées et les grandes entreprises. Ils leur assurent la pérennité et la croissance de leurs richesses, de leur pouvoir.

Flux entrant et flux sortant

Lorsque l'eau s'écoule devant l'entrée d'une maison, nous devons considérer trois paramètres principaux : le sens de l'écoulement, de gauche à droite ou inversement, la direction d'où provient l'eau, et la direction vers laquelle elle s'en va.

Il y a douze directions de porte pour lesquelles l'eau doit s'écouler de la gauche vers la droite, ce qui représente un flux de sens *Yang**, et douze directions de porte pour lesquelles elle doit s'écouler dans le sens *Yin**, de la droite vers la gauche. La mesure de la direction de la porte est ici particulière puisqu'elle doit être prise avec un *Luo Pan** spécifique, sur lequel est présent l'anneau appelé « Plateau du Ciel ». La plupart des applications de l'eau en mouvement sont basées sur ce type de *Luo Pan*.

Le flux entrant de l'eau apporte l'énergie bénéfique, *Sheng Qi*, tandis que le flux sortant évacue l'énergie néfaste, *Sha Qi*. Par de nombreux aspects, le flux sortant a plus d'importance et de force que le flux entrant. Certaines formules ne traitent d'ailleurs que de la sortie de l'eau, comme c'est le cas du très fameux *Classique du Dragon de l'Eau*, *Shui Long Jing*.

La grande difficulté de l'application des principes d'écoulement de l'eau réside dans la coordination de tous les principes qui s'y rapportent et dans la gestion des nombreuses contradictions : si, dans une formule donnée, une entrée d'eau est considérée comme bénéfique, dans une autre formule, elle peut être décrite comme néfaste. Le praticien se retrouve souvent face à des impasses et doit, grâce à son expérience, décider si les bonnes influences vont l'emporter ou si, à l'inverse, ce sont les mauvaises qui domineront.

En général, nous considérons que les influences négatives sont rédhibitoires pour l'entrée ou la sortie de l'eau. Une Force Tueuse* de type *Ba Sha Huang Quan* (Huit Palais de l'Enfer*) ou *Ba Lu Huang Quan* (Huit Routes de l'Enfer*), par exemple, surpasse toute autre influence et ne peut engendrer que des effets funestes. Nous cherchons donc à combiner le maximum de bonnes influences, ce qui rend le travail très délicat. Dans certains cas, il s'avère impossible d'utiliser la circulation de l'eau car, en raison de la direction particulière de la porte et de toutes les configurations qui en dépendent, nous ne pouvons pas trouver de direction d'entrée ou de sortie satisfaisante.

Application des formules de l'eau

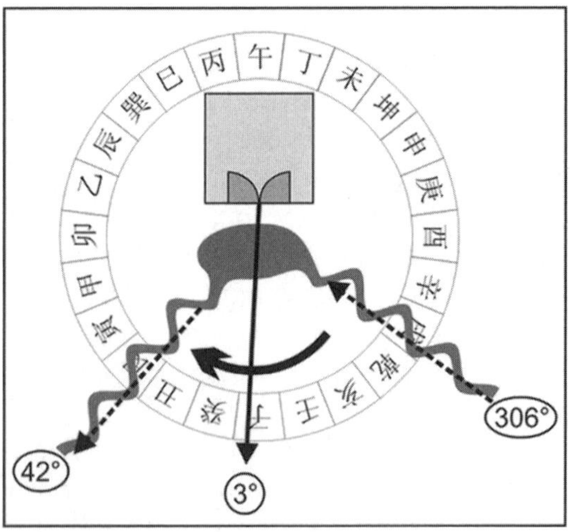

Exemple d'application pour une maison dont la porte est orientée vers la direction *Zi* (子), à 3° précisément.

En utilisant les systèmes des Neuf Étoiles *Tan Lang**, des Soixante-Quatre Hexagrammes*, des Douze Phases de Croissance*, des Neuf Périodes de Chance* du *Ba Gua*, des Combinaisons *San He* de Porte et d'Eau, des formations *San Yuan* et du Dragon de l'Eau, nous pouvons faire entrer l'eau depuis la direction *Xu* (戌) à 306°, et la faire partir vers la direction *Gen* (艮) à 42° exactement, en combinant ainsi plusieurs influences bénéfiques. Les configurations obtenues sont les suivantes :

- Flux entrant :
  - *Qi* du Ciel Antérieur* en position du Ciel Postérieur*,
  - Combinaison de Dix* du Ciel Antérieur,
  - Système *Tan Lang* : Étoile *Ju Men,*
  - Formation *San Yuan** : « Eau du Ciel Postérieur »,
  - Période* de chance : indice 1,
  - Soixante-Quatre Hexagrammes : indice 6,
  - Douze Phases de Croissance : « Chapeau-Ceinture ».
- Flux sortant :
  - Système *Tan Lang* : Étoile *Lu Cun,*
  - Formation *San Yuan* : « Larcin Céleste »,
  - Période de chance : indice 2,
  - Soixante-Quatre Hexagrammes : indice 9,
  - Douze Phases de Croissance : « Maladie »,
  - Dragon de l'Eau : « Ceinture d'Or ».

Le *Classique du Dragon de l'Eau*

La très mythique formule du Dragon de l'Eau* représente, pour beaucoup d'étudiants en Feng Shui, l'achèvement de leur apprentissage, le sommet de l'art. En connaître les mystères et parvenir à l'appliquer avec succès permet de mériter le titre de maître en Feng Shui.

Dans notre discipline, la véritable nature des choses est souvent cachée. Le Dragon de l'Eau n'échappe pas à la règle. Il existe en réalité deux ouvrages, portant le même nom, traitant tous deux des aspects de la circulation de l'eau et de leurs influences sur les habitations. Ils sont toutefois très différents.

Le premier, dénommé simplement *Classique du Dragon de l'Eau*, Shui Long Jing* (**水龍經**), fut écrit par *Jiang Ping Jie,* aux environs du VIIe siècle avant notre ère. Il explique en détail les influences de la circulation de l'eau, en fonction du dessin de son lit, qu'il soit fleuve ou rivière, et de ses méandres. Le livre définit les caractères bénéfiques et néfastes des différentes structures des cours d'eau et indique comment choisir le meilleur emplacement de la maison en fonction de ceux-ci. Il ne traite que des influences des formes de l'eau ; il ne mentionne ni le sens, ni la direction de l'écoulement de l'eau, ni leur rapport à la porte d'entrée.

Exemples de formations bénéfiques de l'eau décrites dans le premier *Classique du Dragon de l'Eau*

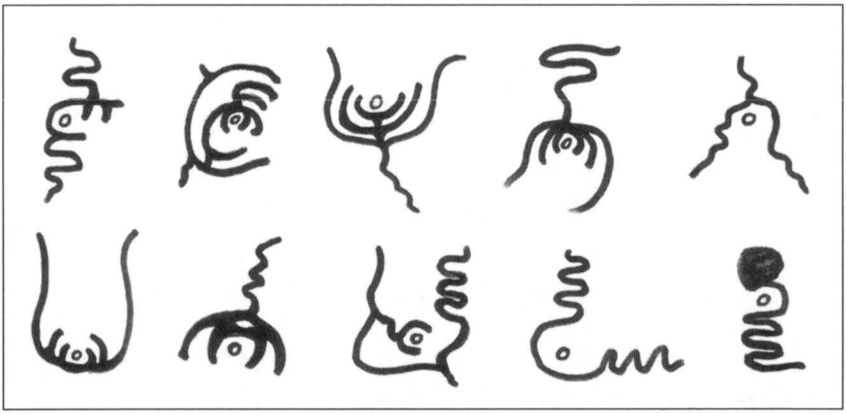

Cette illustration est une reproduction des schémas que l'on trouve dans les textes anciens. Elle montre différentes configurations bénéfiques de méandres de rivières ou de fleuves. Le point représente l'emplacement idéal, lieu de convergence des bonnes influences (le *Xue*, Nid du Dragon).

Les principes décrits dans ce livre se révèlent assez simples à mettre en œuvre, pour autant que nous puissions trouver les structures réputées bénéfiques et construire la maison à l'emplacement propice.

Le second livre, celui qui suscite les plus vifs intérêts de la part des praticiens, porte le titre exact de *Classique du Dragon de l'Eau transmis en secret, Mi Chuan Shui Long Jing* (密傳水龍經). Il est attribué au célèbre *Jiang Da Hong*, de la fin de la dynastie *Ming* (1368-1644). Selon toute vraisemblance, ce serait plutôt la seconde partie de l'originel *Classique du Dragon de l'Eau*, la partie gardée secrète pendant des siècles car source d'un grand pouvoir, et transmise uniquement de maîtres à disciples, de façon très confidentielle.

Cet ouvrage traite de l'aspect directionnel de la circulation de l'eau, en prenant comme référence la porte d'entrée de la maison. La boussole étant divisée en douze secteurs, une mesure est prise de la porte d'entrée. Pour chacune des douze directions, le bon sens de l'écoulement est indiqué, de gauche à droite ou de droite à gauche, ainsi que les bonnes et les mauvaises directions pour la sortie de l'eau, avec le détail de leurs différents effets.

Les douze directions considérées sont les regroupements, deux par deux, des Vingt-Quatre Montagnes* du *Luo Pan** : *Ren-Zi* (壬子), *Gui-Chou* (癸丑), *Gen-Yin* (艮寅), *Jia-Mao* (甲卯), *Yi-Chen* (乙辰), *Xun-Si* (巽巳), *Bing-Wu* (丙午), *Ding-Wei* (丁未), *Kun-Shen* (坤申), *Geng-You* (庚酉), *Xin-Xu* (辛戌), *Qian-Hai* (乾亥). Pour chaque direction de porte d'entrée, le texte détaille les effets obtenus par l'écoulement du flux sortant de l'eau vers chacune des douze directions, ainsi que le sens de circulation, de la gauche vers la droite ou de la droite vers la gauche. Les conséquences générées par la sortie de l'eau dans chaque direction, bénéfique ou néfaste, sont décrites de façon très précise.

Le texte est assez simple en lui-même. Cependant, il serait très présomptueux de penser pouvoir l'utiliser tel quel, sans une information complémentaire et, un enseignement spécifique permettant d'en décoder les subtilités et, surtout, d'en connaître les règles d'application. Deux règles fondamentales d'application doivent être respectées, sans quoi il est très dangereux de tenter une mise en œuvre de ces théories. Elles reposent toutes deux sur l'utilisation du *Luo Pan*, pour la prise de mesure des directions, de la porte d'entrée et du flux sortant de l'eau. Si le texte évoque les Vingt-Quatre Montagnes regroupées en paires, cela ne signifie pas que ce sont celles que nous utilisons de façon conventionnelle. La lecture de la direction doit s'effectuer sur un *Luo Pan* spécifique, de type *San He*, sur lequel est présent l'anneau particulier des Vingt-Quatre Montagnes à utiliser pour les flux de l'eau, dans les formules spéciales telles que le Dragon de l'Eau et les Douze Phases de Croissance*.

Exemples de formations issues du *Classique du Dragon de l'Eau* pour une direction de porte *Bing-Wu* (丙午)

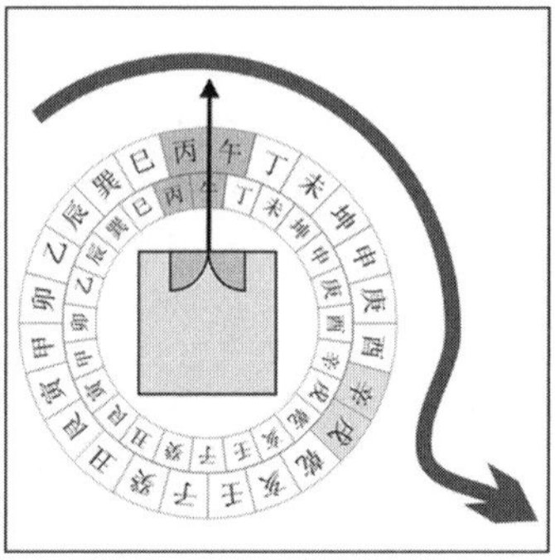

Le flux sortant s'écoule de gauche à droite, vers la direction *Xin-Xu* (辛戌). C'est une formation bénéfique qualifiée de « Cité d'Or », de « Joyau Précieux », ou encore de « Ceinture de Jade », apportant renommée, longévité et de nombreux fils. Elle correspondrait à la configuration de l'habitation d'un des hommes les plus riches de l'histoire de la Chine.

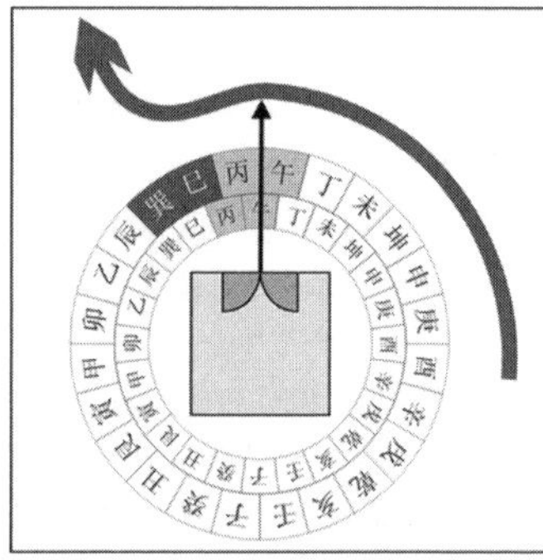

Le flux sortant s'écoule de droite à gauche, vers la direction *Xun-Si* (巽巳). C'est une formation néfaste appelée « Position Tueuse », provoquant la perte de l'usage des jambes, la paralysie, des affections de la circulation et des hémorragies. Les malheurs frappent le second fils en premier.

■ Application de la formule du Dragon de l'Eau

Le sens d'écoulement décrit dans les formations du Dragon de l'Eau est parfois en contradiction avec celui défini dans le système des Douze Phases de Croissance*, *Shi Er Chang Sheng Shui* (十二長生水), bien que la formule du Dragon de l'Eau soit un perfectionnement de ce système. Ce genre de contradiction n'est pas rare en Feng Shui car, y compris au sein d'un même système, chaque application possède ses propres règles. Ainsi, l'application des Douze Phases de Croissance repose sur une lecture de la direction de la porte d'entrée différente de celle sur laquelle repose l'application du Dragon de l'Eau. C'est une des raisons pour lesquelles le texte du *Classique du Dragon de l'Eau* n'est pas suffisant en lui-même. Une direction comprenant deux montagnes du *Luo Pan* n'est pas assez précise. Il est indispensable d'affiner la direction en combinant, avec le Dragon de l'Eau, les autres systèmes et formules relatifs à l'écoulement de l'eau.

De façon générale, lors de la mise en œuvre d'un Dragon de l'Eau, le maître utilise également, pour définir la direction précise du flux sortant, les Douze Phases de Croissance, les Soixante-Quatre Hexagrammes*, *Xuan Kong Da Gua* (玄空大卦), et les Neuf Périodes de Chance* du *Ba Gua*. Il est également bon de respecter les Neuf Étoiles *Tan Lang** de l'Eau, *Tan Lang Jiu Xing Shui Fa* (貪狼九星法), ainsi que les formations *San Yuan*, pour une meilleure efficacité.

Si cette formule est tant réputée et recherchée, c'est qu'elle a accumulé, au cours des siècles, de nombreuses preuves d'une formidable puissance. La maîtrise des principes de l'eau permet d'assurer une vie exceptionnelle à une famille, parfois sur plusieurs générations. L'application ultime de la connaissance ultime consiste à trouver un lieu où les configurations naturelles du paysage répondent parfaitement aux conditions définies par tous ces systèmes. En ce lieu, convergence du *Qi* le plus pur, est établie une sépulture, réalisée et orientée avec une extrême précision. Les descendants de la personne reposant en ce lieu connaîtront le bonheur auquel chacun aspire. Ils pourront même, s'ils le souhaitent, devenir les puissants de ce monde.

Ce qu'il faut retenir

Si j'ai consacré un chapitre à l'eau et à ses formules les plus avancées, c'est qu'il y a une chose à retenir du Feng Shui si vous devez n'en retenir qu'une : l'eau, *Shui* (水). L'eau est indispensable à la vie. La vie est apparue dans l'eau. Quand le *Qi* prend forme, il prend la forme de l'eau. Avec la pluie descend sur Terre le *Qi* du Ciel. Elle est l'énergie la plus puissante en Feng Shui. C'est pourquoi il convient de manipuler l'eau avec précaution, sagesse et discernement. Car si l'eau génère vie et richesse, elle peut également les détruire.

Partie IV

Applications

Chapitre 12

Le Feng Shui pour les entreprises

Les entreprises représentent une clientèle de premier ordre pour les maîtres en Feng Shui. La plupart des firmes chinoises et asiatiques ne choisissent une nouvelle implantation qu'après avoir consulté un maître en Feng Shui. Leurs dirigeants connaissent pertinemment les avantages que le Feng Shui leur procure. Pour preuve, la bonne santé de l'économie des pays démocratiques à forte population chinoise, Taiwan, Hong Kong et Singapour. La fin de la dictature de la pensée unique et, surtout, de la persécution des maîtres taoïstes en Chine populaire, a permis le retour à l'utilisation des sagesses antiques, dont le Feng Shui. Depuis lors, rien ne semble freiner la croissance économique de cet immense pays.

Même s'ils s'étonnent de la foi de leurs homologues asiatiques en ces disciplines d'un autre âge, les chefs d'entreprises occidentaux ne sont pas en reste. La pratique du Feng Shui y est beaucoup plus confidentielle qu'en Asie, mais en Europe ou aux États-Unis, bon nombre d'entreprises bénéficient de conseils d'experts en la matière. Grands groupes, PME ou commerces, banques, hôtels, casinos, compagnies aériennes, centres commerciaux, parcs d'attractions, agences de publicité, cabinets d'avocats… toutes les catégories d'entreprises, de toutes les tailles, peuvent tirer un formidable avantage des principes du Feng Shui. Le groupe

Accor, le groupe Virgin, ainsi que la compagnie British Airways, font partie des plus renommés, sans oublier le groupe Disney, dont l'entrée du parc de Hong Kong a été tournée de quinze degrés pour répondre aux exigences de la discipline. Nous pouvons également citer de grands noms tels que le groupe HSBC, les hôtels Hyatt, la chaîne Body Shop, AT&T, les studios Universal, Citibank, Cathay Pacific, et bien d'autres.

Pour une entreprise, l'implantation est un facteur primordial de réussite, en particulier pour celles qui s'adressent à une clientèle de proximité. La région, la ville, le quartier, la présence d'infrastructures de qualité, d'un pôle d'attraction du public, de facilités de transport et de stationnement demeurent des atouts majeurs pour la vie de l'entreprise ; le management, la stratégie, le marketing, les bons choix des dirigeants sont les piliers de sa santé.

Malgré tout, même lorsque toutes les conditions semblent réunies, la morosité, la récession, l'échec, la faillite peuvent survenir. Suite à un changement de la direction, à des travaux d'extension, de rénovation, ou après le passage à une nouvelle Période*, le Feng Shui peut être profondément modifié. Des paramètres invisibles, anodins en apparence, sont capables de faire pencher la balance dans un sens ou dans l'autre.

Le Feng Shui dans la vie de l'entreprise

La réussite commerciale et financière, la rentabilité sont les principaux bienfaits que peut apporter le Feng Shui à une entreprise. Le chiffre d'affaires s'envole, il est multiplié par deux, par trois, par dix, les bénéfices augmentent, les investisseurs affluent et le cours de l'action grimpe en flèche. La renommée de l'entreprise s'accroît et s'étend sur d'autres marchés. Tel est le rêve de tout entrepreneur. Il est réalisable, de nombreux exemples le prouvent, mais il peut aussi être grandement favorisé par le Feng Shui.

La source vitale d'une entreprise est sa clientèle. Plus les clients sont nombreux, plus le chiffre d'affaires est important. Le premier aspect auquel s'attache le Feng Shui est la renommée de l'entreprise. Trois cas de figure se présentent alors :

- Si, avec une communication de qualité, la clientèle est absente, qu'elle n'est pas attirée par l'entreprise, cela signifie que le souffle vital, le *Qi*, n'est pas correctement canalisé, qu'il n'entre pas dans les locaux de l'entreprise. Quand le *Qi* entre dans un bâtiment ou un commerce, la vie, les personnes y entrent aussi. Or, c'est avec elles qu'entre l'argent, qui est le sang de l'entreprise.
- Si la clientèle est nombreuse mais qu'elle ne fait pas confiance à l'entreprise et qu'elle ne lui achète rien, cela signifie que le *Qi* qui afflue ne peut s'accumuler, ou que celui-ci est de mauvaise qualité (*Sha Qi**).
- Lorsque le chiffre d'affaires est bon mais que la rentabilité est médiocre, cela signifie que l'énergie, de bonne qualité, est présente, mais qu'elle est rapidement évacuée, drainée ou détruite. Or, l'accumulation de richesses n'est possible que par l'accumulation de l'énergie bienfaisante (*Sheng Qi**).

L'harmonie des relations entre les personnes au sein de l'entreprise représente l'aspect *Yin**. Une bonne ambiance, des relations sereines, des conditions de travail agréables sont les signes d'un bon équilibre du *Qi*, de sa stabilité, qui s'explique par une bonne harmonie du bâtiment, un bon ancrage et de bonnes protections. De plus, des relations humaines saines et un environnement de travail de bonne qualité favorisent la productivité.

Les axes de travail

Environnement et paysage

Les paramètres du paysage affectent le Feng Shui à grande échelle. Si l'environnement est propice à la vie, aux affaires, d'un point de vue Feng Shui, cela se traduit par la qualité de vie, le dynamisme, la prospérité, la notoriété du quartier ou du secteur géographique ; car une zone où la plupart des entreprises sont dynamiques et prospères présente un avantage certain. C'est une indication de la bonne qualité du *Qi* de l'environnement naturel large.

Pour capter et canaliser un *Qi* bénéfique, il faut que celui-ci soit disponible. L'analyse porte, comme pour les habitations, sur les formes et la position des montagnes (et des autres bâtiments), ainsi que sur la position et la circulation de l'eau (et des routes). Elle s'attache aussi à identifier les Flèches Empoisonnées* et les Forces Tueuses* (*Sha Qi*) ou, au contraire, les combinaisons bénéfiques de porte, de montagne et d'eau[58] du système *San He*.

Configuration du bâtiment

Les règles d'harmonie s'appliquent sur la forme générale du bâtiment : Quatre Points d'Or*, équilibre des dimensions, secteurs manquants, force ou faiblesse du support, etc. La forme carrée est ici aussi la meilleure. Les distorsions, les manques, les extensions qui éloignent de la forme de base sont autant de facteurs négatifs pour l'harmonie du bâtiment. Il est également important que le bâtiment repose, sur toute sa base, sur le sol, et que la surface de cette base soit en rapport avec la hauteur du bâtiment. Les bâtiments très hauts manquent, en cela, de stabilité.

Bouche de *Qi*

La porte d'entrée demeure le paramètre principal, l'organe vital, et revêt une importance d'autant plus grande que les aspects richesse et activité professionnelle sont ici exacerbés. La direction de la porte, sa position, ses dimensions, une vue dégagée, un hall d'entrée vaste (*Ming Tang*) représentent les facteurs les plus importants à respecter.

58. Voir le chapitre 8.

La Ligne de Vide

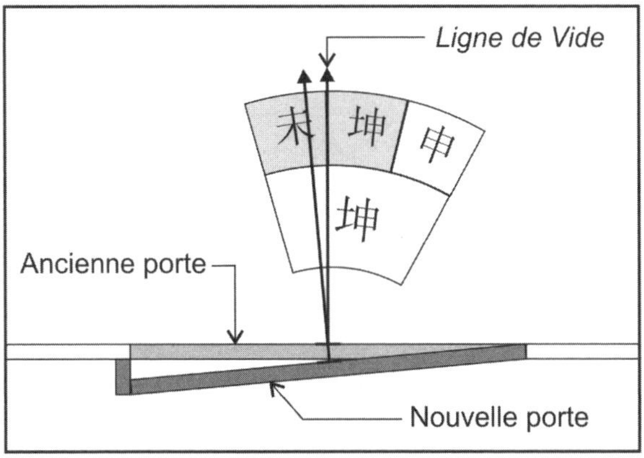

Lors d'une expertise des bureaux d'une PME de services qui, après six mois dans ses nouveaux locaux, est au bord de la faillite, je constate que la porte d'entrée est sur une Ligne de Vide. Il s'agit d'une direction intermédiaire entre deux montagnes, en l'occurrence, *Wei* (未), Sud-Ouest (1), et *Kun*(坤), Sud-Ouest (2). Une Ligne de Vide engendre une énergie très néfaste car d'une extrême instabilité. Elle empêche notamment la lecture du *Qi* qui arrive de cette direction et le calcul des Étoiles Volantes*. Il suffit alors de décaler la porte de 5° vers la montagne *Wei* (未), pour que le téléphone se remette à sonner et que, trois mois après l'intervention, l'entreprise embauche à nouveau pour faire face à une demande croissante. Dans ce cas, j'ai choisi la montagne *Wei* (未) plutôt que la montagne *Kun* (坤) pour la direction de la porte d'entrée, car c'est une meilleure direction pour le chef d'entreprise selon le système *Ba Zhai**. La configuration des Étoiles Volantes est également meilleure (Combinaison de Dix*) et mieux soutenue pour cette direction de Façade*.

Agencement interne

La répartition des zones, des pièces et des personnes doit répondre aux exigences des systèmes *Ba Zhai* et *Xuan Kong*. Les secteurs les plus importants sont l'entrée principale, les bureaux de la direction, les espaces de vente ou d'accueil des clients, ainsi que les zones de production. Toilettes, douches, salles d'eau sont des pièces négatives qui doivent drainer, détruire le *Qi* néfaste.

Positions et directions des personnes

Chaque personne doit travailler dans une localisation et dans une direction favorable. Cependant, la structure hiérarchisée de l'organisation de l'entreprise donne beaucoup plus de poids au Feng Shui des dirigeants et des managers. Lors d'une organisation du travail en équipe sous la direction d'un manager, par exemple, il est important que toute l'équipe travaille dans une zone favorable au manager. Pour l'orientation, nous travaillons au niveau de l'individu : chaque bureau ou poste de travail doit être orienté vers une direction favorable pour la personne. Il est également judicieux de définir deux entrées distinctes pour le personnel de l'entreprise : une entrée pour les personnes du Groupe Est*, et une entrée pour celles du Groupe Ouest*[59]. La personne entrant par une porte qui lui est favorable bénéficie de meilleures conditions de vie et de travail dans l'entreprise.

L'habitation des dirigeants

L'habitation gouverne tous les aspects de la vie de la personne, y compris sa réussite professionnelle. La réussite de l'entreprise dépend des décisions de ses dirigeants. Si ceux-ci jouissent d'un Feng Shui de qualité dans leur habitation, ils auront plus de chance de prendre de bonnes décisions qui aboutiront à de bons résultats.

Pour la bonne marche de l'entreprise, le Feng Shui des habitations de ses dirigeants intervient pour une part importante, surtout dans le cas d'une entreprise détenue et gérée par une seule personne. L'intervention de l'expert ne peut être complète qu'en incluant l'analyse de l'habitation des dirigeants, afin d'éviter toute mauvaise surprise, car il s'agit d'influences indirectes mais néanmoins cruciales.

59. Voir le chapitre 9.

Déménagement et faillite

Le créateur et gérant d'une agence de communication me demande un jour d'étudier les bureaux de celle-ci pour déceler les raisons d'une baisse alarmante de l'activité. Après une analyse complète, je ne peux pas mettre en rapport le Feng Shui de l'agence et ses importantes difficultés. Les seules influences néfastes présentes ne justifient pas cette situation, et aucun paramètre temporel n'explique l'apparition des problèmes. L'agence fonctionnait très bien depuis plusieurs années, puis, en l'espace de quelques mois, les affaires ont fortement ralenti. C'est alors que j'interroge mon client sur sa vie personnelle et lui demande s'il a changé d'habitation : il me confie qu'il a effectivement déménagé, suite à un divorce, à une date qui coïncide parfaitement avec le début des déboires de son entreprise. L'étude de sa nouvelle maison révèlera la source majeure du problème, en raison d'une configuration globale très mauvaise.

Macrostructures

L'entité que représente l'entreprise est parfois scindée en plusieurs bâtiments regroupés sur une même implantation : complexe hôtelier, parc d'attractions, studios de cinéma, usine, etc. Si une macrostructure peut être identifiée comme entité à part entière, le Feng Shui la considérera dans son ensemble.

Les principes des formes de l'environnement y seront bien sûr appliqués à grande échelle, mais nous pouvons également entrer dans le détail en déterminant une Façade* et une Assise*. La grille des Neuf Palais* est alors appliquée sur l'ensemble de la structure et nous permet d'identifier les emplacements bénéficiant des bonnes influences et ceux souffrant de mauvaises configurations.

Par la suite, chaque bâtiment est analysé de façon individuelle afin de déterminer les paramètres qui lui sont propres. Chaque bâtiment possède sa propre Façade et sa propre configuration énergétique, mais il reste soumis à la configuration de l'entité globale.

Un hôtel peu fréquenté

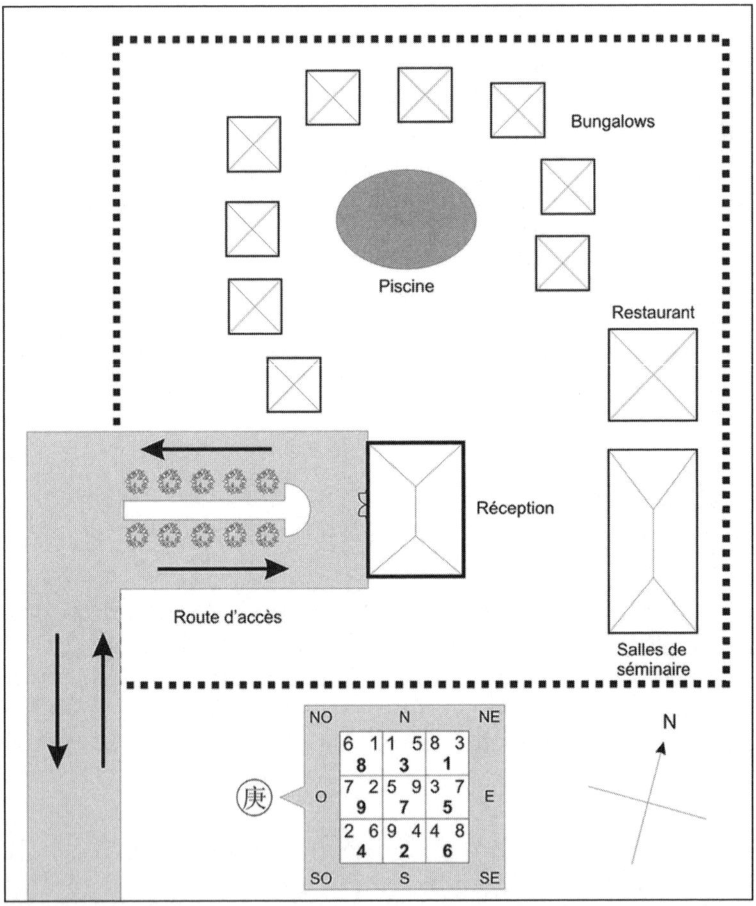

Ce schéma représente un complexe hôtelier comprenant un bâtiment de réception, des bungalows, un restaurant et un bâtiment de salles de séminaire. La clôture délimite l'enceinte de l'hôtel et définit les limites de l'entité sur laquelle est effectuée l'analyse. De Période* 7 et de Façade* *Geng* (庚), Ouest (1), cet hôtel présente plusieurs problèmes : une Fèche Empoisonnée* heurte l'entrée de la réception, le Palais* de Façade contient une combinaison néfaste d'Étoiles Volantes*, la piscine active l'Étoile de Façade 5, très mauvaise pour les affaires. Seules les salles de séminaire bénéficient d'une combinaison bénéfique d'Étoiles Volantes, ce qui correspond à la réalité puisque c'est la source principale de revenus de cet hôtel.

Dans le cas d'une grande entreprise possédant plusieurs implantations dans différentes villes ou pays, chaque implantation est traitée séparément. Certaines implantations sont plus prospères que d'autres en raison de leur propre Feng Shui. Toutefois, le siège social, le centre névralgique de l'entreprise, génère une influence générale sur toutes les entités secondaires. Son Feng Shui est de toute première importance pour le succès de l'entreprise.

Ce qu'il faut retenir

La réussite d'une entreprise n'est pas le fruit du hasard, bien sûr. Mais elle n'est pas seulement due à la compétence de ses dirigeants et à un marché porteur : le Feng Shui est un poids non négligeable dans la balance. Combien de faillites restent inexpliquées ? Combien de réussites sont fulgurantes, contre toute attente ?
Les entrepreneurs asiatiques intègrent depuis longtemps le facteur Feng Shui comme une donnée stratégique. Le retour, dans l'Empire du Milieu, à la tolérance, après des années d'interdiction et de persécution des préceptes taoïstes, ne coïncide-t-il pas avec un dynamisme et une croissance enviés des pays occidentaux ?
La pratique du Feng Shui dans les entreprises, bien qu'encore très confidentielle, est de plus en plus présente. Les résultats parlent d'eux-mêmes et peuvent convaincre les plus septiques.

Chapitre 13

Construire une maison Feng Shui

Le travail le plus abouti du maître en Feng Shui consiste à concevoir une maison de A à Z, en intégrant tous les paramètres de l'environnement, de l'architecture, des personnes et du temps. Intervenir dans un appartement, une villa, un bâtiment existants nous impose des limites dans les possibilités d'amélioration du Feng Shui, donc de la vie de nos clients. Même dans les cas où nous pouvons entreprendre une rénovation complète du bâtiment, celui-ci reste soumis aux influences de son environnement qui, rappelons-le, représentent plus des deux tiers des influences totales.

Chaque cas est unique, et il est possible d'obtenir de très bons résultats avec l'existant. Lorsque nous sommes en présence d'un Feng Shui déplorable et que nous ne pouvons pas le modifier, la solution consiste à changer de lieu, en le choisissant grâce aux principes du Feng Shui pour bénéficier des meilleurs paramètres possibles. Trouver un logement n'est pas toujours chose facile ; en trouver un qui correspond aux critères du Feng Shui est une véritable gageure.

Bien qu'il n'existe pas de maison parfaite de notre point de vue, nous tendons vers l'excellence lorsque nous pouvons maîtriser un maximum de paramètres. La démarche consiste, en tout premier lieu, à trouver un terrain dont l'environnement est bénéfique. Il faut ensuite positionner la maison sur ce terrain, en déterminer la direction, la Façade*, la position de la porte et l'agencement de toutes les pièces.

Choix du terrain

L'emplacement du terrain est un facteur beaucoup plus important qu'il n'y paraît. À force de parler de la maison, de son architecture, de sa Façade, etc., nous pouvons être amenés à oublier le facteur primordial du Feng Shui, *Long Xue* (龍穴), Nid du Dragon, le point de convergence des énergies de la Terre.

Les anciens maîtres passaient des mois, voire des années, à arpenter les terres et les montagnes dans le but de repérer les meilleurs emplacements pour les tombes, les palais, les demeures. Ils retranscrivaient également minutieusement toutes les configurations de montagnes et d'eau qu'ils rencontraient, capables d'engendrer des destins hors du commun. Le *Xue* est la promesse d'une chance exceptionnelle ; le trouver demeure l'objectif majeur du maître en Feng Shui.

Connaître le *Qi* du terrain

À l'instar des influences bénéfiques (*Sheng Qi**) qui convergent dans les *Xue*, les énergies néfastes peuvent également s'accumuler en d'autres lieux ; construire une maison en présence de *Sha Qi** s'avère très dangereux, car elle captera les mauvaises influences qui contrecarreront toute influence bénéfique pouvant être générée par ailleurs.

La différence entre un *Xue* et un terrain néfaste est flagrante. Nul besoin de connaître le Feng Shui pour s'en rendre compte : lorsque le *Qi* (souffle vital) est bénéfique, la végétation est luxuriante sans être encombrante, le sol est plutôt mou, plat, les animaux y sont attirés, il y règne comme une douce atmosphère. À l'inverse, si la végétation est sèche, épineuse, les arbres rabougris, le sol dur, rocailleux, inégal, cela signifie que le *Qi* est de mauvaise qualité, peu propice à la vie. Observer la nature et s'y conformer sont aussi des règles de Feng Shui.

La forme du terrain

Idéalement, le terrain doit respecter la règle des Quatre Points d'Or*, comme la maison. Les formes irrégulières, éloignées du carré ou présentant des manques sont considérées comme néfastes.

Exemple de terrains bénéfiques

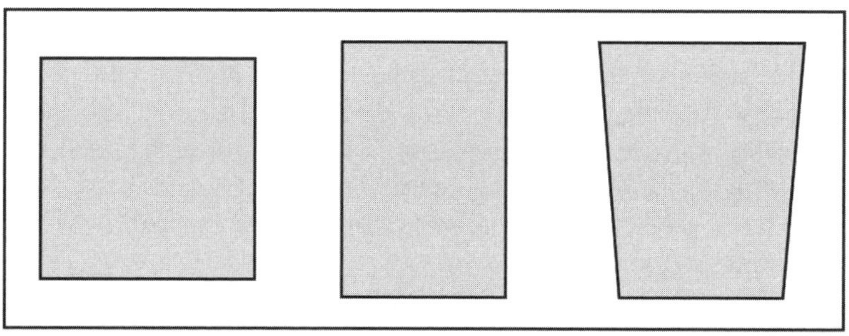

Formes harmonieuses de terrain. Le carré est la forme idéale. Le rectangle et le trapèze sont acceptables s'ils ne sont pas trop disproportionnés.

Exemple de terrains néfastes

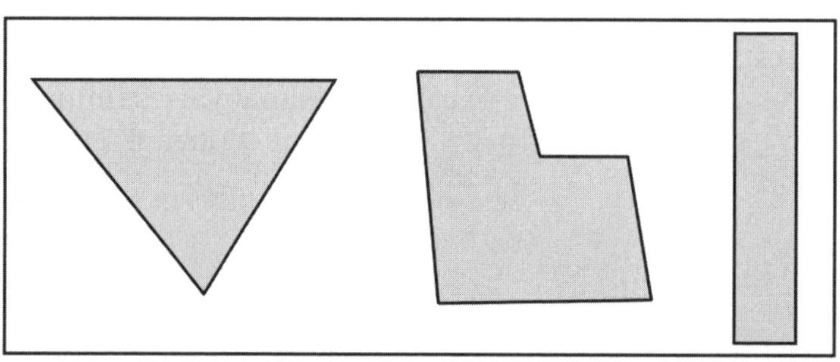

Formes considérées comme mauvaises pour un terrain. Le *Qi* est déséquilibré si la forme du terrain est triangulaire, très allongée, ou si elle présente des manques.

Concernant la topographie, il est préférable que le terrain soit plat. Une forte inclinaison empêche le *Qi* de s'accumuler et la stabilité de s'installer. Elle oblige également à construire l'habitation avec des niveaux décalés, ce qui représente encore un manque d'harmonie et de stabilité.

L'environnement

La préférence se porte sur un environnement naturel harmonieux, agréable et protecteur. Le Feng Shui est de meilleure qualité en présence de formes embrassantes (montagnes et collines) aux contours adoucis, laissant une ouverture et une vue dégagée à l'avant.

La présence d'un dragon est un atout qu'il faut prendre en considération très sérieusement. La direction d'arrivée du dragon est un critère déterminant pour le choix de la direction de la porte principale[60]. La direction de chaque montagne est également soumise à l'analyse et, entre autres, confrontée au système des Neuf Étoiles *Tan Lang**, intervenant également dans le choix de la porte.

L'eau complète ce tableau, et son influence est d'autant plus importante qu'elle est présente en grande quantité ou qu'elle est en mouvement (rivière, ruisseau). Là encore, la position de l'eau, le sens et la direction de son flux entrent en jeu pour la détermination de la direction de la porte.

Dans un environnement urbain ou possédant déjà des constructions et des infrastructures, les bâtiments jouent le rôle des montagnes et les routes agissent comme des rivières. Les influences apportées par ces constructions interviennent également dans la détermination de la position et l'orientation de la maison.

60. Voir le chapitre 7.

Conception et construction de la maison

L'emplacement et la direction de la maison

C'est la partie la plus délicate de l'opération. Position et orientation de la maison dépendent d'un grand nombre de paramètres, notamment en ce qui concerne la direction de la Façade* et de la porte d'entrée. Comme nous venons de le voir, toutes les formes et structures de l'environnement interviennent dans le choix de l'orientation de la porte. Il est très difficile d'arriver à combiner tous ces facteurs, et cela nous oblige souvent à faire des compromis.

Une maison est destinée à des personnes précises. Elle doit donc leur correspondre. C'est là qu'entre en scène le système *Ba Zhai**. Dans la plupart des cas, la prise de décision est délicate, car nous sommes en présence de personnes de Groupe Est* et de Groupe Ouest*. Quelles sont les personnes à privilégier ? Que faire pour celles dont la porte est dans une mauvaise direction ? Nous devons trouver une solution qui, au minimum, ne lèse aucune personne. Le principe avancé du *Ba Zhai* des Vingt-Quatre Montagnes* est ici d'un grand secours, car il introduit des nuances dans les huit types de *Qi** et permet ainsi de faire des compromis.

En plus de cela et de façon simultanée, nous devons aussi satisfaire le système *Xuan Kong Fei Xing* (Étoiles Volantes*). Le choix de la Façade détermine la grille des Étoiles Volantes, et ses configurations doivent correspondre aux formes de l'environnement, car montagnes et eau doivent soutenir les Étoiles bénéfiques.

Pour affiner la direction de la porte, une fois l'une des Vingt-Quatre Montagnes choisie, nous utilisons d'autres systèmes tels que le *Xuan Kong Da Gua* (玄空大卦), les Soixante-Quatre Hexagrammes*, et, par exemple, les Cent Vingt Divisions d'Or*, *Yi Bai Er Shi Fen Jin* (一百二十分金). La précision requise est alors telle (de l'ordre du degré) qu'il est nécessaire de suivre de près le déroulement des travaux afin de s'assurer que le mur de Façade et la porte sont correctement orientés.

La construction d'une maison représente souvent la concrétisation d'un rêve. Nous plaçons beaucoup d'espoirs dans cette nouvelle demeure. Afin que le rêve ne tourne pas au cauchemar, il vaut mieux intégrer le Feng Shui dès le début du projet.

L'agencement interne

La répartition des pièces, le cloisonnement et le positionnement des portes internes suivent principalement les deux systèmes *Ba Zhai* et *Xuan Kong Fei Xing*. Les pièces les plus importantes sont l'entrée, la cuisine, les chambres, la salle de bains et les toilettes. Influences positives et négatives ont des emplacements définis, l'agencement des pièces doit en respecter la répartition.

Plusieurs hypothèses sont émises et remaniées avant de définir un agencement final conciliant tous les paramètres et garantissant un Feng Shui de bonne qualité pour chaque personne. La combinaison de tous ces paramètres n'est pas chose facile. Tout l'art consiste à jauger chaque facteur, dans chaque système, puis à trouver le juste équilibre afin d'obtenir un résultat globalement bénéfique. Les influences néfastes existent et doivent trouver leur place, au même titre que les influences bénéfiques. Lorsqu'elles sont peu nombreuses, peu actives, elles ne s'expriment pas et n'ont pas d'effets notables. Lorsqu'elles sont situées dans les zones dites de « suppression », elles sont converties en bonnes influences et augmentent les effets bénéfiques. L'évacuation du *Sha Qi** est un point clé du Feng Shui ; toilettes, salle de bains et cuisine ont ici un rôle de premier plan, et leur emplacement ne doit pas être laissé au hasard.

Le facteur temporel

Respecter le facteur temps permet de faciliter le déroulement de toutes les étapes de la construction et de l'aménagement de la maison. Il est ainsi possible de déterminer à quelle date commencer les travaux, poser le toit, emménager, et, éventuellement, inaugurer la nouvelle habitation. Les calculs de dates propices sont réalisés en utilisant la méthode *Xuan Kong Da Gua*, celle du Soleil, de la Lune et des Cinq Étoiles (*Tai Yang Tai Yin Wu Xing**), ainsi que le système des Étoiles Volantes*[61]. Les paramètres de référence pour ces calculs sont la date (année, mois, jour, heure), la Façade*, l'Assise* et l'année de naissance des propriétaires.

L'emplacement du démarrage des travaux est également influencé par le temps. Les Forces Tueuses* temporelles, *Tai Sui**, *Sui Po** et *San Sha**, déterminent les secteurs qu'il faut éviter pour commencer les travaux.

Même s'il n'existe pas de maison parfaite, nous pouvons espérer obtenir un résultat exceptionnel si nous pouvons maîtriser l'ensemble des variables de la science, si nous pouvons intervenir le plus en amont possible. Longévité, bonheur et prospérité ne sont pas que des mots, ils deviennent réalité pour qui comprend qu'il existe des forces invisibles, inconnues, parfois incompréhensibles, qui agissent en profondeur sur la vie des personnes. Qui accepte le Feng Shui et peut le mettre en pratique peut connaître une chance au-delà de ses espérances.

Les secteurs où il faut éviter tous travaux selon les années du calendrier chinois

Années	Secteurs à éviter	Années	Secteurs à éviter
Rat	Nord. Sud.	Cheval	Sud. Nord.
Bœuf	Nord-Est. Sud-Ouest. Est.	Chèvre	Sud-Ouest. Nord-Est. Ouest.
Tigre	Nord-Est. Sud-Ouest. Nord.	Singe	Sud-Ouest. Nord-Est. Sud.
Lapin	Est. Ouest.	Coq	Ouest. Est.
Dragon	Sud-Est. Nord-Ouest. Sud.	Chien	Nord-Ouest. Sud-Est. Nord.
Serpent	Sud-Est. Nord-Ouest. Est.	Cochon	Nord-Ouest. Sud-Est. Ouest.

61. Voir le chapitre 10.

Ce qu'il faut retenir

Le Feng Shui parfait n'existe pas. Nous pouvons toutefois nous en approcher en agissant sur les quatre dimensions du Feng Shui : l'environnement (le terrain), la maison (l'architecture), la personne (l'agencement interne) et le temps (la sélection de dates).

Chaque habitation possède un potentiel qu'il est possible d'exploiter jusqu'à une certaine limite. Cette limite, dans l'évolution de la chance, du bonheur, de la vie de ses occupants, est fixée par les contraintes de l'environnement, et, corrélativement, par les modifications, possibles ou non, que nous pouvons effectuer dans une maison. Selon les situations, la limite est atteinte de façon plus ou moins rapide, auquel cas les choses stagnent. La seule façon d'obtenir une évolution, une amélioration supplémentaire, est de changer d'habitation, de trouver celle qui aura le meilleur Feng Shui possible, ou de la construire sur un terrain aux énergies bénéfiques.

Chapitre 14

Étude de cas

Étude de cas n° 1 : une PME de Provence

Il s'agit d'une entreprise d'installation de systèmes d'alarme et de télésurveillance de huit personnes, dont le siège social est à Aix-en-Provence. Les locaux, d'une surface de 75 m^2, sont occupés depuis 1999. Le gérant est né en 1958.

Le projet, initié en 2005, est le suivant : extension des locaux de l'entreprise sur la totalité de la surface du rez-de-chaussée du bâtiment, soit sur une surface totale de 150 m^2 à terme. L'intervention consiste donc à définir l'agencement des locaux, la position des personnes et les aménagements susceptibles d'optimiser le Feng Shui de l'entreprise.

Situation initiale

- La direction de la porte d'entrée est *Gen* (艮)/Nord-Est (2).
- La Façade* (*San Yuan*) est également *Gen* (艮)/Nord-Est (2).
- La Période* des locaux (*San Yuan*) est la Période 7 (1999).
- Le gérant est de *Ming Gua Qian* (乾). Il est né une année *Wu Xu* (戊戌), Chien de Terre.

***Ba Zhai** du gérant**	**Grille des Étoiles Volantes***
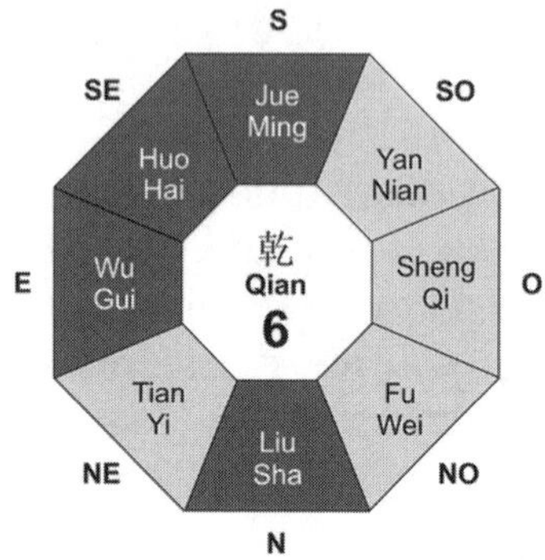	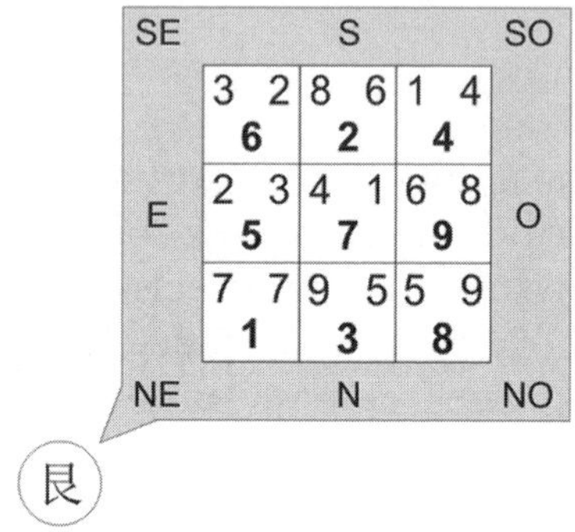

La Façade Nord-Est du bâtiment, et donc l'entrée et la Façade des locaux de l'entreprise, font face au flanc d'une colline à une dizaine de mètres. À l'opposé, au Sud-Ouest, passe une route nationale, en contrebas, à une vingtaine de mètres.

▪ Plans des locaux

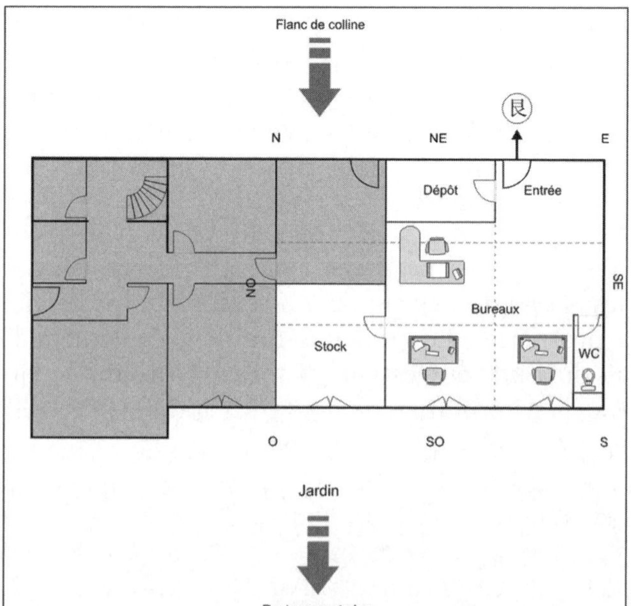

La partie grisée correspond à la possibilité d'extension.

Interprétation de la situation initiale

L'orientation des locaux de cette entreprise correspond à une configuration inversée, montagne (colline) à l'avant, et eau (route) à l'arrière. Toutefois, la grille des Étoiles Volantes de Période 7 est assez bien activée. La colline active l'Étoile d'Assise* 7, et la direction de la porte d'entrée reçoit l'influence de l'Étoile de Façade 7. En Période 7, les deux influences majeures étaient plutôt bien activées, ce qui a généré une bonne prospérité et une bonne harmonie générale entre les personnes de l'entreprise. Cependant, un élément perturbateur des relations sociales est représenté par la route qui active la combinaison 1-4, et notamment l'Étoile de Façade 4, néfaste en Période 7 (en Période 8 également). Les conséquences peuvent être des problèmes relationnels, des infidélités et des scandales, ce qui s'est traduit, dans le cas présent, par une rotation assez rapide du personnel technique et quelques conflits avec celui-ci.

La direction de la porte d'entrée, *Gen* (艮), Nord-Est, est très bonne pour le gérant : c'est son *Tian Yi**, Docteur du Ciel, bénéfique pour la santé et le soutien de son entourage et des représentants de l'autorité. C'est également très bon pour la réussite dans les affaires. Cependant, l'emplacement de la porte d'entrée n'est pas bon, puisqu'elle se situe dans le Palais* Est, le secteur *Wu Gui** (Cinq Fantômes) du gérant, ce qui aggrave les problèmes relationnels, en particulier. Les toilettes dans le secteur Sud ont un impact bénéfique puisqu'elles drainent l'énergie néfaste du secteur *Jue Ming** (Désastres) du gérant, ce qui renforce la protection, le soutien et la prospérité. Les toilettes drainent également l'Étoile de Façade* 6 du Sud, qui est une Étoile en déclin, ce qui permet d'améliorer les perspectives de développement.

Globalement, le Feng Shui n'est pas excellent, surtout au regard de la répartition des Étoiles Volantes, mais il est satisfaisant, ce qui permet une croissance régulière et génère le besoin d'un agrandissement des locaux. L'extension des bureaux est une bonne opportunité de modification du Feng Shui, notamment en raison du passage à la nouvelle Période, en 2004. Les Étoiles

Volantes des locaux initiaux étant toujours en Période 7, cela pourrait entraîner une diminution des bonnes influences, et, à terme, provoquer des difficultés sérieuses.

Recommandations

Les travaux nécessaires à l'extension des locaux et à l'agencement des nouveaux bureaux sont suffisants pour modifier les Étoiles Volantes et obtenir une configuration de Période 8, plus en accord avec les influences temporelles. La configuration de Période 8, de Façade *Gen* (艮), Nord-Est (2), serait très bonne. C'est une configuration appelée « Chaîne Parentale » (*Fu Mu San Ban Gua*), qui nécessite d'avoir la montagne à l'avant et l'eau à l'arrière. C'est le cas ici, mais la montagne est un peu trop proche, bouche la vue et bloque l'espace devant la porte d'entrée, alors que nous avons besoin, pour cette direction de porte, d'un espace dégagé pour évacuer le *Qi*, selon le principe appelé « Collecter la Montagne/ Relâcher le *Sha* » (*Chou Shan Chu Sha*).

De plus, la présence de la route, directement à l'opposé de la porte, même si elle n'est pas toute proche, est un peu gênante. L'option de faire l'entrée et la Façade du côté Sud-Ouest ouvre plus de possibilités, notamment pour un *Ming Tang* (Hall de Lumière) plus vaste, plus lumineux, plus *Yang**, et aussi pour la création d'un Dragon de l'Eau, application très avantageuse pour la prospérité de l'entreprise.

L'entrée sur la Façade Sud-Ouest place la porte dans la direction *Kun* (坤), Sud-Ouest (2). Pour les Étoiles Volantes, en Période 8, cela donnerait également une configuration « Chaîne Parentale » nécessitant la présence d'une montagne à l'avant et de l'eau à l'arrière. Or, cette configuration ne serait pas soutenue et serait très néfaste. J'opte donc pour une direction de porte d'entrée en *Wei* (未), Sud-Ouest (1), ce qui nécessite de tourner la porte d'une Montagne[62] vers la gauche. La porte n'est pas dans la même direction que la Façade, mais étant dans le même trigramme*

62. Division de base du *Luo Pan*, la boussole.

(*Kun*, Sud-Ouest), c'est elle qui détermine la grille des Étoiles Volantes*. Celle-ci est d'ailleurs très bénéfique pour la prospérité : c'est ce que l'on appelle une « Combinaison de Dix »*. Cette configuration est très bien soutenue par les formes de l'environnement, grâce à la colline à l'arrière et la route à l'avant. De plus, nous pouvons renforcer l'influence bénéfique pour la prospérité en ajoutant de l'eau devant l'entrée.

Selon le *Ba Zhai** des Vingt-Quatre Montagnes*, la direction *Wei* (未), Sud-Ouest (1) n'est pas très favorable pour le gérant, elle représente pour lui l'influence *Wu Gui** (Cinq Fantômes). Ce n'est pas un pur *Wu Gui*, mais l'influence néfaste, même amoindrie, se manifestera malgré tout. Afin de rétablir le flux dans une direction bénéfique pure, je préconise l'installation d'un sas, dont la seconde porte sera dans la direction *Kun* (坤), Sud-Ouest (2), le *Yan Nian** (Longévité), pur cette fois, du gérant, cela étant également bénéfique pour la plupart des personnes travaillant dans l'entreprise, qui sont presque toutes de Groupe Ouest*.

Grille d'Étoiles Volantes Façade *Kun* (坤)/SO2, Période 8	**Grille d'Étoiles Volantes Façade *Wei* (未)/SO1, Période 8**

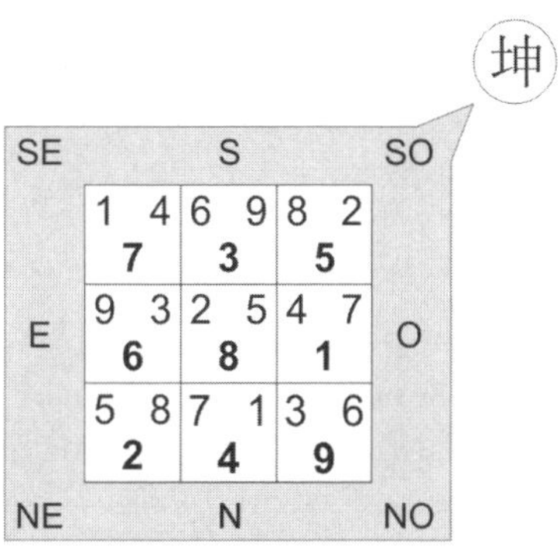

Chaîne Parentale

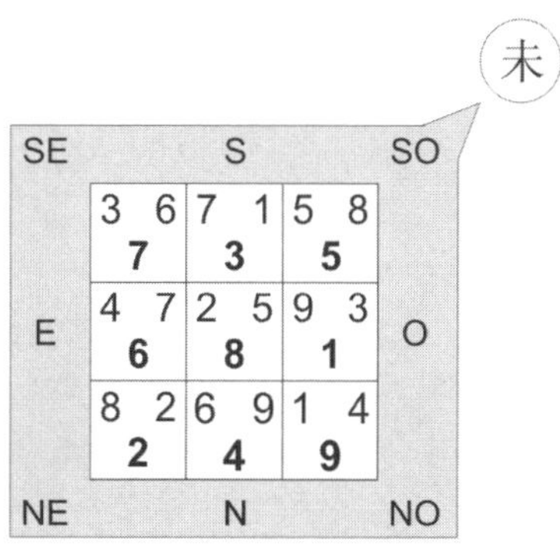

Combinaison de Dix en Assise*

La direction de la porte d'entrée est calculée de façon très précise en intégrant les systèmes d'analyse complémentaires du *Xuan Kong Da Gua* (Soixante-Quatre Hexagrammes*) et des Cent Vingt Divisions d'Or*. Ainsi, je détermine que la direction à obtenir est 207° très exactement. La mise en place est assez délicate car la marge de manœuvre est étroite (à un degré près).

Le cloisonnement et la répartition des pièces sont légèrement modifiés pour bénéficier des meilleures configurations d'énergie dans les pièces les plus importantes (l'entrée, le hall d'accueil, le bureau du gérant et les autres bureaux). Les bureaux devront faire face à la direction *Kun* (坤), Sud-Ouest (2).

Enfin, je préconise la mise en œuvre de la formule du Dragon de l'Eau* en installant devant l'entrée un bassin et un circuit d'eau permanent, incluant une arrivée et une sortie d'eau ; l'eau doit s'écouler de la droite vers la gauche de la porte. L'eau qui se jette dans le bassin doit arriver de la direction *Chou* (丑), Nord-Est (1), à 25° exactement, afin de satisfaire aux systèmes *Tan Lang*, Douze Phases de Croissance*, *Xuan Kong Da Gua* et Combinaison de Dix du Ciel Postérieur*. L'eau qui part du bassin doit disparaître dans la direction *Si* (巳), Sud-Est (3), à 150°, afin de satisfaire à la formule du Dragon de l'Eau et aux systèmes *Xuan Kong Da Gua* et Douze Phases de Croissance.

Schéma de la situation finale

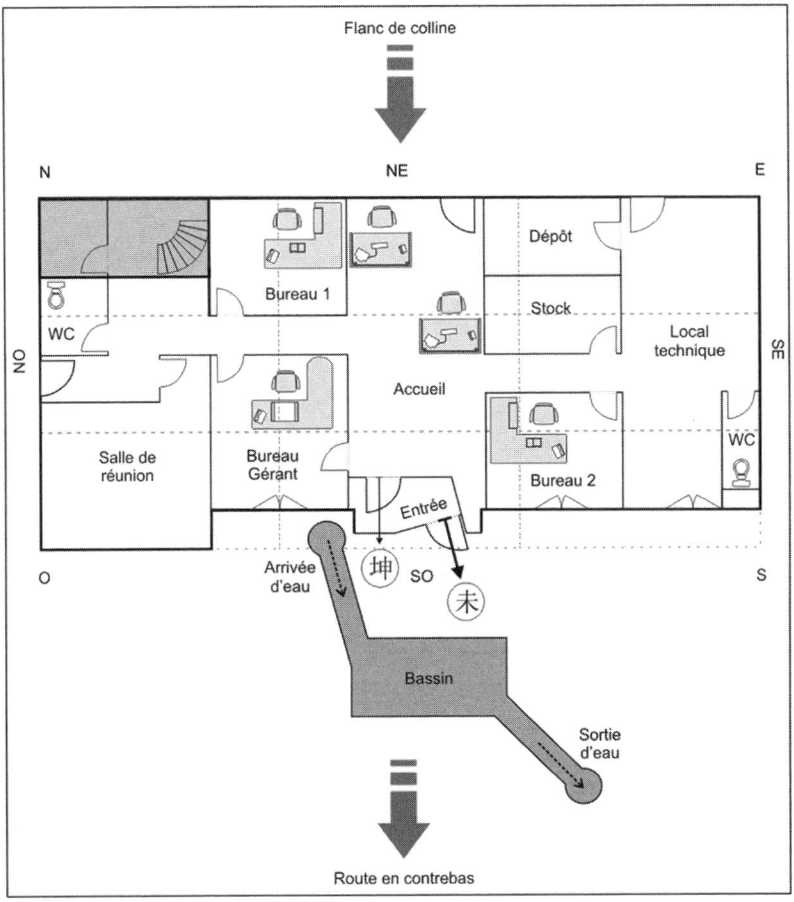

Étude de cas n°2 : un appartement en région parisienne

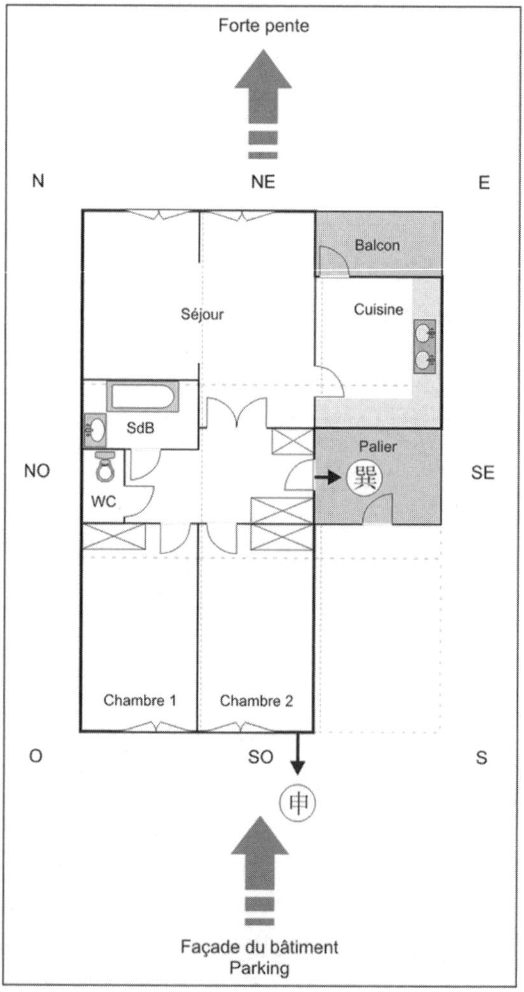

Il s'agit d'un appartement de 70 m² loué en 2003 par un homme de *Ming Gua Kun* (坤), né une année *Ji Hai* (己亥), Cochon de Terre.

L'expertise se déroule en novembre 2003, peu de temps après l'emménagement.

L'objectif de l'expertise est d'optimiser l'agencement en fonction du locataire, afin de le soutenir dans son activité professionnelle et d'améliorer ses relations sentimentales.

L'expertise ayant lieu à la fin de la Période 7 (le changement de Période* interviendra trois mois après l'expertise), les préconisations porteront, en premier lieu, sur les aménagements à réaliser immédiatement, adaptés à la Période s'achevant, et, en second lieu, sur les aménagements futurs à mettre en place après le changement de Période.

Caractéristiques de l'appartement

La Façade* de l'appartement, pour le calcul des Étoiles Volantes*, est *Shen* (申), Sud-Ouest (3). Elle correspond à celle du bâtiment.

Le terrain monte fortement du côté de la Façade et descend en pente forte à l'arrière du bâtiment, représentant une configuration inversée (montagne à l'avant et eau à l'arrière).

La direction de la porte d'entrée est *Xun* (巽), Sud-Est (2). Nous pouvons remarquer que, contre toute attente, la direction de la porte d'entrée n'est pas exactement à 90° de celle de la Façade, comme le plan pourrait le suggérer. Selon le plan, on devrait, par exemple, avoir la porte d'entrée orientée vers *Si* (巳), Sud-Est (3), puisque la Façade est *Shen* (申), Sud-Ouest (3). Or, elle est bien orientée vers *Xun* (巽), Sud-Est (2) lorsqu'on prend la mesure avec le *Luo Pan**. Cela arrive fréquemment. Même si nous avons l'impression très nette que les murs sont perpendiculaires, les mesures prises avec la boussole peuvent diverger d'une montagne, voire plus. Des interférences magnétiques locales peuvent causer de telles divergences, mais cela signifie, dans la plupart des cas, que le *Qi* (souffle vital) est dévié, comme l'est le champ magnétique. La lecture de la boussole, du *Luo Pan* en l'occurrence, est celle que le praticien doit prendre en compte.

L'appartement présente des secteurs manquants : Sud et Sud-Est. Cela nuit à l'harmonie générale, mais ce sont de mauvais Palais* pour le locataire, donc l'impact n'est pas trop négatif. Toutefois, le secteur manquant Sud-Est aura une incidence sur ses relations avec sa fille aînée, qui vivra seulement de façon intermittente avec lui et qui prendra rapidement son indépendance.

Ba Zhai*	**Étoiles Volantes**

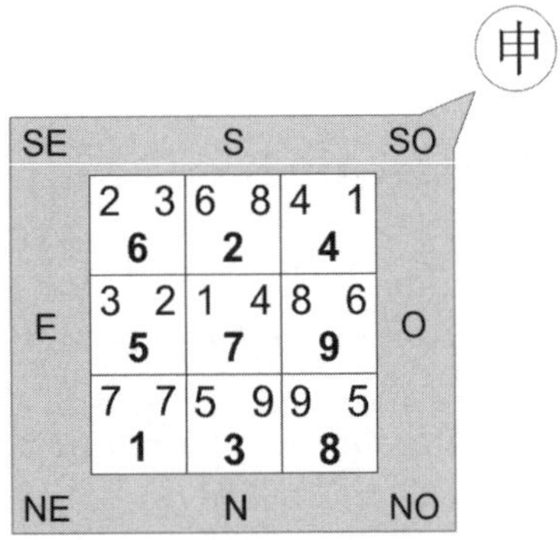

Période 7

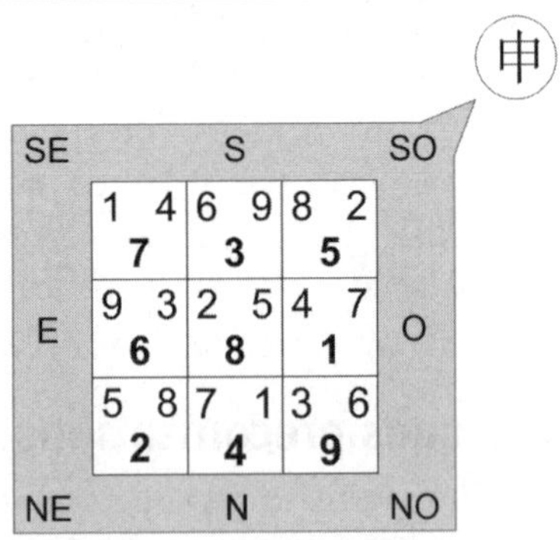

Période 8

La porte d'entrée est dans une direction néfaste (*Wu Gui**), présageant des problèmes relationnels, des médisances et une santé fragile.

Les toilettes et la salle de bains dans le secteur Nord-Est auront un impact néfaste puisque situées dans son Palais *Yan Nian**, présageant également des difficultés relationnelles, notamment pour établir une relation sentimentale stable. Cependant, puisqu'elles éliminent l'Étoile de Façade 5, elles auront un impact bénéfique sur la prospérité en dégageant les obstacles à l'avancement professionnel et financier.

La cuisine, située dans le secteur Est, a un impact bénéfique puisqu'elle supprime le Palais *Huo Hai**, favorisant ainsi la stabilité, l'harmonie générale, la sérénité, et garantissant un niveau suffisant de ressources.

Les deux chambres sont situées dans de bons Palais, respectivement *Fu Wei** (Sud-Ouest) et *Tian Yi** (Ouest). La chambre Ouest est la plus indiquée comme chambre à coucher, en raison d'une combinaison d'Étoiles Volantes très bénéfique pour cela (8-6). La chambre Sud-Ouest est plus indiquée, d'après les Étoiles Volantes, pour un bureau (combinaison 4-1).

Le séjour couvre deux secteurs, le Nord et le Nord-Est. Il contient une excellente combinaison d'Étoiles Volantes. En raison du caractère particulier de la distribution des Étoiles Volantes, c'est la combinaison (7-7) venant du Nord-Est qui remplit l'espace du séjour et de la cuisine. Cependant, cette combinaison perdra rapidement ses aspects bienfaisants après le 4 février 2004, date du passage à la Période 8.

Quelques préconisations pour la Période 7

Pour les trois mois restants avant le changement de Période, et avant de procéder aux aménagements permettant de réajuster les énergies avec la nouvelle Période, nous agençons l'appartement en fonction des influences du *Ba Zhai* (valables quelle que soit la Période) et des Étoiles Volantes de Période 7. Nous procéderons par la suite à des modifications pour adapter le Feng Shui de cette habitation à la nouvelle Période.

La mauvaise direction de la porte d'entrée ne peut pas être modifiée. Nous pouvons toutefois y remédier partiellement en plaçant un butoir pour détourner le flux entrant du *Qi* et le canaliser dans la direction *Si* (巳), Sud-Est (3), récupérant ainsi une influence bénéfique, *Tian Yi**, pour le locataire[63].

Le palier, fermé par une porte, ne dessert que cet appartement. En y entreposant des objets personnels et en décorant un peu cet espace comme faisant partie de l'habitation, nous pouvons espérer récupérer un peu de ce secteur, à l'origine manquant. Le principe consiste à agrandir l'espace vital de l'habitation dans ce secteur.

Dans la cuisine, la cuisinière est placée sur le mur de gauche (Nord-Ouest), orientée vers la direction *Bing* (丙), Sud (1), très bonne pour le *Ba Zhai* et les Étoiles Volantes. Une décoration insistant sur les Éléments Terre et Métal est également appréciable pour renforcer les énergies en présence.

Dans le séjour, les mêmes Éléments (Terre et Métal) peuvent être renforcés, et il est important d'utiliser principalement le secteur Nord-Est comme espace d'activité. On peut également y placer de l'eau, sous la forme d'une fontaine, par exemple, qui peut activer favorablement le Palais (*Sheng Qi**) et l'Étoile de Façade* 7 s'y trouvant.

La chambre Ouest (chambre 1) est la plus indiquée pour servir de chambre à coucher. Le lit est orienté vers la direction *Gen* (艮), Nord-Est (2). Les Éléments Feu et Terre sont ici recommandés.

La chambre Sud-Ouest peut servir de bureau. La direction de travail est également *Gen* (艮), Nord-Est (2). Dans cette pièce, les Éléments Métal et Eau peuvent renforcer les influences bénéfiques.

63. Pour les directions de porte, de lit, de cuisinière ou de bureau, nous considérons le *Ba Zhai* des Vingt-Quatre Montagnes, qui diffère du *Ba Zhai* des Huit Palais, utilisé pour les emplacements.

Quelques préconisations pour la Période 8

Après le 4 février 2004, il convient de procéder au changement de Période. Dans le cas présent d'un appartement en location où nous ne pouvons pas envisager de travaux, la solution consiste à placer un éclairage puissant dans le Palais* central et de le laisser allumé toute la journée, pendant deux semaines.

Préconisations pour la Période 7

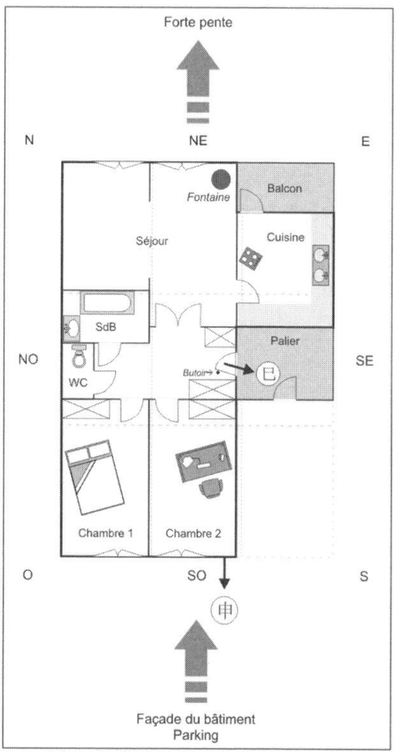

Préconisations pour la Période 8

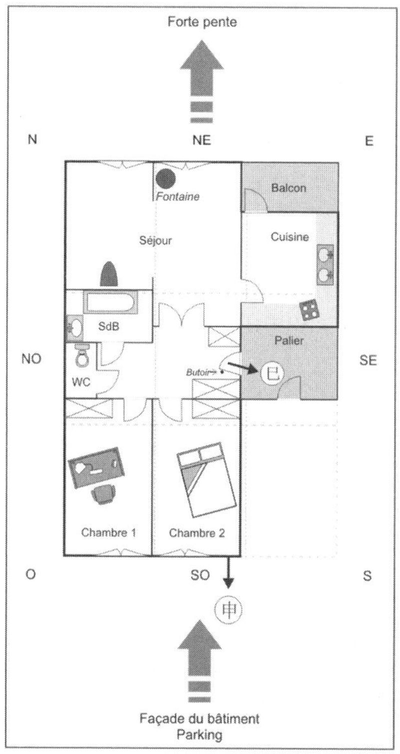

Pour favoriser le renouvellement des énergies liées au temps (Étoiles Volantes), il est également recommandé de placer de l'eau (fontaine, aquarium ou grande bassine) dans le Palais Sud-Ouest (chambre 2), ce qui permet de favoriser la libération des énergies captives du Cœur Céleste*.

À l'issue des deux semaines, le changement de Période étant réalisé, nous pouvons procéder à l'agencement final (valable donc, à part certains ajustements annuels, jusqu'en 2024).

La double porte du séjour est enlevée ou laissée constamment ouverte afin de répartir différemment les combinaisons d'Étoiles Volantes entre le séjour et la cuisine, et d'avoir dans chaque pièce une combinaison convenant à ses caractéristiques.

Dans la cuisine, la cuisinière est déplacée dans le secteur Sud et orientée vers la direction *Gen* (艮), Nord-Est (2). Désormais, ce sont plutôt les Éléments Bois et Feu qui sont recommandés pour le mobilier et la décoration.

La chambre la plus appropriée est désormais la chambre Sud-Ouest (chambre 1), car la combinaison d'Étoiles Volantes (8-2) est idéale pour une chambre à coucher. Le lit reste orienté dans la direction *Gen* (艮), Nord-Est (2) (le *Sheng Qi** du locataire). Pour la décoration et le mobilier, les Éléments Feu (couleur rouge, formes triangulaires, bougies) et Terre (pierres, couleur jaune, formes carrées) sont ici les plus en harmonie avec les énergies en présence.

La chambre Ouest peut désormais servir de bureau, en laissant également le bureau dans la direction *Gen* (艮), Nord-Est (2). C'est ici l'Élément Feu qui est le plus approprié pour le choix des couleurs et des formes.

Dans le séjour, la fontaine est déplacée, et une grosse lampe en cristal de sel est ajoutée en application de la formule des Cinq Fantômes Apportant le Trésor* (*Wu Gui Yun Cai*). En prenant comme référence la direction *Shen* (申), Sud-Ouest (3) de la porte du séjour, la fontaine est placée dans la direction *Yin** (寅), Nord-Est (3) à partir du centre de la pièce, et le cristal, dans la direction *You* (酉), Ouest (2).

Étude de cas n° 3 : une villa à La Réunion

Il s'agit d'une villa de 128 m² habitable avec un garage attenant, construite en 2003 sur un terrain de 700 m², dans une ville du Sud de l'île de La Réunion.

La famille de quatre personnes (dont deux enfants, un fils et une fille) a emménagé en novembre 2003. En 2005, malheureusement, ils doivent faire face à un divorce. Suite à cela, le père et le fils restent dans la maison, tandis que la mère et la fille vont habiter ailleurs pendant quatre mois. En mars 2006, après le départ du père, la mère et la fille réintègrent la maison avec un mobilier neuf et un agencement différent. Mais depuis son retour dans cette maison, la fille a des problèmes de dos (douleurs et blessures) qui ne sont que difficilement explicables par les médecins à la date de l'expertise, en juin 2006.

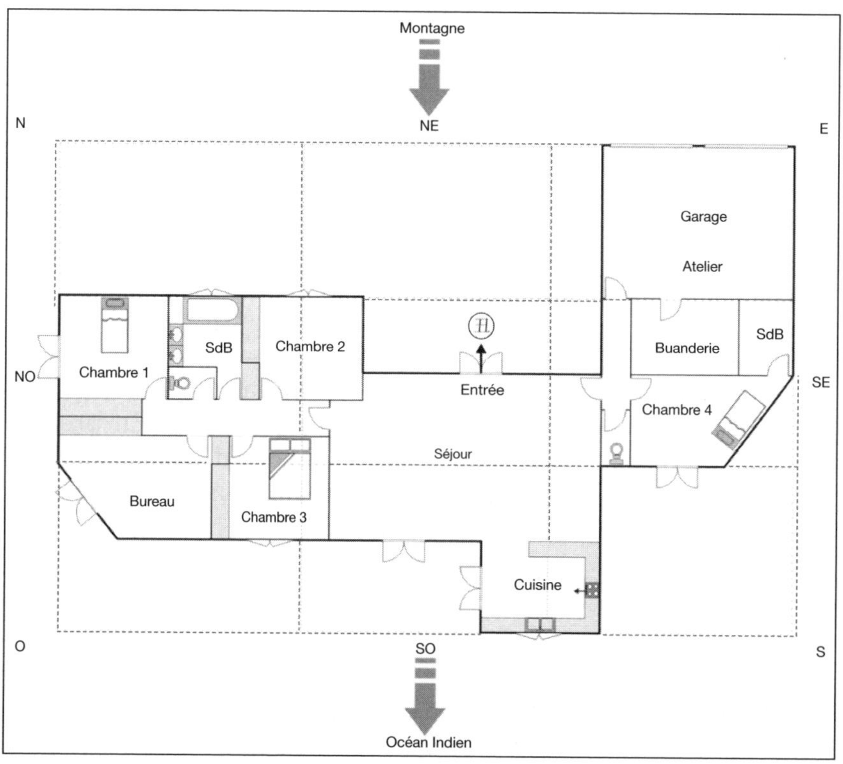

Les paramètres de l'habitation

Nous avons ici trois habitants : la mère, de trigramme* *Qian* (乾), son fils, de trigramme *Xun* (巽), et sa fille, de trigramme *Gen* (艮).

La direction de la porte d'entrée est *Chou* (丑), Nord-Est (1). Elle correspond également à la Façade* pour l'analyse *San Yuan*.

L'entrée et la Façade sont face à la montagne (au Nord-Est), tandis que l'Assise* donne sur l'océan Indien, que l'on voit très bien depuis la terrasse.

Ba Zhai des membres de la famille

La mère	Le fils	La fille
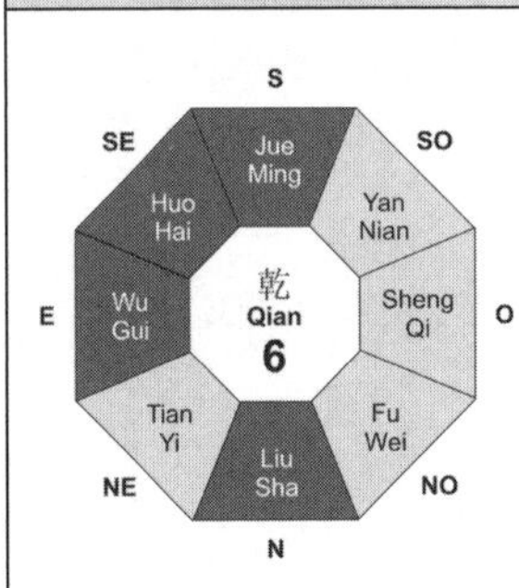	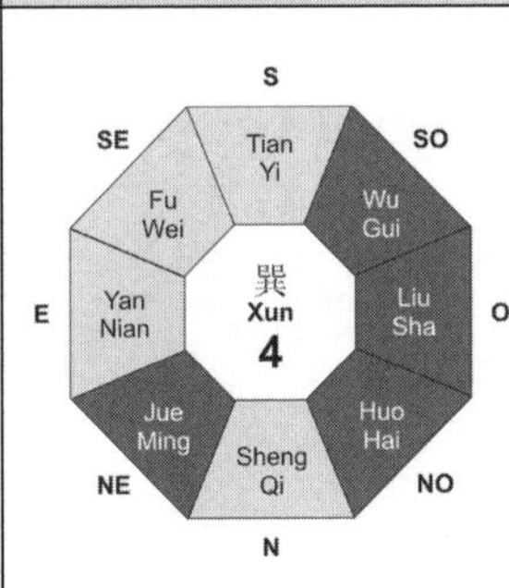	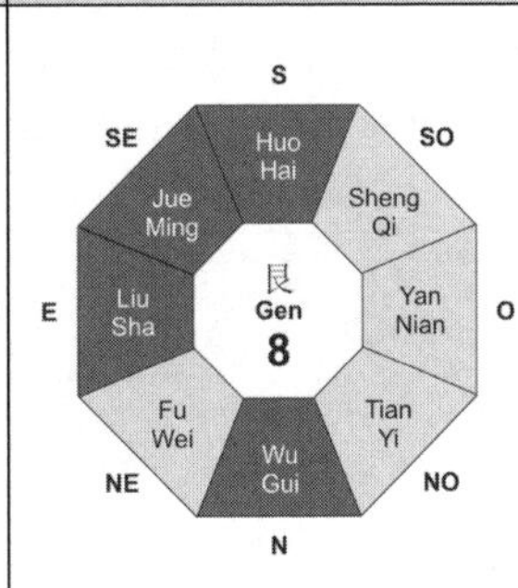

L'utilisation d'une partie du garage en atelier (notamment lorsque le père était présent) et la communication avec la buanderie en fait une pièce à vivre, à inclure dans la grille des Neuf Palais*. Cela provoque donc de nombreux secteurs manquants, le Nord, le Nord-Est, une partie de l'Ouest et une petite partie du Sud-Ouest. L'harmonie générale est donc très entamée.

La configuration inversée, montagne à l'avant et eau à l'arrière, n'est pas favorable dans ce cas. L'eau à l'arrière d'une maison provoque souvent la dissolution de la famille, qui est représentée par le côté *Yin** de la maison, l'Assise devant être soutenue par une montagne (Tortue Noire*).

La cuisine est dans le Palais Sud-Ouest. La cuisinière est orientée vers la direction *Xu* (戌), Nord-Ouest (1).

La chambre 1 est celle de la fille. La chambre 2 n'est pas utilisée. La chambre 3 est celle de la mère, et la chambre 4, celle du fils.

La salle de bains et les toilettes sont dans le Palais Nord-Ouest.

Le *Ba Zhai** n'est pas très favorable pour la mère, qui est désormais le chef de famille. L'entrée et la chambre sont bénéfiques, mais la cuisine, la salle de bains et les toilettes suppriment de bons Palais, ce qui engendre des influences néfastes. Malgré tout, son Palais de Vie* (Nord-Ouest) étant complet, cela peut expliquer que ce soit elle qui ait pris possession de la maison après le divorce.

Analyses et interprétations

Grille d'Étoiles Volantes Période 7 – Façade *Chou* (丑)/NE(1)	**Grille d'Étoiles Volantes Période 8 – Façade *Chou* (丑)/NE(1)**
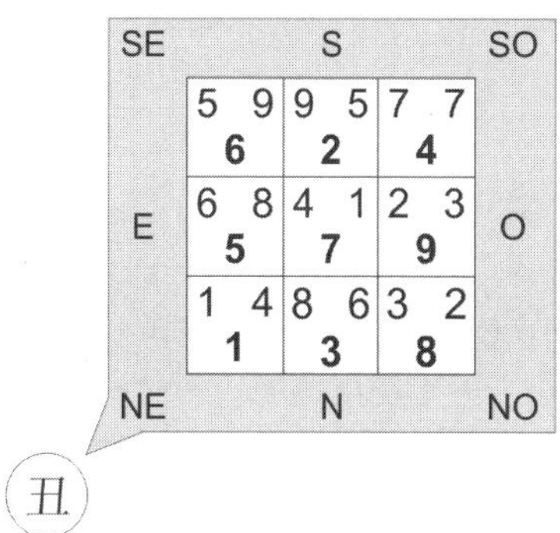	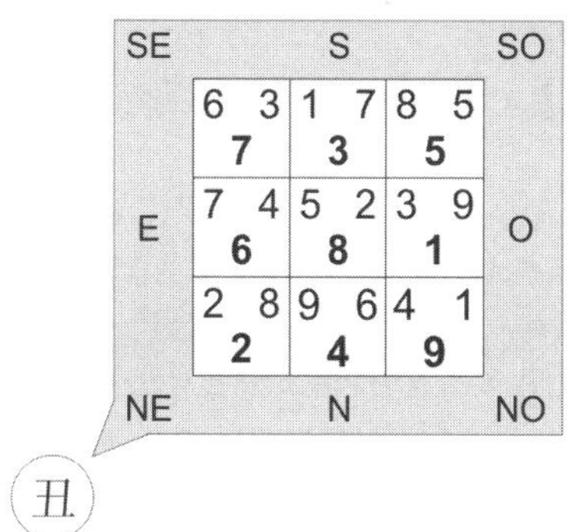

Les manques importants générés par la forme de l'habitation provoquent un déséquilibre sérieux de l'harmonie, et cela se ressent sur l'entente familiale et les problèmes relationnels.

Avant le divorce, la grille des Étoiles Volantes* correspondait à la Période 7. Les formes externes, quoique inversées (montagne à l'avant et eau à l'arrière), soutenaient, malgré tout, de bonnes influences (l'Étoile d'Assise 1 au Nord-Est et l'Étoile de Façade 7 au Sud-Ouest), ce qui permettait de renforcer l'harmonie familiale, la santé et la prospérité de la maison. Ceci dit, l'Étoile la plus importante pour l'entente conjugale et familiale était, en Période 7, l'Étoile d'Assise 7 ; mais celle-ci était supprimée par la présence de l'océan Indien au Sud-Ouest, d'où une certaine fragilité du couple.

D'autre part, nous trouvions la combinaison d'Étoiles 3-2 au Nord-Ouest, qui occupait toutes les chambres, en raison de la distribution du *Qi* (souffle vital) et de la présence de la porte du couloir menant à celles-ci. Cette combinaison, appelée « Maléfice du Combat de Taureaux », est connue pour provoquer des conflits et des séparations.

Le Palais Nord-Ouest étant également le Palais de Vie* de la mère (trigramme* *Qian*), elle en subit les effets de façon encore plus accentuée. Le passage à la Période 8, en 2004, affaiblissant de façon générale la configuration de Période 7, puis la présence, en 2005, de l'Étoile annuelle 5 au Nord-Ouest, ont fini par déclencher le divorce.

Le changement d'énergies

Après le divorce, l'absence de la mère et de sa fille pendant près de quatre mois puis leur retour, après le départ du père, avec un mobilier neuf et un agencement nouveau des pièces, a provoqué le changement de la configuration des Étoiles Volantes. C'est un cas très intéressant qui illustre parfaitement l'influence des habitants et de la date d'emménagement sur la mise en place et la modification des Étoiles Volantes d'une demeure.

Ce sont les problèmes de santé de la fille, apparus rapidement depuis son retour, qui me font penser que ce changement de Période a bien eu lieu. En examinant la grille des Étoiles Volantes de Période 8, je m'aperçois, d'une part, que l'inversion des formes de l'environnement a désormais un impact beaucoup plus néfaste que précédemment, et, d'autre part, que c'est la fille qui, la première, en subit les conséquences, en raison de son Trigramme de Vie*. En effet, la montagne au Nord-Est active désormais l'Étoile d'Assise* 2, synonyme de maladie, et l'océan active l'Étoile de Façade* 5, impliquant toute sorte de problèmes. En contrepartie, les deux Étoiles régnantes, l'Étoile de Façade 8 et l'Étoile d'Assise 8 sont supprimées par ces mêmes formes externes.

La fille étant de trigramme *Gen* (艮), son Palais de Vie est le Nord-Est. La combinaison du Nord-Est est 2-8, avec l'Étoile d'Assise 2, soutenue par la montagne. En Feng Shui, cela signifie très précisément « maladie du dos » : l'Étoile 2 est l'Étoile de la maladie, et l'Étoile 8 est liée, en termes physiologiques, au dos, aux os et à la colonne vertébrale.

Quelques conseils

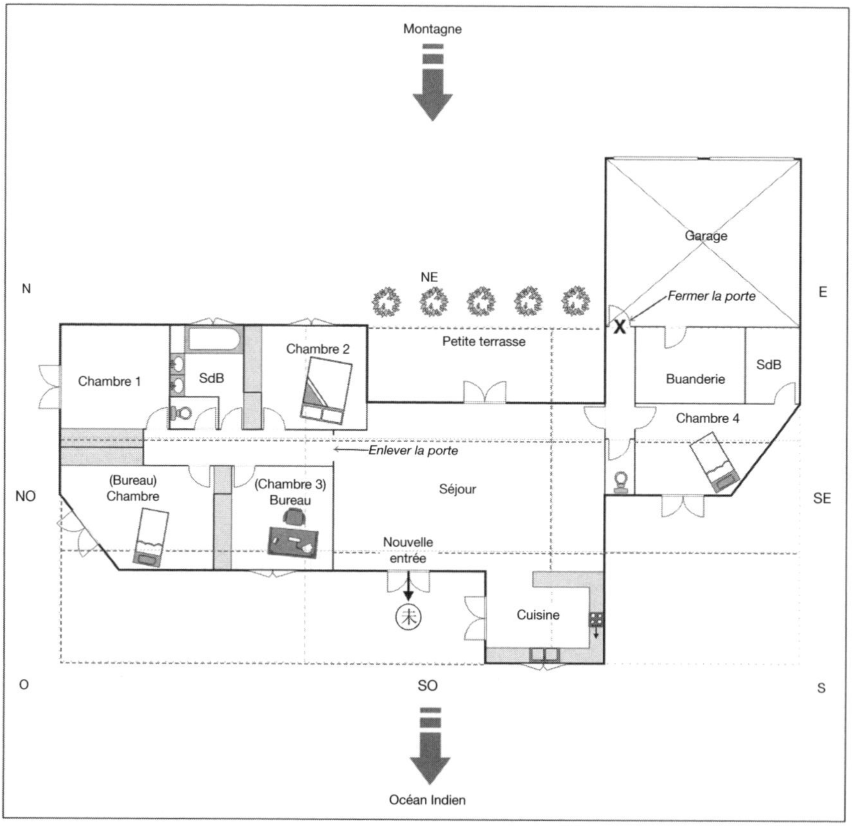

La première chose à faire, la plus importante, consiste à rétablir l'adéquation entre les énergies de la maison et les formes externes, la montagne et l'océan. La solution que je retiens ici consiste à changer d'entrée. La nouvelle porte d'entrée est la porte Sud-Ouest, donnant sur la terrasse et faisant face à l'océan. Les habitants et tous les visiteurs devront faire le tour et entrer par cette porte. Sa direction est *Wei* (未), Sud-Ouest (1).

La grille d'Étoiles Volantes correspondant est une Combinaison de Dix*, qui est très favorable ici puisque bien activée par l'eau à l'avant et par la montagne à l'arrière. Même si le plan présente des manques et que la Combinaison de Dix ne peut pas s'exprimer au maximum, cette configuration est largement meilleure que la précédente et transforme le négatif en positif.

Grille d'Étoiles Volantes
Façade *Wei* (未)/SO(1), Période 8

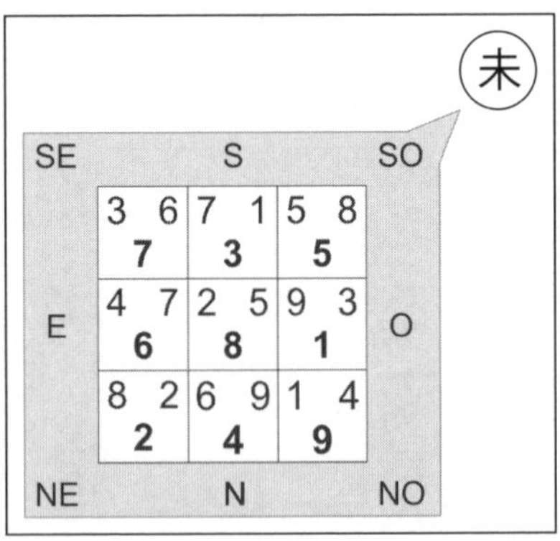

Afin de réduire au maximum les secteurs manquants, il convient de ne plus utiliser le garage comme atelier ni espace de vie, et de bien fermer la porte qui y mène. Cela permet de réduire la grille des Neuf Palais* comme indiqué sur le schéma.

La porte Nord-Est ne devra plus servir d'entrée. Afin de s'en assurer, on peut fermer l'espace extérieur par de la végétation en délimitant, par exemple, une petite terrasse arrière.

Dans la cuisine, la cuisinière est tournée afin que les boutons soient orientés vers le Sud-Ouest.

La porte du couloir menant aux chambres et au bureau est enlevée pour permettre une meilleure distribution des énergies dans les chambres.

La mère est installée dans la chambre 2. Son lit est orienté vers la direction *Kun* (坤), Sud-Ouest (2). Pour la décoration, les Éléments Feu et Terre sont les plus appropriés.

La chambre 3 devient le bureau. Le poste de travail est également orienté vers la direction *Kun* (坤), Sud-Ouest (2), et les Éléments Feu et Terre sont aussi les plus adéquats ici.

La fille doit désormais dormir dans l'ancien bureau. Son lit est aussi orienté vers la direction *Kun* (坤), Sud-Ouest (2). Ce sont ici les Éléments Métal et Eau qui sont recommandés.

Le fils peut conserver sa chambre en renforçant l'Élément Feu. Son lit est alors orienté vers la direction *Wu* (午), Sud (2).

Conclusion

Le Feng Shui est une discipline complexe et délicate à utiliser. Par de nombreux aspects, elle rappelle l'acupuncture, basée sur les mêmes fondements. En acupuncture, la nécessité d'une bonne connaissance des règles d'application est une évidence. Personne n'oserait planter une aiguille dans sa peau ou dans celle d'une autre personne sans en connaître précisément les raisons et les conséquences. En revanche, avec une bonne maîtrise de la discipline, il est possible d'obtenir des résultats exceptionnels d'un point de vue médical. Or, cette maîtrise requiert un long apprentissage ainsi qu'une solide expérience. L'apprentissage de l'acupuncture n'est pas envisageable sur la base unique de livres, aussi précis et complets soient-ils. Il en va de même pour le Feng Shui.

Le présent ouvrage ne peut servir de base d'apprentissage. Ce n'est qu'un document de référence qui présente une science taoïste de l'habitat, ancienne et porteuse de grands bienfaits pour ceux qui en bénéficient. Les données, les formules et les systèmes que j'ai évoqués dans ce livre ne sont pas complets et ne doivent être considérés qu'à titre informatif. J'invite le lecteur qui se passionne pour ce savoir ancestral à trouver un guide, un maître qui sera capable de lui transmettre la connaissance, les clés de la discipline ainsi que la sagesse pour l'utiliser à bon escient.

S'il est un paramètre encore plus fondamental que tous ceux évoqués tout au long de ce livre, c'est la sagesse. Que nous la nommions « éthique » ou « déontologie », elle représente les fondations de la pratique et doit guider le praticien en toute circonstance. L'utilisation du Feng Shui peut modifier le cours d'une vie. Toute vie s'inscrit dans un grand schéma, que nous appelons « destin » ou « karma », selon les cultures. Que le Feng Shui s'inscrive ou non dans ce schéma n'est pas du ressort d'un être humain : même les plus grands maîtres en Feng Shui se plient aux règles universelles. D'ailleurs, ils sont les premiers à le faire tant ils en connaissent les enjeux. Nous devrions tous suivre leur exemple et respecter l'ordre naturel des choses.

Vouloir améliorer ses conditions de vie et celles des autres est une chose tout à fait naturelle et louable. Cependant, à divers niveaux, nous serons confrontés à des limites. Ces limites sont des leçons, des étapes dans notre propre évolution. Elles nous enseignent l'acceptation, l'humilité et le sens de l'adaptation. Elles nous apprennent que pour évoluer, il faut savoir changer, et de façon de penser, et de place, et d'habitation.

À l'instar de l'équilibre *Yin/Yang*, il existe un équilibre universel des forces bénéfiques et des forces néfastes. Le but du Feng Shui n'est pas d'éliminer le négatif pour ne garder que le positif. Nous devons accepter les deux aspects et leur laisser leur place respective. Nous tentons simplement d'éviter d'être affectés par les forces néfastes (*Sha Qi*) et de bénéficier au maximum des forces bénéfiques (*Sheng Qi*).

Traduction des termes chinois

Termes chinois (*Pin Yin*)	Idéogrammes	Traductions françaises
Ba Gua	八卦	Huit Trigrammes
Ba Lu Huang Quan	八路黃泉	Huit Routes de l'Enfer
Ba Sha Huang Quan	八煞黃泉	Huit Palais de l'Enfer
Ba Zhai	八宅	Huit Maisons
Ba Zi	八字	Huit Mots
Bai Hu	白虎	Tigre Blanc
Dao	道	La Voie
Di	地	Terre
Di Zhi	地支	Branche de la Terre
Er Shi Si Shan	二十四山	Vingt-Quatre Montagnes
Fei Xing	飛星	Étoiles Volantes
Fu Bi	輔弼	Assistants
Fu Mu San Ban Gua	父母三般卦	Chaîne Parentale
Fu Wei	伏位	Position
Gua	卦	Trigramme
He Shi	合十	Combinaison de Dix
He Tu	河圖	Carte du Fleuve
Hou Tian Ba Gua	後天八卦	Huit Trigrammes du Ciel Postérieur
Huo Hai	禍害	Mésaventures

Termes chinois (*Pin Yin*)	**Idéogrammes**	**Traductions françaises**
Ju Men	巨門	Grande porte
Jue Ming	絕命	Couper la destinée
Kan Yu	堪輿	Configuration de la Terre
Lian Zhen	廉貞	Chasteté
Ling Shen	零神	Esprit Faux
Liu Hai	六害	Six Blessures
Liu Sha	六煞	Six Meurtres
Long Men Ba Fa	龍門八法	Huit Formations de la Porte du Dragon
Long Xue	龍穴	Nid du dragon
Lu Cun	祿存	Récompenses
Luo Pan	羅盤	La boussole
Luo Shu	洛書	Livre de la rivière
Ming Gua	命挂	Trigramme de Vie
Na Jia	納甲	Attribut secret
Po Jun	破軍	Soldat brisé
Po Sha	破煞	Briser le maléfice
Qi	氣	Souffle vital ; énergie vitale
Qi Kou	氣口	Bouche de *Qi*
Qing Long	青龍	Dragon Vert
Qing Nang Jing	青囊經	Classique de la sacoche verte
Ren	人	Homme
San Ban Gua	三般卦	Collier de Perles
San He	三合	Trois Harmonies
San Sha	三煞	Trois Tueurs ; Trois Maléfices
San Xing	三刑	Trois Punitions
San Yuan	三元	Trois Cycles
Sha Qi	煞氣	Souffle funeste ; Force Tueuse ; énergie néfaste
Shang Shan Xia Shui	上山下水	Montagne en Haut et Eau en Bas
Sheng Qi	生氣	Souffle de croissance ; souffle créateur
Shi Er Chang Sheng	十二長生	Douze Phases de Croissance
Shuai Qi	衰氣	Énergie faible

Termes chinois (*Pin Yin*)	Idéogrammes	Traductions françaises
Shuang Xing Dao Xiang	雙星到向	Double Étoile en Façade
Shuang Xing Dao Zuo	雙星到坐	Double Étoile en Assise
Shui Long Jing	水龍經	Classique du Dragon de l'Eau
Si Po	四破	Quatre Destructions
Si Qi	死氣	Énergie éteinte
Sui Po	歲破	Briseur de l'Année
Tai Ji	太極	Grand Extrême
Tai Sui	太歲	Divinité de l'Année
Tai Yang Dao Shan	太陽到山	Soleil Touchant la Montagne
Tai Yang Tai Yin Wu Xing	太陽太陰五星	Soleil, Lune et Cinq Éléments
Tan Lang	貪狼	Loup avide
Tan Lang Jiu Xing	貪狼九星法	Neuf Étoiles du Loup Avide
Tao Hua Sha	桃花煞	Maléfice de la Fleur de Pêcher
Tian	天	Ciel ; paradis
Tian Gan	天干	Tronc du Ciel
Tian Yi	天醫	Docteur du Ciel
Tui Qi	退氣	Énergie en recul
Wang Qi	旺氣	Énergie royale
Wang Shan Wang Shui	旺山旺水	Montagne et eau régnantes
Wen Qu	文曲	Arts littéraires
Wu Gui	五鬼	Cinq Fantômes
Wu Gui Yun Cai	五鬼運財	Cinq Fantômes Apportant le Trésor
Wu Huang	五黃	Cinq Jaune
Wu Qu	武曲	Arts militaires
Wu Xing	五行	Cinq Transformations ; Cinq Éléments
Xian Tian Ba Gua	先天八卦	Huit Trigrammes du Ciel Antérieur
Xiang	向	Façade
Xuan Kong Da Gua	玄空大卦	Hexagrammes du Vide Mystique
Xuan Kong Fei Xing	玄空大卦	Étoiles Volantes du Vide Mystique
Xuan Wu	玄武	Tortue Noire

Termes chinois (*Pin Yin*)	Idéogrammes	Traductions françaises
Xue	穴	Caverne ; tanière
Yan Nian	延年	Longévité
Yang	陽	Le *Yang*
Yang Ren	羊刃	Chèvre Effrayée
Yi Jing	易經	Livre des Transformations
Yin	陰	Le *Yin*
Yun	運	Période de chance
Zang Shu	葬書	Livre de l'inhumation
Zhai	宅	Résidence
Zheng Shen	正神	Esprit Vrai
Zhu Que	朱雀	Phénix Rouge
Zuo	坐	Assise
Zuo Qi	佐氣	Énergie de soutien

Glossaire

Assise : l'Assise, *Zuo* (坐), représente l'arrière de l'habitation, sa base, son ancrage à la Terre. Elle est simplement l'opposé de la Façade.

***Ba Zhai* (Huit Maisons)** : système d'analyse définissant huit types d'influences pour chaque personne, en fonction de la date de naissance de celles-ci.

Ba Zi : terme chinois commun désignant le système des Quatre Piliers ou astrologie chinoise.

Branches Terrestres : cycle duodénaire représentant la part de la Terre dans l'écoulement du temps. Chaque Branche Terrestre, *Di Zhi* (地支), est de nature *Yin* ou *Yang*, et associée à l'un des Cinq Éléments. Appariées avec les Troncs Célestes, elles forment le cycle sexagénaire du temps.

Cadre de référence : chaque système d'analyse constitue un cadre de référence possédant ses propres critères d'identification des influences des facteurs de l'environnement, de l'habitation, des personnes et du temps. Chaque application doit être mise en œuvre selon le cadre de référence du système dont elle est issue.

Cent Vingt Divisions d'Or : système d'analyse de la direction de la porte d'entrée définissant cent vingt subdivisions de la boussole, chacune étant associée à un élément que l'on compare à celui de la date de naissance des habitants.

Ciel Antérieur : arrangement dans l'espace des Huit Trigrammes (*Ba Gua*). L'arrangement du Ciel Antérieur représente l'origine du cosmos et l'état d'équilibre parfait des forces primordiales.

Ciel Postérieur : arrangement dans l'espace des Huit Trigrammes (*Ba Gua*). L'arrangement du Ciel Postérieur représente le principe de transformation des forces primordiales, gouvernant le cycle de la création et de la destruction.

Cinq Éléments ou « Cinq Transformations » : les cinq états de transformation du *Qi*, caractérisant le comportement de l'énergie et définissant des interactions bénéfiques ou néfastes basées sur leurs interrelations.

Cinq Fantômes Apportant le Trésor : formule basée sur le système des Neuf Étoiles *Tan Lang*, définissant un emplacement précis de l'eau et de la montagne, en rapport avec la direction de la porte d'entrée.

Cinq Transformations : autre appellation pour désigner les Cinq Éléments.

***Classique du Dragon de l'Eau* (*Shui Long Jing*)** : ouvrage ancien décrivant les influences de l'eau en mouvement selon deux aspects, la forme de son lit et de ses méandres, d'une part, son sens de circulation et sa direction de sortie, d'autre part.

Cœur Céleste : c'est le Palais central des Neuf Palais, le centre de l'habitation.

Combinaison de Dix : configuration bénéfique entre la direction de la porte d'entrée et la direction de l'eau qui arrive. Configuration spéciale d'Étoiles Volantes.

Douze Phases de Croissance : formule pour l'écoulement de l'eau, déterminant douze influences, bénéfiques ou néfastes, pour l'eau qui arrive et l'eau qui part.

Dragon Vert : l'un des Quatre Animaux Célestes, situé à droite de la maison, protégeant le côté masculin et la prospérité.

Esprit Vrai, Esprit Faux (*Zheng Shen, Ling Shen*) : principe définissant les directions et emplacements bénéfiques et néfastes de l'eau selon le cycle des Neuf Périodes.

Étoiles Volantes (*Xuan Kong Fei Xing*) : système d'analyse des influences temporelles et spatiales d'une habitation.

Façade : la Façade, *Xiang* (向), représente la direction par laquelle le *Qi* entre dans l'habitation. Elle découle, le plus souvent, directement de la direction de la porte d'entrée.

Flèche Empoisonnée : énergie néfaste (*Sha Qi*) générée par des structures droites, pointues ou angulaires de l'environnement externe.

Forces Tueuses : configurations néfastes (*Sha Qi*), généralement provoquées par un conflit d'énergies entre la direction de la porte d'entrée et un élément de l'environnement (montagne, bâtiment, rivière ou route).

Formation *San Yuan* : formule de la circulation de l'eau basée sur les relations entre le *Ba Gua* du Ciel Antérieur et le *Ba Gua* du Ciel Postérieur.

Formule du Dragon de l'Eau : application des principes du *Classique du Dragon de l'Eau* pour la circulation de l'eau, et notamment pour l'eau qui s'évacue. C'est une formule prisée et réputée très efficace pour apporter la richesse.

***Fu Wei* (« Position »)** : l'un des huit types de *Qi* du système *Ba Zhai*.

Géomancie : « Divination par la Terre », technique de divination fondée sur l'observation des éléments naturels du paysage ou sur l'utilisation de pierres. Le Feng Shui est parfois appelé « géomancie chinoise ».

Grille d'Étoiles Volantes : grille à neuf cases déterminant les combinaisons d'Étoiles Volantes pour chacun des Neuf Palais de l'habitation.

Groupe Est : ensemble des personnes dont les *Ming Gua* sont *Kan*, *Zhen*, *Xun* et *Li*.

Groupe Ouest : ensemble des personnes dont les *Ming Gua* sont *Kun*, *Qian*, *Dui* et *Gen*.

***He Tu* (« Carte du Fleuve »)** : fondement de la cosmologie taoïste définissant un arrangement dans l'espace, par paire, des chiffres de 1 à 10, et leur attribuant une relation avec les Cinq Éléments.

Hexagrammes : figures à six traits, *Yin* ou *Yang*, résultant de la combinaison de deux trigrammes, et utilisés notamment dans le système de divination du *Yi Jing*.

X **Hexagrammes du Vide Mystique (*Xuan Kong Da Gua*)** : système d'analyse basé sur les combinaisons de trigrammes, définissant soixante-quatre directions sur la boussole, utilisé pour l'analyse des formes externes, de la circulation de l'eau et dans les méthodes de sélection de dates.

Huit Directions : il s'agit des huit directions principales de la boussole, les quatre directions cardinales et les quatre directions intermédiaires : Nord, Nord-Est, Est, Sud-Est, Sud, Sud-Ouest, Ouest et Nord-Ouest.

Huit Palais de l'Enfer (*Ba Sha Huang Quan*), ou « Huit Palais de la Source Jaune » : configuration extrêmement néfaste mettant en jeu de l'eau ou une route qui *arrive* vers la maison.

Huit Routes de l'Enfer (*Ba Lu Huang Quan*), ou « Huit Routes de la Source Jaune » : configuration extrêmement néfaste mettant en jeu de l'eau ou une route qui *part* de la maison.

Huit Trigrammes (*Ba Gua*) : agencement dans l'espace des Huit Trigrammes, principe de base de toutes les théories et applications du Feng Shui.

Huit types de *Qi* : ce sont les huit influences définies par le système *Ba Zhai*, dont quatre sont néfastes (*Huo Hai*, *Wu Gui*, *Liu Sha* et *Jue Ming*), et quatre, bénéfiques (*Sheng Qi*, *Tian Yi*, *Yan Nian* et *Fu Wei*).

***Huo Hai* (« Mésaventures »)** : l'un des huit types de *Qi* du système *Ba Zhai*.

***Jue Ming* (« Désastres »)** : l'un des huit types de *Qi* du système *Ba Zhai*.

***Liu Sha* (« Six Meurtres »)** : l'un des huit types de *Qi* du système *Ba Zhai*.

***Luo Shu* (*Livre de la rivière*)** : fondement de la cosmologie taoïste définissant un arrangement dans l'espace des chiffres de 1 à 9, et leur attribuant une relation avec les Cinq Éléments.

Luo Pan : boussole spécifique au Feng Shui, comportant un plateau tournant sur lequel sont indiquées, en anneaux concentriques, les variables servant à l'analyse de chaque direction, selon les différents systèmes utilisés.

Méthode des Formes : méthode d'analyse des formes naturelles du paysage selon le principe des Cinq Éléments. De chaque forme émane le *Qi* d'un Élément. Si les formes suivent le cycle de production, le lieu est très bénéfique.

Montagne brisée : montagne, bâtiment ou structure élevée solide présentant une forme très découpée ou très anguleuse, et représentant une influence néfaste.

Montagne du Larcin (position de la) : direction, à partir du bâtiment, où il est très néfaste de trouver une montagne brisée ou une structure dysharmonieuse.

***Na Jia* (Attribut Secret)** : l'une des huit Montagnes de l'anneau des Vingt-Quatre Montagnes du *Luo Pan* représentant, indirectement, les Huit Trigrammes.

Neuf Étoiles *Tan Lang* : système d'analyse des formes externes, montagnes et eau, selon leur position par rapport à la maison, déterminant huit types d'influences.

Neuf Palais : grille à neuf cases (trois par trois) issue du *Luo Shu* et quadrillant l'espace de l'habitation en neuf secteurs : les Huit Trigrammes et le Centre.

Neuf Périodes de Chance : principe de modulation de la qualité du *Qi* au cours du cycle des Neuf Périodes.

Palais : secteur de la maison issu du quadrillage du plan de l'habitation.

Palais de Vie : c'est le Palais représentant la personne en fonction de son *Ming Gua*. C'est l'emplacement du Trigramme de Vie dans le *Ba Gua* du Ciel Postérieur.

Période (*Yun*) : période de vingt années indiquant la caractéristique de l'influence temporelle majeure et servant de base au calcul des Étoiles Volantes.

Phénix Rouge : l'un des Quatre Animaux Célestes, situé devant la maison, assurant l'harmonie du *Yin* et du *Yang*.

***Po Sha* (« Briser le Maléfice »)** : technique avancée et dangereuse consistant à contrôler ou à détruire une énergie néfaste (*Sha Qi*) pour la transformer en influence bénéfique.

Quatre Animaux Célestes : système d'analyse des montagnes qui entourent une maison et la protègent de la dispersion du *Qi* par le vent. Les Quatre Animaux sont : la Tortue Noire, le Dragon Vert, le Tigre Blanc et le Phénix Rouge.

Quatre Combinaisons : combinaisons des Branches Terrestres sous l'égide des quatre Éléments que sont le Feu, le Bois, le Métal et l'Eau.

Quatre Piliers : discipline taoïste, populairement appelée *Ba Zi* (八字), issue des mêmes fondements que le Feng Shui et visant à l'analyse de la destinée de la personne en fonction de sa date de naissance. Appelés *Si Zhu* (四柱) ou *Tian Zhu* (天柱) par les lettrés, les quatre piliers du destin sont l'année, le mois, le jour et l'heure de naissance de la personne.

Quatre Points d'Or : principe fondamental de l'harmonie des bâtiments reposant sur la perfection de la forme carrée.

Relation de contrôle : type de relation entre deux Éléments, généralement considérée comme néfaste. Aussi appelée « relation de destruction ».

Relation de production : type de relation entre deux Éléments, généralement considérée comme bénéfique.

Route du Joyau Précieux : application du principe d'harmonie parfaite des combinaisons d'Éléments utilisant une route ou une rivière.

***San Sha* (« Trois Tueurs »)** : influence temporelle qui change d'emplacement chaque année et qu'il faut éviter de déranger en y effectuant des travaux.

Sha Qi : énergie ou influence néfaste qui détruit la vie.

Sheng Qi : énergie bénéfique, génératrice de vie. La prospérité est l'un des huit types de *Qi* du système *Ba Zhai*.

Soixante-Douze Dragons Pénétrant la Montagne : système d'analyse de l'influence des dragons (succession de montagnes) sur une habitation, un terrain ou une sépulture.

Souffle Vital (*Qi*) : principe universel qui régit la vie sous toutes ses formes et dans son cycle de naissance, croissance, déclin et mort.

Structure « arc et flèche » : formation incluant une courbe et une structure droite en son milieu, tel un arc décochant une flèche et générant une énergie néfaste (*Sha Qi*).

Structure « fuite de l'eau » : configuration où l'on se trouve en présence de l'eau qui part depuis la porte d'entrée.

***Sui po* (« Briseur de l'Année »)** : influence temporelle qui change d'emplacement chaque année et qu'il faut éviter de déranger en y effectuant des travaux.

***Tai Ji* (« Grand Extrême »)** : la représentation de l'univers d'après la dualité et la complémentarité du *Yin* et du *Yang*.

***Tai Sui* (« Divinité de l'Année »)** : influence temporelle qui change d'emplacement chaque année et qu'il faut éviter de déranger en y effectuant des travaux. Également appelée « Grand Duc ».

***Tai Yang Tai Yin Wu Xing* (Soleil Lune Cinq Étoiles)** : système de sélection de dates fondé sur le calendrier lunaire et neuf auspices. Chaque jour est placé sous un auspice, bénéfique ou néfaste, avec des propriétés particulières.

***Tian Yi* (« Docteur du Ciel »)** : l'un des huit types de *Qi* du système *Ba Zhai*.

Tigre Blanc : l'un des Quatre Animaux Célestes, situé à droite de la maison, protégeant le côté féminin et la communication.

Tortue Noire : l'un des Quatre Animaux Célestes, situé derrière la maison, protégeant la santé et la stabilité familiale.

Trigramme (*Gua*) : figure à trois traits, *Yin* ou *Yang*, représentant l'une des huit forces primordiales manifestées.

Trigramme de Vie (*Ming Gua*) : trigramme caractérisant la personne pour sa relation avec les influences spatiales et temporelles du Feng Shui.

Trois Cycles (*San Yuan*) : l'une des deux principales écoles traditionnelles du Feng Shui, reposant essentiellement sur l'analyse des influences du temps.

Trois Harmonies (*San He*) : l'une des deux principales écoles traditionnelles du Feng Shui, reposant essentiellement sur l'analyse des facteurs de l'environnement externe.

Troncs Célestes : cycle dénaire représentant la part du Ciel dans l'écoulement du temps. Chaque Tronc Céleste, *Tian Gan* (天干), est de nature *Yin* ou *Yang* et associé à l'un des Cinq Éléments. Appariés avec les Branches Terrestres, ils forment le cycle sexagénaire du temps.

Vingt-Huit Constellations Lunaires : ce sont les vingt-huit phases de la lune intervenant dans les oracles quotidiens. Chaque jour du mois lunaire est sous l'influence d'une constellation, faste ou néfaste.

Vingt-Quatre Montagnes : ce sont les vingt-quatre subdivisions de l'espace, qui sont les vingt-quatre directions de base de la boussole (*Luo Pan*).

***Wu Gui* (« Cinq Fantômes »)** : l'un des huit types de *Qi* du système *Ba Zhai*.

***Yan Nian* (« Longévité »)** : l'un des huit types de *Qi* du système *Ba Zhai*.

Yang : force primitive de l'univers, symbolisée par la lumière. C'est le pendant indissociable et complémentaire du *Yin*.

***Yi Jing* (*Livre des transformations*)** : classique ancien décrivant les fondements de la cosmologie taoïste et les règles de fonctionnement de l'univers, du monde, des choses inertes et des êtres vivants selon ces principes. C'est également une méthode de divination basée sur l'interprétation des hexagrammes et de leurs transformations.

Yin : force primitive de l'univers, symbolisée par l'obscurité et l'ombre. C'est le pendant indissociable et complémentaire du *Yang*.

Zen : branche du bouddhisme, fondée sur la méditation sans objet et visant l'illumination spontanée. Le mot « zen » est souvent utilisé au sens figuré, très loin de son sens initial. Le terme « feng shui » subit le même sort.

***Zhou Yi* (*Livre de la dynastie Zhou*)** : version simplifiée du *Yi Jing* (*Livre des transformations*), regroupant les textes divinatoires des Soixante-Quatre Hexagrammes.

Zi Wei Dou Shu : système complexe d'analyse de la destinée, complément du *Ba Zi* et utilisant le mouvement de plus de cent « étoiles » et leurs positions au moment de la naissance de la personne.

Zones de suppression : il s'agit des secteurs et pièces de l'habitation ayant la propriété d'évacuer le *Qi* ou de transformer le *Qi* bénéfique en *Qi* néfaste, et *vice versa*.

Index

M

N

O

P

Q

Table des matières

Partie III
La pratique du Feng Shui

Partie IV
Applications

Dépôt légal : février 2008 - IMPRIMÉ EN FRANCE - Imprimeur n° 11829
Achevé d'imprimer le 15 février 2008 sur les presses de l'imprimerie « La Source d'Or » - 63200 Marsat

Dans le cadre de sa politique de développement durable, La Source d'Or a été référencée IMPRIM'VERT® par son organisme consulaire de tutelle.
Cet ouvrage est imprimé - pour l'intérieur - sur papier offset "Amber Graphic" 90 g des papeteries Arctic Paper, dont les usines ont obtenu la certification environnementale ISO 14001 et opèrent conformément aux normes E.C.F. et E.M.A.